WHEN CHRISTIANS FACE PERSECUTION
THEOLOGICAL PERSPECTIVES FROM THE NEW TESTAMENT

當基督徒面對逼迫

新約神學面面觀

李志秋 / 著
袁達志 / 譯

除了原著的推薦文之外，其餘推薦文之排序按繁體字姓氏的筆畫：

李志秋博士這本最新專著不但展示她新約研究的多年成果，兼且體現她對受逼迫基督徒的教牧關懷。如此取向與時下風行的成功神學（prosperity gospel）之背道而馳自然不在話下，與僅以神哲學概念式空談苦難也大異其趣。事實上，只要稍稍翻閱聖經，就會發現上主子民之遭受逼迫實為常態，且「苦難」絕非抽象的概念，而是許多信徒天天經歷的真實。願本書成為親歷逼迫者及其陪伴同行者的幫助。

吳國安博士
台灣神學研究院助理教授

李志秋博士的《當基督徒面對逼迫》已獲多位國際知名的新約學者推崇。當中李博士透過嚴謹的釋經和歷史探索，將最早期基督徒面對衝突和逼迫的各方因素，以及新約作者回應的多樣性和一致性，都有條不紊地作出梳理，以深入淺出的筆觸逐一呈現在讀者眼前，足見李博士淵博的學術修為。喜見此書能翻譯成中文，除了為亞洲眾多遭受逼迫困擾的華人信徒提供適時的聖言導引，更是李博士實踐她書中呼籲，以同理心與受逼迫者同行，提供鼓勵和支持的明證。

辛蕙蘭博士
香港中國神學研究院余達心教席副教授

新約學者孜孜努力的一個方向，是如何整合新約作品的核心信仰精髓，同時又不犧牲個別作品的處境、特色和目的。除了這「統一和多元」（unity and diversities）的張力，還有新約對當下複雜紛亂世局的啟發和意義（relevance）。《當基督徒面對逼迫》有力論證初代教會因為認信耶穌是基督（unity）而在不同處境中面對各種的懷疑、邊緣化，甚至逼迫，智慧地因應與活出不同形式的見證（diversities）。因為教學和研究，志秋老師與不同地區親身經驗逼迫的弟兄姐妹有所交集，她的研究並非抽離的資料，而是塑造生命的養份，更指向公共論述的可能。

孫寶玲博士
台灣基督教長老教會南神神學院客座教授

在今日的全球處境中，基督信仰很容易被簡化為一種尋找「生命意義」的精神寄託，或成為一種追求資本主義所定義的「成功」的手段！然而不論是消費主義透過各種刺激來馴化人們的精神敏銳度，或是極權國家透過科技所發展出的監控社會來馴化人們的思想自由，明顯和隱藏的「逼迫」正以不同的面貌挑戰著今日的華人教會，在此時刻，李志秋老師回到新約聖經

來探索處代教會所面對的逼迫,以及他們對逼迫的回應,是非常及時的重要著作!

董家驊牧師
世界華福中心總幹事

李志秋教授的新作以新約聖經為基礎,反思基督徒受逼迫迫害的聖經神學,是華文著作中的異數。書中以精准的修辭方法、歷史研究與文學批判,深入淺出地刻畫新約教會受逼迫迫害的基督徒所經歷的信仰考驗。文中清晰地指出基督徒回應逼迫的三種路線:反抗與堅忍、背道與同化、調適與融入,以此描繪門徒在生死榮辱之間仍然堅守基督裡的永生盼望,堅忍到底,憑信得救。此書不僅具有精煉的新約研究與聖經神學,更傳達深邃的生命信息,不容錯過。

謝木水博士
新加坡神學院院長

逼迫是新約中的重要神學主題,幾乎每卷書都或多或少提到了逼迫。李志秋老師的這本書是深入且完整剖析逼迫主題的專著。本書論到了逼迫者的身分,逼迫

的原由，逼迫的形式，受害者的回應，以及新約作者如何勸勉受害者持守信仰等各式不同面向。本書不單幫助我們理解新約中的逼迫，同時也幫助我們反思當代基督徒應如何面對並回應當代的各式不同逼迫。本書是理解新約和反思當代不可或缺的重要著作。

謝樂知博士
中華福音神學院高雄分校教務主任暨新約副教授

逼迫是新約神學的一個重要主題，也是廿一世紀華人教會普遍未好好深入思考的課題。在後疫情多變的時代，不少地方的人對基督教的觀感往往都起了變化，聖經如何教導我們面對可能的逼迫？信徒往往都是這裡知一點，那裡知一點，甚至會斷章取義。志秋博士的新作《當基督徒面對逼迫》，整合不同新約經卷的處境和所持的側重點，給我們一幅完整又多角度的圖畫，可謂我所見過現時華文界最全面地處理這課題的研究，衷心推薦。

譚志超博士
香港播道神學院教務長暨聖經科副教授

從聖經角度而言，究竟需要哪些條件才構成逼迫基督徒？其在新約時代發生的全部成因涵蓋了什麼？有哪些回應是恰當的？我們又如何在今天加以應用？如果你對以上的任何問題感興趣，李志秋博士的新約苦難神學便是必讀之選。如果這些問題尚未引起你的興趣，在當前世界的宗教氛圍下，你就更須加以關注！本書是這課題上極出色的資源。

克萊格・布魯姆伯格（Craig L. Blomberg）
美國丹佛神學院（Denver Seminary）新約特聘教授

李志秋博士的學術著作旁徵博引，結合了新約神學的豐富探索，其中包括如何面對逼迫、基督徒在希臘羅馬世界中面對逼迫的各種回應，以及新約中不同作者如何勸勉受眾在逼迫中堅守信仰。後記是必讀精華，因為李博士將關乎逼迫的神學理解應用到眼前的當代情境，並且分享了個人的反思。李博士呼籲讀者要對受逼迫者的遭遇感同身受，無疑是本書的壓軸終章。

馮浩鎏牧師博士（The Revd Dr Patrick Fung）
海外基督使團（OMF）國際總主任

在最理想的情況下，聖經的學術研究會帶來忠於聖經的教導，造就神的子民。本書正是這樣的著作。通過仔細閱讀文本，李博士追溯了新約中基督徒面對逼迫的各種回應。所有的研究都是在某個情境下進行的；在此研究中，李博士充分運用了她個人的情境，為逼迫這課題重新注入嶄新而鮮明的焦點。誠意推薦給每位認真反思逼迫如何塑造教會之早期思想的信徒及聖經學者。

德克・永金（Dirk Jongkind）
劍橋丁道爾研究院（Tyndale House）學術副院長

這部研究全面且嚴謹的學術著作，處理了一個對全球教會至關重要的課題。李博士在整部新約聖經中梳理了這主題，並按第一世紀背景檢視各段經文，展示出早期基督徒作者的智慧，與在當前類似處境中的相關適切之處。

克萊格・基納（Craig S. Keener）
美國艾斯伯里神學院（Asbury Theological Seminary）
湯信教席聖經研究教授

當基督徒面對逼迫

新約神學面面觀

李志秋著

袁達志譯

中文版權 © 賢理 · 璀雅

作者／李志秋（Chee-Chiew Lee）
英譯／袁達志
翻譯顧問／吳國安
審校／陳玉霞
中文校對／甘雨

中文書名／當基督徒面對逼迫：新約神學面面觀
英文書名／*When Christians Face Persecution: Theological Perspectives from the New Testament*

English Edition © Chee-Chiew Lee, 2022.
All rights reserved. This translation of *When Christians Face Persecution: Theological Perspectives from the New Testament* first published in 2022 is published by arrangement with Inter-Varsity Press, London, England. No part of this publication may be reproduced, stored in a retrieval system, or transmitted, in any form or by any means, electronic, mechanical, photocopying, recording or otherwise, without the prior permission of the publisher or the Copyright Licensing Agency.

本書經文主要引自《新譯本》或《環球聖經譯本》，版權屬環球聖經公會所有，其餘經文引自《新漢語譯本》，版權屬漢語聖經協會；均蒙允准使用。

策劃／李詠祈
裝幀設計／冬青
出版／賢理 · 璀雅出版社
地址／英國蘇格蘭愛丁堡
網址／ https://latreiapress.org
電郵／ contact@latreiapress.org
繁體中文初版／ 2023 年 11 月

ISBN: 978-1-913282-54-7

目錄
Contents

前言 001
自序 003
翻譯版序 007
縮寫表 009

導言

認識逼迫：定義和範圍 015
讓新約作者自己說話：方法論 021
現代學術研究中的逼迫神學：概覽 028
回答相關問題：本書概覽 031

第1章 這一切為何開始：探索背後原由

歷史背景 033
　希羅宗教的世界觀 034
　猶太宗教世界觀 044
第一世紀的敵對行為 053
　誰逼迫了基督徒？ 053
　基督徒為什麼會面臨逼迫？教內人和教外人的觀點 ... 075
神學觀點的概要 099

第 2 章 當時發生了何事：對逼迫的不同回應

逼迫的不同形式 105
- 策略與計謀 106
- 官方和非官方的懲罰 110

不盡相同的基督徒回應 120
- 抵抗與堅持 121
- 叛教與同化 143
- 調適與適應 154

神學觀點概要 165

第 3 章 如何至終站立得穩：勸說與賦予能力以堅持不懈

文化背景：勸說的技巧 173
- 修辭慣例 174
- 榮譽與羞恥 178

勸說受眾堅持不懈 180
- 馬可福音 181
- 馬太福音 185
- 路加福音—使徒行傳 196
- 約翰福音 199
- 保羅書信 207
- 希伯來書 214
- 彼得前書 230
- 啟示錄 234

神學觀點摘要 267

總結

逼迫的原由 275
對逼迫的回應 277
勸說信徒堅持不懈 280
結論：當基督徒在今天面對逼迫 284

後記：一些當代反思

什麼構成逼迫 286
應用聖經的典範及教導 287
理解不同觀點及制定個別對應 291
感同身受——與受逼迫者同行 294
結語 296

參考文獻 **297**
經文索引 **335**
中英名字對照表 **367**

前言

　　早期基督徒遭受逼迫的經歷，吸引了學術界長期的研究。自古以來，這課題就受到熱忱的關注和重大的爭議。這現象不僅可見於敵對的教外人士中，也存於信徒之間。教會在尋求殉道或逃離逼迫，以及如何挽回於脅迫下否定信仰的人上出現嚴重分歧。

　　諷刺的是，以此為題的現代思辨性研究學者（比方，自愛德華・吉朋 [Edward Gibbon, 1737–1794] 起），大多數都來自北大西洋地區。他們沒有受過任何近期或個人的宗教逼迫與困擾，身處的政治文化也很大程度上已建立起法律保護，並且至少就目前看來，令色彩濃厚和誇張的古代見證完全難以置信。直到最近，仍有學者熱衷於聲稱基督教關於逼迫的說法，無論過去現在，都是百分百的「神話」，純粹為了政治的權宜目的而「捏造」。

然而，在今天亞洲的許多地方，基督徒受壓迫卻是令人震驚的事實，情況一如在古代和其後數世紀中所一再發生的：在 2019 年，英國廣播公司就報導過針對信徒「接近種族滅絕」程度的暴力、虐待和騷擾。

出於以上和更多充分的理由，李志秋博士的新作自然受到眾人歡迎，我也很榮幸參與這行列。她是東南亞傑出的女性聖經學者，也是新加坡神學院中文部新約副教授。於本書中，她為讀者就現有學術研究進行了建設性交流，探索了新約中逼迫的不同成因和面對逼迫的各種回應，展示出各新約作者於堅守信仰上，極富同理心的神學。對今天身在亞洲和非洲處境中蒙受苦難的基督徒來說，這種神學有賦予他們做出適切回應的潛能。

馬可士·博慕賀（Markus Bockmuehl）
牛津大學

自序

「養育一名孩子需要全村莊的參與。」與這句非洲諺語相仿,出版一本書也需要很多人的幫助和支持。十多年來,我與來自有顯著逼迫基督徒之地區的學生持續互動,觸發了我對這個課題的研究和寫作。當「靈風合作夥伴」(Langham Partnership)邀請我申請博士後研究獎學金時,這些反思就漸漸開花結果了。三年間幾次為期一個月的駐留研究,提供了有利的寫作環境,讓我最終在期刊發表了四篇專文,皆引用於本書之中。在駐留期間,我與這些一同進行博士後研究的主體世界(Majority World)學者,以及幾位資深學術導師交流互動,在多方面豐富了這研究的內容。儘管新冠病毒大流行將原初計畫在劍橋的丁道爾研究院(Tyndale House)和瑞德利堂(Ridley Hall)逗留六

個月的時間減半，但感謝神，我在返新加坡前已完成本書的一大部分。

因此，我非常感謝以下各組人員成為這「村莊」的一部分。「靈風合作夥伴」、其合作夥伴（特別是艾斯伯里神學院［Asbury Theological Seminary］、劍橋的瑞德利堂和丁道爾研究院、牛津的威克里夫堂［Wycliffe Hall］），及他們的捐助者；他們三方都投入了資源，致力促進主體世界學者為教會進行學術研究及處境神學反思。感謝蕭伊言博士（Dr Ian Shaw，靈風博士後項目總監）對本項目堅定而友善的指導。感謝德克・永金博士（Dr Dirk Jongkind，丁道爾研究院副院長）擔任我的資深學術導師，並給予鼓勵、反饋和建議。感謝謝木水博士（Dr Clement Chia，新加坡神學院院長）和學院貫徹與「靈風合作夥伴」就此項目的承諾，並給予不住的支持，讓我在日常教學和行政職責中有時間兼顧研究和寫作。感謝所有通過在各地區的真實經歷，加深了我對逼迫之理解的朋友和學生。感謝腓力・杜斯博士（Dr Philip Duce）和英國校園團契出版社（Inter-Varsity Press）的團隊，在出版過程中提供的專業協助。感謝我母會加東福音堂，他們以禱告祝福埋首在這項目中的我。感謝我心愛的丈夫蔡成榮、我的兒子學睿和女兒學憫；即使有時我們不得不暫時分開，他們一直陪伴、支持和深愛我。我實在無法一一提名這「村莊」的成員，你們所有人

在福音的事工上與我並肩同行，我為此衷心感謝神（腓1:3~4）。最後，但同樣重要的是，我感謝神將這個研究項目放在我心中，並提供了實現此項目所需的一切，使之造就他的子民。

李志秋 於新加坡

翻譯版序

最初神將此研究項目放在我心中時，我就意識到以中英文出版此書的需要。「靈風合作夥伴」的博士後研究獎學金，旨在支持以英文或法文發表的研究，但也積極鼓勵學者們，將研究成果翻譯成所服事之地區的通用語文。本書的原著出版以來，也有不少華人神學教育者、神學生、教會領袖與會友，都表示期待中文翻譯版能夠早日面世。

感謝恩主，因為我們再次見證了神供應了各方面的需要：賢理・璀雅文字事工為出版社，加東福音堂及主內弟兄姊妹的踴躍奉獻，袁達志弟兄為譯者，以及吳國安博士為翻譯顧問。袁弟兄盡心盡力翻譯的初稿，為我奠定了基礎；吳博士在我校訂翻譯時，不辭勞苦地提供了寶貴的建議。願主藉著這翻譯版，造就華人教會的神子民。

李志秋 於新加坡

縮寫表

《漢》	新漢語譯本
《環》	環球聖經譯本
1 En.	1 Enoch
1QH^a	*Hodayot*a (Thanksgiving Hymns) copy a from Qumran Cave 1
1QM	*Milḥamah* (War Scroll) from Qumran Cave 1
1–2 Macc.	1–2 Maccabees
2Q23	apocrProph from Qumran Cave 2
AB	Anchor Bible
AcT	Acta theologica
AH	Ancient History
ANTC	Apostasy in the New Testament Communities
AYB	Anchor Yale Bible
BAC	Bloomsbury Academic Collections
Bar.	Baruch
BBR	*Bulletin for Biblical Research*

BDAG	Bauer, W., F. W. Danker, W. F. Arndt, and F. W. Gingrich. *Greek-English Lexicon of the New Testament and Other Early Christian Literature*. 3rd edn Chicago, 1999
BECNT	Baker Exegetical Commentary on the New Testament
BETL	Bibliotheca Ephemeridum Theologicarum Lovaniensium
BHGNT	Baylor Handbook on the Greek New Testament
Bib	*Biblica*
BibInt	*Biblical Interpretation*
BIS	Biblical Interpretation Series
BNTC	Black's New Testament Commentaries
BTB	*Biblical Theology Bulletin*
BTCP	Biblical Theology for Christian Proclamation
CBC	Cornerstone Bible Commentary
CBNTS	Coniectanea Biblica: New Testament Series
CBQ	*Catholic Biblical Quarterly*
CS	Cornerstones Series
CTTSJ	*Central Taiwan Theological Seminary Journal*
EBS	Essentials of Biblical Studies
EC	Epworth Commentaries
ECCA	Early Christianity in the Context of Antiquity
EPRO	Études préliminaires aux religions orientales dans l'Empire romain
EUS	European University Studies
FCCGRW	First-Century Christians in the Graeco-Roman World

FCNTECW	Feminist Companion to the New Testament and Early Christian Writings
HNT	Handbuch zum Neuen Testament
HTR	Harvard Theological Review
HTS	*HTS Theological Series*
ICC	International Critical Commentary
IJRF	*International Journal for Religious Freedom*
Int	*Interpretation*
JBL	*Journal of Biblical Literature*
JETS	*Journal of the Evangelical Theological Society*
JSJSup	Journal for the Study of the Pseudepigrapha: Supplement Series
JSNT	*Journal for the Study of the New Testament*
JSNTSup	Journal for the Study of the New Testament: Supplement Series
JSOT	*Journal for the Study of the Old Testament*
Jub.	Jubilees
LBT	Library of Biblical Theology
LCL	Loeb Classical Library
LEC	Library of Early Christianity
LMM	*Lutheran Mission Matters*
LNTS	Library of New Testament Studies
LXX	Septuagint
MBPS	Mellen Biblical Press Series
MNTS	McMaster New Testament Studies
MT	Masoretic Text
NABPRSSS	NABPR Special Studies Series

NAC	New American Commentary
Neot	*Neotestamentica*
NET	New English Translation
NICNT	New International Commentary on the New Testament
NICOT	New International Commentary on the Old Testament
NIGTC	New International Greek Testament Commentary
NovT	*Novum Testamentum*
NovTSupp	Supplements to Novum Testamentum
NTL	New Testament Library
NTS	*New Testament Studies*
OCM	Oxford Classical Monographs
OTL	Old Testament Library
PNTC	Pillar New Testament Commentaries
*P.Lond.*1912	Papyrus copy of Letter of Claudius to the Alexandrians
PS	Pauline Studies
Pss. Sol.	Psalms of Solomon
PTMS	Princeton Theological Monograph Series
RBS	Resources for Biblical Study
ResQ	*Restoration Quarterly*
RGRW	Religions in the Graeco-Roman World
RNTS	Reading the New Testament Series
RSF	Religious Freedom Series
SBL	Society of Biblical Literature
SBLAcBib	Society of Biblical Literature Academia Biblica

SBLMS	Society of Biblical Literature Monograph Series
SBLSymS	Society of Biblical Literature Symposium Series
SCJ	Studies in Christianity and Judaism
SHBC	Smyth & Helwys Bible Commentary
SJLA	Studies in Judaism in Late Antiquity
SNTSMS	Society for New Testament Studies Monograph Series
STAC	Studien und Texte zu Antike und Christentum
TAPA	*Transactions of the American Philological Association*
THNTC	Two Horizons New Testament Commentary
T. Job	Testament of Job
TynBul	*Tyndale Bulletin*
WBC	Word Biblical Commentary
WEAGIS	World Evangelical Alliance Global Issues Series
Wis.	Wisdom of Solomon
WUNT	Wissenschaftliche Untersuchungen zum Neuen Testament
ZECNT	Zondervan Exegetical Commentary on the New Testament

導言

從始至今，基督教信仰一直遭受反對，甚至達到逼迫的程度，這是基督徒所關注的。新約所描述對基督徒的逼迫，背後有哪些社會政治和神學因素？這些基督徒又為自己的回應提出了什麼辯解及理據？新約作者又如何在自身的處境中，解釋、發展和重新應用耶穌論及逼迫的相關福音傳統？本書試圖勾畫出基督徒應對逼迫的新約神學，以作為當代不同處境之神學反思的基礎。

認識逼迫：定義和範圍

雖然我們不時遇到「逼迫」（persecution）一詞，但我們有必要澄清本研究中「逼迫」的含義。根據《劍

橋英語詞典》,「逼迫」是指「由於種族、宗教或政治信念而長期受到不公或殘酷的對待」。[1] 據此定義,筆者將從以下幾方面來探討逼迫的不同層面。首先,其涉及行動,而不僅是態度。[2] 第二,該行動被視為不公或殘酷。「不公」意味著歧視,而「殘酷」則牽涉造成某種形式的痛苦(身體的或心理的)。歧視暗示了不公平的對待。值得注意的是,「公義」帶有主觀性:受逼迫者看為「不公正」的,在逼迫者眼中卻可能是「公正」之舉。因此,由於本研究試圖描述新約作者的觀點,筆者將採用受逼迫者的視角。[3] 此外,除非我們能確定這敵對導致不公的對待,不然敵對也不一定構成逼迫。

第三,依據現代觀點,我們或可區分逼迫背後的種族、宗教和政治動機。但就如我們將於第一章看到的,在第一世紀這三方面都互相扣連,難以分割。因

---

[1] "Persecution", 於 *Cambridge Advanced Learner's Dictionary and Thesaurus* <https://dictionary.cambridge.org/dictionary/english/persecution>, 2021 年 8 月 8 日存取。另見 Scott Cunningham, *'Through Many Tribulations': The Theology of Persecution in Luke–Acts*, JSNTSup 142 (Sheffield: Sheffield Academic Press, 1997), p. 139。甘寧翰(Cunningham)也採取類近定義,指受害者因其信念而非因犯下任何罪行,遭敵對者加害。

[2] Charles L. Tieszen, 'Towards Redefining Persecution', *IJRF* 1.1 (2008), p. 69.

[3] 逼迫者與受逼迫者不同視角的例子,參同上,p. 70。

應本研究的主旨，新約中的基督徒被逼迫，是指這些人因相信耶穌基督是他們的神、他們的主和救主而遭到不公待遇。田士臣（Tieszen）以下的定義就恰切涵蓋了各個方面：「從受害者角度來看，任何基於宗教、針對基督徒又帶有不同程度敵意的不公行為，且會帶來不同程度的傷害。」[4]

---

[4] 同上，第69頁。賓尼（Penner）把「逼迫」定義為「為行善而受苦，更具體地說，是由於人對永生神的忠誠而受苦」，或「逼迫者不能容忍人因成為基督徒所產生的差異，因而基督徒反覆地、持續地、系統地遭遇深切和沉重的痛苦或傷害，並被剝奪（或嚴重威脅被剝奪）基本人權」；而凱鶴華（Kelhoffer）將其定義為「在基督徒生命歷程中所發生不應承受的懲處或刑罰——無論是真實的、想象的、預期的，還是誇大的」。參 Glenn M. Penner, *In the Shadow of the Cross: A Biblical Theology of Persecution and Discipleship* (Bartlesville: Living Sacrifice, 2004), p. 41; James A. Kelhoffer, *Persecution, Persuasion, and Power: Readiness to Withstand Hardship as a Corroboration of Legitimacy in the New Testament*, WUNT 270 (Tübingen: Mohr Siebeck, 2010), p. 8。賓尼的定義取自加拿大組織「殉道者之聲」（The Voice of the Martyrs），並且與田士臣的見解頗為相近。雖然筆者贊同凱鶴華採取基督徒的角度（「無論是真實的、想象的、預期的，還是誇大的」），但他的定義（「在基督徒生命歷程中」）與賓尼的（「為行善而受苦」）都似乎過於寬泛，因為並未清楚區分基督徒因普遍情況或因信仰所承受的不合理對待。舉例說，一個人揭露了別人的惡行，令對方受法律制裁，並阻止他們繼續傷害其他人（即行了善事）而遭到報復，不論這人是否基督徒，又或出於基督信仰而有此表現。

第四，逼迫包括使用暴力（語言或身體）的反對，這既可以是由基督徒言行激起的反應（例如，司提反在使徒行傳第七章中的言論和殉道），也可以是有系統地搜尋基督徒並加以懲罰（例如，掃羅在使徒行傳八章 3 節的逼迫）。無論是前者的零星事件，還是後者的系統性迫害，都應已發生了相當長的一段日子。雖然逼迫是反對的一種表現，但反對本身並不一定導致迫害，也不應簡單地將其等同於逼迫。舉例說，雖然術士以呂馬敵擋保羅，但路加並未暗示以呂馬使用了身體或語言暴力（徒 13:8）。故此，斷定以呂馬為逼迫者就太草率了。同樣地，除非情況演變成向信息宣告者施暴，抗拒福音信息本身並不構成逼迫。

上述定義將一般為基督而受苦和因社會壓力而屈從，與逼迫區分開來。在前者中，苦難不是直接由於人承認信仰耶穌基督所造成（例如，在哥林多后書十一章 25~26 節中，保羅在他的宣教旅程中經歷海難和遭遇強盜）。[5] 在後者中，沒有明確的外部禁令要遵行，但個人卻屈服於群體壓力（例如，一些哥林多信徒在私人或公眾活動中上參與異教祭禮聚餐）。[6]

---

[5] 另見 Charles L. Tieszen, 'Minding the Gaps: Overcoming Misconceptions of Persecution', *IJRF* 2.1 (2009), pp. 67–69。正如田士臣點出，「受逼迫者會受苦，受苦的卻不必然被逼迫」。

[6] Andrew M. Colman, 'Conformity', in *Dictionary of Psychology*, 4th edn (Oxford: Oxford University Press, 2015), p. 158.

逼迫也需與殉道區分開，後者是逼迫的一個結果，但並不是所有逼迫都以殉道告終。[7]

首先以「基督徒」一詞稱呼耶穌追隨者的，是安提阿的「教外人」（徒 11:26），[8] 而「教內人」用作自稱的則包括：門徒（如太 28:19; 徒 6:1）、信徒（如徒 5:14; 帖前 1:7）、聖徒（如徒 9:13; 林前 1:2; 啟 13:7）、弟兄／姊妹（如林前 7:15; 雅 2:15）、被揀選的（多 1:1; 彼前 1:1; 約貳 1）和教會（太 18:7; 徒 8:3; 加 1:2; 來 12:23; 啟 1:4）。[9] 在本研究中，筆者將使用「基督徒」一詞來指稱「那些相信或承認或宣告耶穌基督為主及救主的人，或被認定為相信耶穌基督的人」。[10]

本研究有幾個具體關注點。首先，本研究將集中描述基督徒受眾在面臨逼迫時，新約作者如何能以達

---

[7] Tieszen, 'Minding the Gaps', pp. 69–70.

[8] 以「基督徒」自稱的例子，在新約中只出現過一次（彼前 4:16）。

[9] 另見 Paul R. Trebilco, *Self-Designations and Group Identity in the New Testament* (Cambridge: Cambridge University Press, 2012), pp. 16–297。

[10] David B. Barrett, George T. Kurian and Todd M. Johnson (eds.), *World Christian Encyclopedia: A Comparative Survey of Churches and Religions in the Modern World*, 2nd edn (Oxford: Oxford University Press, 2001), p. 655. 另見 Trebilco (*Self-Designations*, pp. 297, 313–314); 他主張「基督徒」這名稱也適用於描述新約中耶穌的早期追隨者。

到鼓勵受眾堅持信仰的目標,因此是「面對逼迫時的神學」,而非更廣泛的「逼迫神學」。故此,對耶穌的逼迫只是基督徒受逼迫的背景因由,而非我們討論的前台焦點。其次,本研究主要是新約的聖經神學研究,而非早期基督教的歷史研究。[11] 因此,我們將聚焦於新約正典二十七卷書中顯然論及逼迫的文本,而不會包括諸如使徒教父著作等非正典基督教文本。與此同時,我們將集中檢視第一世紀的歷史、政治和文化處境,將之作為研究的背景,而非以歷史分析「曾經發生了什麼」為前台焦點。儘管如此,我們也將簡要回顧前個世紀,以了解導致第一世紀背景的各種原因,並探索其後數世紀可能延續的領域。[12] 第三,我

---

[11] 有人認為關於第一世紀的基督教研究應該涵蓋同期其他非正典的早期基督教文獻,因為現有的新約正典只反映四世紀正統基督教所描述的觀點。相關討論參 James D. G. Dunn, *New Testament Theology: An Introduction*, LBT 3 (Nashville: Abingdon, 2009), pp. 4–5。雖然他們的觀察正確,筆者也承認不少非正典的早期基督教文獻極受早期教會重視,但本書的研究對象是新約作者的神學,而非更廣泛的「第一世紀」的基督教神學。有關只在正典範圍內研討新約神學的合法性,見 Udo Schnelle, *Theology of the New Testament*, tr. M. Eugene Boring (Grand Rapids: Baker Academic, 2009), pp. 48–49。

[12] 因此,那些反映第二聖殿時期猶太人所受的逼迫及回應(例如殉道或融入適應)的猶太著作可作為背景資料,說明早期基督徒如何受到這些傳統的影響。筆者使用「猶太

們也會關注信徒與教外人士的衝突，而非基督徒內部的矛盾（例如，保羅和其他猶太基督徒間的分歧）。

讓新約作者自己說話：方法論

在勾畫新約作者的神學觀點時，我們的任務是先讓他們自己說話，然後才比較他們之間的異同，繼而綜合他們的觀點去建構一套面對逼迫的新約神學。[13] 重要的是，我們要謹慎，切不可將某個作者的觀點套在另一個之上（例如：路加、保羅、彼得前書和啟示錄，

著作」一詞時，泛指存在於第二聖殿時期的猶太文獻，包括後來歸類為正典（基本上等同於基督教的舊約）和非正典（例如次經、托名著作、斐羅、約瑟夫、昆蘭）的著作。其他反映基督徒受逼迫及回應的非正典著作（例如蘇維托尼烏斯［Suetonius］、塔西佗［Tacitus］和普林尼［Pliny］等羅馬人的著作；又如伊格納修［Ignatius］和波利卡普［Polycarp］等早期基督徒的著作），將讓我們了解新約作者的某些觀點如何持續影響後來的基督徒。

[13] 由於篇幅所限，選擇與帶有大量史證的眾多二級文獻全面互動，還是介紹筆者對新約作者的神學之詮釋，總是存在著張力。另見 Robert H. Gundry, *Matthew: A Commentary on His Handbook for a Mixed Church Under Persecution* (Grand Rapids: Eerdmans, 1994), p. 1。按照大部分聖經神學著作的做法，筆者將與二級文獻的互動保持在最低限度，並且主要在註腳中進行。

對於執政當權者在逼迫基督徒上的角色,持有不同的觀點)。從事聖經神學研究的學者一般認同,儘管聖經作者的神學觀點可能分殊不一,但仍能在他們之間找到共通點,將這些著作在現有正典之中連合起來。[14]一方面,福音派基督徒需要強調新約信息的一致性,以回應那些反對這觀點的人,這是可以理解的。[15] 另

---

[14] 有關這些學者的名單,參 Schnelle, *Theology of the New Testament*, pp. 49–51; Thomas R. Hatina, *New Testament Theology and Its Quest for Relevance: Ancient Texts and Modern Readers* (London: Bloomsbury T&T Clark, 2013), pp. 156–160。

[15] 哈帝拿(Hatina)(同上,p. 58, 62)對「新約可以統合出單一神學」這一假設所依據的假定(即這觀點背後的預設)進行了有益的分析:(1)有一種純正形式的「原始正統」基督教存在,且可能會映照出各領袖的差異,但他們之間並無矛盾;(2)這種統一的神學可以通過「適當的方法」(即歷史評鑒方法)恢復,並且其權威超越後來的教義表述;及(3)聖經的神聖默示要求一致性和統一性。哈帝拿也指出,各學者對統一有不同理解:「有些人所理解的統一包括內部矛盾,並對作者在建立一致的主旨時所發揮的創作性,存有懷疑態度;而另一些人所抱持的統一,則認為一切矛盾的資訊,可依據作者巧妙安排的主導目標而協調或綜合。」由於福音派基督徒秉持某種形式的默示教義,他們通常主張新約神學有一定程度的統一性。反對統一可能性的學者則包括 Rudolf Bultmann, *Theology of the New Testament*, tr. Kendrick Grobel, 2 vols. (Waco: Baylor University Press, 2007), vol. 2, pp. 237–240; Hatina, *New Testament Theology*, pp. 67–79。正如哈帝拿上述(1)和(2)點所反映的,布特曼反對一種所謂「一勞永逸」的基督教教義學所展現的統一,因為他將新約神學理解為歷史中神

一方面，我們需要小心，不可抹平或忽略個別作者的獨特之處，因為我們若想全面而細緻地理解新約中關乎面對逼迫的教導，各個作者的相似與不同之處都同樣重要。正如鄧恩（Dunn）點出的：

> 新約的統一只能被設想和理解為多元中的統一，也就是說，這種統一性就像身體的統一性一樣，是由不同部分的整合和相互作用組成的單一本體，並使這本體成形。[16]

為了達到以上目標，我們首先需要了解這些新約著作的歷史、文化和文學情境。儘管如此，對於新約作者和參與其中的聖經學者來說，從事聖經神學的建構不免是個帶有詮釋的任務。新約作者詮釋耶穌言論和各歷史事件（例如關於逼迫）的神學意義與他們自身情境的相關性。聖經學者要詮釋新約作者的著作（例

學反思連續體的一部分，而哈帝拿則試圖表明早期基督教一直分殊多樣，有時甚至有意為之，正如在新約和非正典基督教著作中所展示的情況。雖然筆者同意布特曼關於恢復新約神學「純正」和「權威」形式的看法，認為是其過於簡化，也同意哈帝拿關於多樣性的觀察，但這項研究將表明新約作者之間仍有相似之處，可以在他們面對逼迫的神學上形成某種程度的統一。

[16] Dunn, *New Testament Theology*, p. 8.

如，為了本研究之目的表述關乎新約作者面對逼迫的觀點），並且免不了根據自己的詮釋預設和情境（現代／後現代的關注）將其呈現。[17] 這不僅無可避免，更是必須如此；一如施內爾（Schnelle）指出，因為「新約神學必須（1）使新約著作的思想世界成為清晰的焦點；並（2）在當代對現實理解的情境中，闡明這一思想世界」。[18]

雖然本研究會盡可能採用描述的進路，但筆者完全承認此表述框架反映了我們當代的一些關注。[19] 例如，教內人和教外人對基督徒為何面臨逼迫的理解，反映了我們後現代對多元觀點的關注，以及我們對揭示新約記載基督徒受逼迫背後之社會政治原因的興趣。然而，新約作者關心的，更可能是逼迫背後的神

---

[17] Schnelle, *Theology of the New Testament*, pp. 26–29. 筆者說的「現代」關注是指盡可能尋求某程度的客觀理解（例如新約作者之面對逼迫的神學），同時不否認主觀性的影響。對於「後現代」關注，筆者指的是，對絕對客觀知識過度樂觀之追求上的糾正，這是所樂見的，因而對多元觀點的欣賞。對同一事物的不同觀點，可互補或彼此矛盾。對前者的鑒賞，有助我們擁有更全面的觀點；而後者的存在，則有助我們意識到並非所有觀點都同樣合理。正如哈帝拿（Hatina, *New Testament Theology*, pp. 16–17）所指出的，對「後現代主義」更好的理解，是將其視為對「現代主義」理想的「延伸」和「反應」，而非歷史中兩個不同的時期。

[18] Schnelle, *Theology of the New Testament*, p. 25.

[19] 同上；Hatina, *New Testament Theology*, p. 30。

學原因,而非社會政治原因。儘管如此,由於我們投身聖經神學之目的並不僅僅是作為一項學術活動,而是為了能以在當代情境中找到其相關性和適用性,[20] 筆者於本文的表述框架將幫助我們進行當代反思和應用。聖經神學知識的應用,不僅適用於那些以聖經教導為信仰和實踐準則的人,即使對於那些不認信耶穌基督的人來說,從這些知識中獲得的見解,也有助於當代的反思和應用,就如我們同樣可以從其他知識領域的研究中得到啟發。[21]

本研究將留意文本的文學性和歷史性之間的關係。所有歷史記載都反映了敘述者的觀點。一如所有歷史研究,除非另有證明,否則我們就須假設這些記述的真實性。[22] 由於此項研究的重點是,新約作者如何鼓勵其受眾在面臨逼迫下堅守信仰,我們將透過以

---

[20] Schnelle, *Theology of the New Testament*, p. 40; Hatina, *New Testament Theology*, p. 19.

[21] 例如,新約神學在宗教間對話中的應用,見 Hatina, *New Testament Theology*, pp. 181–183。

[22] 真實性並不等同於精確度。真實的見證在各項細節上,並不全然精確無誤,但不真實的見證則會捏造某些事實。對此的詳細討論已超過本研究的範圍。就目擊證人、史學和歷史可信度的詳細探討,見例子如 Richard Bauckham, *Jesus and the Eyewitnesses: The Gospels as Eyewitness Testimony*, 2nd edn (Grand Rapids: Eerdmans, 2017); Craig S. Keener, *Acts: An Exegetical Commentary*, 4 vols. (Grand Rapids: Baker Academic, 2012–15), vol. 1, pp. 3–319。

下提問審視文本：（1）在敘事或論述中，作者如何描述早期基督徒對逼迫的回應，作者對這些回應又有何評價？（2）作者如何直接勸勉受眾，或運用耶穌和其他早期基督徒領袖的直接勸勉，並將這些描述和勸勉與文學和修辭手法結合，以達到鼓勵堅忍這目的？（3）作者採取的進路如何流露出其面對逼迫的神學？

本研究將以文學進路處理敘事文本，以編修進路檢視對觀福音書。對於前者，文學順序在敘事和論述中佔有重要作用，作者藉此發展人物、佈局和邏輯論證，以傳達神學信息。[23] 對於後者，點明作者強調的重點，將有助浮現各福音書的獨特神學觀點。[24] 採取編修進路分析敘事中的人物刻畫，會在這方面更顯成效。[25] 此項研究將在按主題鋪陳出一套逼迫神學的同時，筆者也會指出在文學順序或編修重點可加深我們

---

[23] 簡介新約的敘事評鑒法如何加深了解文本整體的意義，見 James L. Resseguie, *Narrative Criticism of the New Testament: An Introduction* (Grand Rapids: Baker Academic, 2005)。

[24] Gundry, *Matthew*, p. 3; Mark L. Strauss, *Four Portraits, One Jesus: An Introduction to Jesus and the Gospels*, 2nd edn (Grand Rapids: Zondervan, 2020), pp. 80–86. 儘管許多學者主張或假設馬可福音的優先性，但仍有其他人堅持馬太福音的優先性。由於二者都沒有絕對的證據，本研究採用比較對觀福音書的進路，讓每部福音書的某些編輯重點浮現出來，而不假定在文學上直接依賴某部福音書，或由另一位福音書作者對某部福音書的文本進行「改動」。

[25] 例子見下文154–161頁，亞利馬太人約瑟的人物刻畫。

對作者信息理解的個別重要例子。

關於福音書的作者身分，雖然文本在技術上是匿名的，但筆者將依據傳統歸屬的題名來指稱各作者。對於新約書信，無論是保羅書信還是普通書信，筆者將假設這些書信的作者為自稱者本人。[26] 就本研究而言，即使對於作者身分歸屬有爭議的著作，只要這些著作仍然反映了作者本人對逼迫的觀點和回應，或按傳統對署名作者觀點和回應的詮釋，這就足夠了。因此，舉例來說，我們只需要陳明馬太福音或保羅書信所反映之面對逼迫的神學就已足夠，其中「馬太」是「馬太福音的作者」的簡寫，而「保羅」是書信「作者」或「署名作者」的簡寫。

---

[26] 新約書信的真偽討論已超過本研究的範圍。有關詳細討論，見例子如 Terry L. Wilder, 'Pseudonymity and the New Testament', in David Alan Black and David S. Dockery (eds.), *Interpreting the New Testament: Essays on Methods and Issues* (Nashville: B&H, 2001), pp. 296–355; Kent D. Clarke, 'The Problem of Pseudonymity in Biblical Literature and Its Implications for Canon Formation', in Lee Martin McDonald and James A. Sanders (eds.), *The Canon Debate* (Peabody: Hendrickson, 2002), pp. 440–468; Stanley E. Porter, 'Pauline Chronology and the Question of Pseudonymity of the Pastoral Epistles', in Stanley E. Porter and Gregory P. Fewster (eds.), *Paul and Pseudepigraphy*, PS 8 (Leiden: Brill, 2013), pp. 65–88。

現代學術研究中的逼迫神學：概覽

許多人寫過關於基督徒受逼迫的著作。有的採用歷史方法，記錄早期教會（一至三世紀）基督徒遭遇的逼迫，[27] 而另一些則進行神學反思。[28] 由於本研究

---

[27] 例子有 Herbert B. Workman, *Persecution in the Early Church: A Chapter in the History of Renunciation* (London: Epworth, 1906; repr. Oxford: Oxford University Press, 1980); W. H. C. Frend, *Martyrdom and Persecution in the Early Church: A Study of a Conflict from the Maccabees to Donatus* (Oxford: Blackwell, 1965; repr. Cambridge: James Clarke, 2008); I. Lesbaupin, *Blessed Are the Persecuted: Christian Life in the Roman Empire*, AD 64–313, tr. R. R. Barr (Maryknoll: Orbis, 1987); Jakob Engberg, *Impulsore Chresto: Opposition to Christianity in the Roman Empire* c. 50–250 AD, tr. Gregory Carter, ECCA 2 (Frankfurt am Main: Peter Lang, 2007); Candida R. Moss, *The Myth of Persecution: How Early Christians Invented a Story of Martyrdom* (New York: HarperOne, 2013); Eckhard J. Schnabel, 'The Persecution of Christians in the First Century', *JETS* 61.3 (2018), pp. 525–547。我們不會在此回應莫斯（Moss）的說法，因為這超出了本研究的範圍。關於她著作的學術評論，見 Anne Thayer, review *of The Myth of Persecution: How Early Christians Invented a Story of Martyrdom*, by Candida Moss, *Int* 68.1 (2014), pp. 81–83, and W. Shelton, review of *The Myth of Persecution: How Early Christianity Invented a Story of Martyrdom*, by Candida Moss, *JETS* 57.1 (2014), pp. 210–214。

[28] 例子有 Thomas Schirrmacher, *The Persecution of Christians Concerns Us All: Towards a Theology of Martyrdom*, 3rd

旨在描述新約作者關於面對逼迫的神學，下文僅會綜覽與逼迫有關的聖經神學著作。有些學者也曾按新約個別書卷以逼迫為題撰寫研究。[29] 但在本研究中，我們將會集中討論那些探討全部新約書卷的學者。

以社會修辭學及聖經神學為進路，最全面探討新約中逼迫的專論，就是凱鶴華（Kelhoffer）的《逼迫、說服和權力》。凱鶴華認為，新約作者以神學角度將逼迫視為基督徒真實身分的佐證，因而為這些苦難賦予（文化、社會和象徵性資本上的）價值。在縷述新約的逼迫神學上，凱鶴華的傑出著作值得讚賞。然而，他坦承仍有更多的工作有待完成，並挑戰讀者繼續反思和拓展。[30] 因此，本研究旨在提供與凱鶴華的主張

---

edn, WEAGIS 5, repr. (Eugene: Wipf & Stock, 2018); Christof Sauer and Richard Howell (eds.), *Suffering, Persecution and Martyrdom: Theological Reflections*, RSF 2 (Johannesburg: AcadSA, 2010)。

[29] 例子見 J. S. Pobee, *Persecution and Martyrdom in the Theology of Paul*, JSNTSup 6 (Sheffield: JSOT Press, 1985); Gundry, *Matthew*; Cunningham, *Through Many Tribulations*; Douglas R. A. Hare, *The Theme of Jewish Persecution of Christians in the Gospel According to St. Matthew*, SNTSMS 6 (Cambridge: Cambridge University Press, 2005); Travis B. Williams, *Persecution in 1 Peter: Differentiating and Contextualizing Early Christian Suffering*, NovTSup 145 (Leiden: Brill, 2012); Lian Wang, 'Johannine View of Persecution and Tribulation', *LMM* 25.2 (2017), pp. 359–370。

[30] Kelhoffer, *Persecution, Persuasion, and Power*, p. 386.

有所不同的觀點或補充,並望能在衍生之倫理意義的對話上有所貢獻。

賓尼(2004)和哈羅德(2008)試圖從舊約和新約中追溯出關於逼迫的聖經神學。[31] 他們二人都將基督徒受逼迫的原因,歸結為創世記三章十五節中,蛇與女人後代之間的衝突。[32] 賓尼按文集分類探討相關的聖經段落,[33] 但沒有從這些經文中得出一個總體母題。儘管如此,其獨特貢獻在於勾畫出新約作者如何就受逼迫的處境使用詩篇。[34] 儘管賓尼嘗試將逼迫與門徒身分聯繫起來,但這聯繫並沒有在他著作後半部分充分展開。

另一方面,哈羅德以「應許」為總體母題。他追溯「女人的後裔」如何發展為所應許的亞伯拉罕後裔及大衛後裔,並最終成就於耶穌基督。在整個進程中,哈羅德強調蛇(即撒但)和神的兒子之間屬靈衝突的概念(參約 15:18~21;啟 12),以及在福音被傳揚時,

---

[31] Penner, *Shadow of the Cross*; Kenneth Harrod, *Promise and Persecution: A Biblical Theology of Suffering for Christ* (Orpington, Kent: Release International, 2018).

[32] Penner, *Shadow of the Cross*, pp. 22–27; Harrod, *Promise and Persecution*, pp. 28–33.

[33] 文集分類如下:五經、歷史書、智慧書、先知書、福音書、使徒行傳,而書信和啟示錄則統合在「使徒教導」類別之下。見 Penner, *Shadow of the Cross*, pp. 3–6。

[34] 同上,pp. 48–55。

這衝突如何透過遇到反對，甚或是公然的逼迫而彰顯出來（如徒 13:10、50，14:19）。儘管基督被描述為透過十架戰勝了撒但（啟 12），但兩者的衝突只會在新天新地中結束（啟 21~22）。[35] 哈羅德最後以對當代基督徒的影響作為結束。[36]

回答相關問題：本書概覽

鑒於本研究嘗試描繪出一套面對逼迫的新約神學，本書將試圖回答在導言一開頭所提出的問題。[37] 第一章以詢問這一切因何而起作為開始。在綜覽新約時期的不同宗教世界觀後，我們將檢視各文本，以確定誰在逼迫基督徒，以及他們為何有此舉動。筆者不僅會描述教內人（新約作者）的觀點，還會嘗試梳理出教外人（非基督徒）的觀點。第二章圍繞著「發生了何事？」這問題開展。在詳述這些早期基督徒所面對的種種逼迫之後，筆者將描述新約中對基督徒各種回應的描繪。第三章將探尋如何才能堅持到底，並探

---

[35] Harrod, *Promise and Persecution*, pp. 39–90, 93–114, 124–126.
[36] 同上，pp. 134–138。
[37] 參上文第 15 頁。

究新約作者如何說服受眾在面對逼迫時堅守基督信仰。結論的部分不僅會綜合新約作者之間相似的神學觀點，還會突出他們各人在某些議題上的獨特觀點。最後，在後記中，筆者將反思這一面對逼迫的新約神學，與因信仰基督而面臨逼迫的當代教會有何關係。

第1章
這一切為何開始：探索背後原由

在希羅世界，任何人都可以敬拜多個不同的神明。為何早期的基督徒會因為敬拜耶穌而受到逼迫呢？本章將先描述第一世紀的歷史背景，尤其關注當時的世界觀中，社會、宗教和政治三方面如何緊密交織。以這歷史背景為考量，筆者將論及誰逼迫了早期的基督徒，並分別以教內人和教外人的角度來探討為何基督徒受到逼迫。在此基礎上，筆者將根據新約作者的記載，縷述基督徒為何遭遇逼迫的神學反思。

歷史背景

在希羅時代，猶太人通常將其他非猶太人稱為「外族人」（*ta ethnē*；參拉 6:21 LXX；羅 3:29）。猶太

人和基督徒二者皆屬少數群體，生活在其他奉行多神敬拜的人之中。按照學術慣例，筆者將這些「其他人」稱為「異教徒」。在討論基督教起源的歷史背景時，由於猶太一神論與希羅世界的異教多神論形成鮮明對比，筆者會把第一世紀的宗教世界觀廣泛劃分為「希羅」和「猶太」兩個類別，尤其是那些涉及這兩個世界觀中導致與基督徒衝突的元素。

希羅宗教的世界觀

在希羅世界，多神論是常態。不同城市和地區的群體，都有各自的守護神（例如亞底米［Artemis］是以弗所的守護女神；參看徒 19:27~35）。在古代，宗教是實用為主，而非基於信仰。因此，眾人為了不同目的崇拜多個神明是十分常見的。例如，拜阿斯克勒庇俄斯（Asclepius）求健康，拜阿芙柔狄蒂（Aphrodite）求生育和愛情。[1] 舉行祭祀儀式是宗教活動的關

---

[1] Graf Fritz, 'Asclepius', in Simon Hornblower, Antony Spawforth and Esther Eidinow (eds.), *The Oxford Classical Dictionary*, 4th edn (Oxford: Oxford University Press, 2012), doi: 10.1093/acref/9780199545568.013.0853, and Pirenne-Delforge Vinciane and André Motte, 'Aphrodite', in ibid., doi: 10.1093/acref/9780199545568.013.0582.

鍵。[2] 因此，崇拜習俗被稱為「祭禮」（cult），羅豪斯（Rothaus）將之定義為「以參與者和非參與觀察者均可識別的形式，由個人組成、可辨識又自我確認的一個團體，針對或通過與一個或多個神明建立關係的活動。」[3]

在眾多異教崇拜習俗中，帝王崇拜（即對羅馬皇帝的崇拜）與我們的研究尤其相關。因此，筆者將首先考察一般的異教崇拜，然後詳細考察帝王崇拜。

異教崇拜

在古代，施恩主──受恩人（patron-client）的關係涵蓋甚廣，甚至可讓民眾作為受恩人，由神明充當施恩主。[4] 民眾尋求眾神明的恩澤，希望得到各方面的福祉和昌盛；從個人生活，如身體健康和生意興隆，以致群體福祉，如豐收或勝仗。於是，宗教滲透了生活各範疇，公私均是如此：家庭、經濟、政治、軍事、行政等。由於宗教以實用為主，群眾可以在眾

---

[2] Harry O. Maier, *New Testament Christianity in the Roman World*, EBS (New York: Oxford University Press, 2018), p. 34.

[3] Richard M. Rothaus, *Corinth, the First City of Greece: An Urban History of Late Antique Cult and Religion*, RGRW 139 (Leiden: Brill, 2000), p. 6.

[4] Maier, *New Testament Christianity*, pp. 34–35.

神中添加更多神明,而不必摒棄已有的。[5]

群眾相信其幸福來自神明的恩澤。身為蒙受此恩的對象,他們有義務回報各神明,藉著舉行儀式和奉上祭品,表達自己的感恩和對眾神的尊崇。反之,群眾認為災難(如生意不好、飢荒、地震)是神明不悅或憤怒的結果,並且通常將其歸咎於執行不當或疏忽遺漏的祭祀儀式。[6]

隨着羅馬帝國征服了更多領土,元老院通常允許被征服的人民繼續當地的異教崇拜。[7] 儘管如此,正如基納(Keener)指出,早期共和國的羅馬人相信,原有的神明會因他們接納新神明而降下懲罰(Dionysius of Halicarnassus, *Antiquitates Romanae* 3.35.2),並指示民眾僅可使用羅馬祭禮習俗來敬拜羅馬神明

---

[5] David P. Nystrom, 'We Have No King but Caesar: Roman Imperial Ideology and the Imperial Cult', in Scot McKnight and Joseph B. Modica (eds.), *Jesus Is Lord, Caesar Is Not: Evaluating Empire in New Testament Studies* (Downers Grove: InterVarsity Press, 2013), p. 29; Ralph Anderson, 'New Gods', in Esther Eidinow and Julia Kindt (eds.), *The Oxford Handbook of Ancient Greek Religion* (Oxford: Oxford University Press, 2015), pp. 309–323.

[6] Maier, *New Testament Christianity*, p. 35; Engberg, *Impulsore Chresto*, p. 31.

[7] Alan Watson, *The State, Law, and Religion: Pagan Rome* (Athens, Ga.: University of Georgia Press, 1992), p. 62. 然而,羅馬參議院有時會禁止公民參與某些外族崇拜。

（Livy, *History of Rome* 4.30.9–11）。然而，在帝國擴張之後，這種排他性就變得不大可行。[8] 最終，羅馬人容許某些外來異教崇拜融入其宗教體系。根據奧連（Orlin）的觀點，這現象與他們的政治決策密切相關，就是要「將新的領土和新的民族納入羅馬人民這政治體之中」。[9] 恰當的宗教禮儀對羅馬人至關重要，因為他們將保持「諸神和平」（*pax deorum*）的能耐，視為領土成功擴張的關鍵。[10]

對於羅馬人來說，「宗教人士」（*religiosi*）是那些「依據國家風俗而選擇履行或略過宗教儀式的人，並且不會參與外族的祭禮（*superstitiones*）」。[11] 與「真正的宗教」（*religio*）相比，*superstitio* 則被用以指非傳統的宗教習俗，且已被「推到極端」、「沒有理智」，或甚至「鄙俗或邪惡」的程度。[12] 如馬丁（Martin）總結道，「*superstitio* 可以用來涵蓋各種宗教習俗，包括可疑的占卜、外來的祭祀儀式和魔法，而且被認

---

[8] Keener, *Acts*, vol. 3, p. 2473.

[9] Eric M. Orlin, *Foreign Cults in Rome: Creating a Roman Empire* (Oxford: Oxford University Press, 2010), p. 4.

[10] 同上，p. 24。

[11] Festus, s.v. 'Religiosus', cited in Watson, *State, Law, and Religion*, p. 60.

[12] Dale B. Martin, *Inventing Superstition: From the Hippocratics to the Christians* (Cambridge, Mass.: Harvard University Press, 2004), pp. 126, 128, 130. 參 Cicero, *Nature of the Gods* 1.42.117, 2.28.71; Seneca, *Moral Epistles* 95.35。

為是邪惡的，會對羅馬社會和國家構成威脅」。¹³

此外，格拉德爾（Gradel）表示，religio 是指人對擁有更高權柄者心存的敬意，對象通常是神明，但也可以包括人。¹⁴ 因此，群眾舉行祭祀並非出於本體層面的原故，而是向其崇拜對象的權力和地位，予以最高尊崇的表現。¹⁵ 這類崇拜形式十分普遍，可追溯到希臘人的前古典時代（於公元前五世紀以前），他們給予統治者和諸神「同等的神聖榮譽」（isotheoi timai）。¹⁶ 眾人既然認為羅馬皇帝是最有權勢的統治者，

---

¹³ Martin, *Inventing Superstition*, p. 134; James R. Harrison, 'The Persecution of Christians from Nero to Hadrian', in Mark Harding and Alanna Nobbs (eds.), *Into All the World: Emergent Christianity in Its Jewish and Greco-Roman Context* (Grand Rapids: Eerdmans, 2017), p. 279.

¹⁴ 「*Religio* 意味著對上位者的崇敬、盡責和殷勤，對象通常是各神明但不僅限於此。」見 Ittai Gradel, *Emperor Worship and Roman Religion*, OCM (Oxford: Clarendon, 2002), p. 4。參 Festus, s.v. 'Religiosus'。

¹⁵ 同上，p. 101；Michael Peppard, *The Son of God in the Roman World: Divine Sonship in Its Social and Political Context* (Oxford: Oxford University Press, 2011), p. 31。這並不是說古人不在本質上區分人與神。正如列溫（Levene）所指出，更確切而言，崇拜皇帝發生在無需區分二者的情況之中。見 D. S. Levene, 'Defining the Divine in Rome', *TAPA* 142.1 (2012), pp. 72–76。

¹⁶ Duncan Fishwick, *The Imperial Cult in the Latin West: Studies in the Ruler Cult of the Western Provinces of the Roman Empire*, 2nd edn, EPRO 108 (Leiden: Brill, 1993), p. 21.

就向他送上神聖的榮譽。此外，古代百姓也相信神明會以人的形態出現在他們中間（參徒 12:11, 14:11, 28:6）。因此，他們會把統治者尊為諸神的代理人，甚至為諸神之一，也就不足為奇了。[17] 依據這概念，筆者將在下文繼續探討帝王崇拜。

帝王崇拜

一如以舉行宗教儀式（例如獻上祈禱和祭品）尊崇神明，普羅大眾和地方權貴也以相同方式，崇敬羅馬皇帝和向他表達忠誠。背後的想法無異：羅馬帝國帶來了和平與繁榮，儘管那是在血腥軍事征服之後。因此，羅馬皇帝是民眾的施恩主；對當地權貴來說更是如此，因他們從皇帝那裡直接獲得好處，例如官職、聲譽和經濟利益。[18] 而作為受恩人，民眾理當以榮譽、忠誠和服事為回報，並以傳統和慣常途徑，向皇帝尋求持續的恩惠。[19] 反之，皇帝作為受恩人給予〔神聖〕

---

[17] Gradel, *Emperor Worship*, pp. 100–102, 191.

[18] Peter Garnsey and Richard P. Saller, *The Roman Empire: Economy, Society and Culture*, 2nd edn (London: Bloomsbury Academic, 2014), pp. 174–175.

[19] 傳統和慣常途徑很重要，因為民眾認為正確舉行的儀式，對取悅諸神至關重要，並可延伸至取悅皇帝（見上文第 36–37 頁），而這方面的缺失則會導致災難性的後果。新的祭禮活動將招來猜忌，因為其並未證實會被諸神接受。

榮譽的施恩主，有義務藉著良好管治帶來更多恩澤，以此作為回報。[20] 在這以施恩主——受恩人關係為架構、著重榮辱的文化中，若無法以傳統和慣常途徑作回報，就會被視為忘恩負義和羞恥可鄙。[21] 因此，帝王崇拜便成了帝王與臣民雙方協商權力的方式。[22]

希拉德（Hillard）和溫特（Winter）都注意到，這種羅馬皇帝與臣民間互惠的祭禮活動，其實有三大類型，因此建議將這種現象統稱為「**各類**帝皇崇拜」（imperial *cults*），而非「**那**帝王崇拜（*the* imperial cult）」。[23]

---

[20] Gradel, *Emperor Worship*, p. 370. 格拉德爾（Gradel, p. 287）指出，管治出色的皇帝死後最終會被神聖化，得到元老院追封終極榮譽（*apotheosis*），而未能做到這一點的皇帝（例如尼祿）則會遭到明顯可見的譴責，他們的雕像將被搗毀，名字也會從銘文上抹除。

[21] 參 Seneca, *On Benefits* 1.10.4; Cicero, *On Duties* 1.48。

[22] Jacob A. Latham, ' "Honors Greater Than Human": Imperial Cult in the Pompa Circensis', in *Performance, Memory, and Processions in Ancient Rome: The Pompa Circensis from the Late Republic to Late Antiquity* (Cambridge: Cambridge University Press, 2016), p. 106.

[23] Bruce W. Winter, 'Divine Imperial Cultic Activities and the Early Church', in Mark Harding and Alanna Nobbs (eds.), *Into All the World: Emergent Christianity in Its Jewish and Greco-Roman Context* (Grand Rapids: Eerdmans, 2017), p. 240; Tom W. Hillard, in Matthew Dillon (ed.), 'Vespasian's Death-Bed Attitude to His Impending Deification', in *Religion in the Ancient World: New Themes and Approaches* (Amsterdam: A. M. Hakkert, 1996), pp. 197–198. 句子中強調標示依照溫特的原文。

為了使帝國繼續享有國泰民安的祝福，民眾首先會向神明祈禱和獻祭，為皇帝祈求安康。其次，他們直接向皇帝行這些儀式，因為他們也視皇帝為神明。第三，皇帝被視為眾神明與帝國之間的「大祭司」（拉丁文：*pontifex maximus*；希臘文：*ho archiereus*），他也負責向諸神行這些儀式，為帝國祈求和平與繁榮（包括民眾的福祉）。[24]

帝王崇拜會在多個層次舉行：國家、地方政府和私人。[25] 儘管羅馬人通常只崇拜已故的皇帝，但非羅馬人（尤其在帝國東部）也崇拜在世的皇帝。有考古證據顯示，崇拜在世皇帝是整個帝國民眾的普遍習俗。[26]

要注意的是，帝王崇拜主要出於民間的運動，而非源自羅馬的指令。[27] 但民眾和地方政府背後的動機

---

[24] 這種將統治者視為「祭司君王」的概念，也見於古代近東文化。雖然阿卡德人（Akkadians）視統治者為眾神的代理人，可是他本身並非神靈，但埃及人則認為國王是個神靈。見 William H. Stiebing and Susan N. Helft, *Ancient Near Eastern History and Culture*, 3rd edn (London: Routledge, 2017), pp. 39, 74–78, 122–125。

[25] Gradel, *Emperor Worship*, p. 13; Gwynaeth McIntyre, *Imperial Cult*, AH (Leiden: Brill, 2019), p. 65.

[26] Gradel, *Emperor Worship*, pp. 13, 77; Peppard, *Son of God*, p. 32.

[27] 除了少數例外（如卡利古拉［Caligula］，而圖密善［Domitian］的個案則有爭議），大部分皇帝並未要求臣民崇拜。Gradel, *Emperor Worship*, pp. 140–161. 然而，

並不相同。雖有過度簡化之嫌，但其積極動機也許是尋求民眾的共同福祉，消極動機則是避免羞恥的社會壓力。對某些地方權貴而言，向皇帝極力獻上至尊神聖的尊崇，也是討好羅馬統治者的一個手段。[28] 此外，若未能以可接受方式表現對帝國的忠誠，就有被指叛國的風險，假如招致羅馬鎮壓，後果將難以承受。

眾多受逼迫群體中的基督徒：更大的圖畫

儘管代表國家的羅馬元老院，最終認可了新的（外來或本地）神祇為其官方宗教的一部分，並非每名外來神祇都被認可納入眾神之中，而視乎該宗教的性質。[29] 對於羅馬人來說，以正確的方式舉行儀式十分重要，因為不正確或不恰當的方式可能會激怒眾神，

我們也須慎防另一極端，把帝王崇拜僅限於由當地政府或地區所發動，因為溫特已證實，省長——由皇帝直接委派的總督，也會奉羅馬之名推動帝王崇拜。Bruce W. Winter, *Divine Honours for the Caesars: The First Christians' Responses* (Grand Rapids: Eerdmans, 2015), pp. 29–47.

[28] Murray J. Smith, 'The Book of Revelation: A Call to Worship, Witness, and Wait in the Midst of Violence', in Mark Harding and Alanna Nobbs (eds.), *Into All the World: Emergent Christianity in Its Jewish and Greco-Roman Context* (Grand Rapids: Eerdmans, 2017), p. 338.

[29] Eric M. Orlin, *Temples, Religion, and Politics in the Roman Republic* (Boston: Brill Academic, 2002), p. 12; Harrison, 'Persecution of Christians', pp. 276–278.

使國家遭受災難。³⁰ 因此，羅馬人嚴格遵守「祖先習俗」（*mos maiorum*），並禁止未經官方批准下，公開或私下引入任何新的或外來的祭禮或儀式（見 Cicero, *De legibus* 2.8, 12, 37）。³¹

被拒絕的宗教包括沃爾西尼亞（Volsinian）女神諾蒂婭（Nortia）、埃及女神伊希斯（Isis）和酒神崇拜（Bacchanalian cult）；後二者不僅被拒絕，而且被取締和壓制。³² 酒神崇拜是由於不道德性行為和相關罪行被取締（Livy, *History of Rome* 39.13.13），而伊希斯崇拜則因政治原因被排斥。³³

值得注意的是，基督徒並不是唯一被羅馬帝國拒絕和鎮壓的宗教群體。³⁴ 雖然鎮壓酒神崇拜可能被視

---

³⁰ Maier, *New Testament Christianity*, p. 35; Harrison, 'Persecution of Christians', p. 277.

³¹ Harrison, 'Persecution of Christians', pp. 277, 279; Watson, *State, Law, and Religion*, p. 58. 參 Cicero, De legibus, 2.8, 12; Orlin, *Temples, Religion, and Politics*, p. 61。

³² Orlin, *Foreign Cults in Rome*, pp. 203–207; Orlin, *Temples, Religion, and Politics*, p. 12, n. 4; Richard A. Bauman, 'The Suppression of the Bacchanals: Five Questions', *Historia* 39.3 (1990), pp. 334–348.

³³ Sarolta A. Takács, *Isis and Sarapis in the Roman World*, RGRW 124 (Leiden: Brill, 1995), pp. 56–58; Orlin, *Foreign Cults in Rome*, p. 205.

³⁴ 一如 'Persecution' 在 *The Concise Oxford Dictionary of World Religions* 中，於 2021 年 8 月 9 日存取 <https://www.ox-

為公正之舉,因此不應被當作逼迫,但針對伊希斯崇拜信奉者的行動(如驅逐出羅馬),從這批信徒的角度,卻可被視為不公正的待遇,亦即逼迫了。此外,雖然猶太宗教在官方上合法,但在帝國許多地方,民眾的反猶太情緒依然強烈,其中原因將在下文陳述。

猶太宗教世界觀

在論述希羅宗教世界觀之後,我們現在要來探討猶太宗教世界觀。在技術上,在希羅時期,「猶太人」一詞並不純粹是個民族類別,因為外族人(雖然數量很少)仍可通過皈信猶太教融入社群。因此,第一世紀「猶太宗教世界觀」所指的是主要由同時代對猶太經書(Jewish Scriptures)的各種傳統和相關詮釋所塑造的世界觀。[35] 早期教會起源實為猶太教內部的一個運動,

---

fordreference.com/view/10.1093/acref/9780192800947.001.0001/acref-9780192800947-e-5576> 所載:「幾乎所有宗教的信徒,在其歷史中某個時刻,都曾因持守信仰遭受逼迫。」有關現代種族和宗教逼迫的例子,見 Tieszen, 'Towards Redefining Persecution', pp. 70–73。

[35] 「猶太經書」指的是希伯來文聖經(HB)及其希臘文七十士譯本(LXX)。新約中對猶太經書的引用反映了以下情況:(1)基本上與 HB 和 LXX 相似;(2)與 HB 相似,但與 LXX 不完全相同;如羅 11:35;(3)與 LXX 類似,但與 HB 不完全相同;如來 10:5、38;及(4)未出於現存 HB 和 LXX 手抄本中;如太 2:23。

由追隨耶穌的猶太人和外族人組成。因此，在本節中，我們將探討基督教運動發展自猶太宗教世界觀的一些元素與兩者分歧之處：彌賽亞盼望、一神論、復活、接納外族人為神的子民和末世論。這些元素也成為與異教徒和非基督教猶太人爭論和衝突的原因。由於這些不同元素在許多方面相互關聯，筆者將綜合地討論分析。

猶太經書中的先知文學談到理想的大衛王，他將統治神的子民，其中一些文本更提及神的子民將從散居之處被招聚，並在祖傳之地重建家國（例如賽 9:7, 16:5; 耶 23:25; 結 37:24~25; 何 3:5）。在一些君王詩中，這位理想君王既擔起祭司職分，又統治萬國（例如詩 72、110）。在但以理書七章 13~14 節（參但 2:44~45, 9:25~27）中，這位將會到來的萬國統治者，被描繪成來自天上的人物，要在末世降臨並建立永恆的管治。這些經文提供了彌賽亞概念在第二聖殿時期進一步發展的軌跡。[36]「彌賽亞」（「受膏者」；希臘文為

---

[36] 關於這些軌跡在第二聖殿時期如何自猶太經書演變的綜覽介紹，見 Herbert W. Bateman, Darrell L. Bock and Gordon H. Johnston, *Jesus the Messiah: Tracing the Promises, Expectations, and Coming of Israel's King* (Grand Rapids: Kregel, 2012), pp. 37–329。關於在第二聖殿文獻中屬天人物 (heavenly figure) 的發展，見 Lester L. Grabbe, *An Introduction to Second Temple Judaism: History and Religion of the Jews in the Time of Nehemiah, the Maccabees, Hillel and Jesus* (London: T&T Clark, 2010), pp. 103–105。

christos）一詞，出現在但以理書九章 25~26 節，並自此開始蘊含比以往更多的涵義。儘管如此，正如格比（Grabbe）指出的，第二聖殿文獻展示了對彌賽亞盼望各式各樣的觀點，否定了有單一連貫的第二聖殿彌賽亞神學之說。[37]

根據格比的分析，有些彌賽亞盼望帶有強烈政治色彩，助長了猶太人反抗外族統治的多次革命；這思想自從安提亞古斯・伊皮法尼（Antiochus Epiphanes）的宗教壓迫開始（公元前二世紀初），到第一世紀初偶爾發生的反抗（參徒 5:36~37, 21:38），最終導致巴勒斯坦的第一次猶太人革命（公元 66–70 年），又於埃及和美索不達米亞引發散居猶太人的零星起義（公元 115–117 年），直到在巴勒斯坦的巴柯巴起義（Bar Kochba revolt，公元 132–135 年）失敗，其想法方才告終。[38] 因此，由於猶太人彌賽亞盼望的宣稱經常與革命起義相連，當基督徒宣揚猶太人耶穌是彌賽亞，也很容易被視為對羅馬統治的抵抗。

在第二聖殿期，主要從猶太經書中先知傳統發展而來的猶太天啟思想，匯集了好些觀念，[39] 諸如：（1）

---

[37] Grabbe, *Second Temple Judaism*, p. 80. 不同彌賽亞觀點的例子，見同上，pp. 81–83。

[38] 同上，pp. 80, 84。

[39] 可能還有其他影響因素，例如古代近東文化、波斯拜火教和占卜智慧。天啟思想並非猶太宗教世界觀所獨有，也見於其他希臘文化。見同上，pp. 89–91。

神通過異象向他的先知作特別啟示，並由其天使為中介者解釋所指；（2）彌賽亞將要執行最後的審判，藉宇宙大災難終結世界，建立神永恆的國度；及（3）復活和死後的生命。[40] 與彌賽亞盼望的情況相仿，各猶太教派對這些觀念也有不同的理解，尤其是復活。眾所周知，撒都該人不相信來世和復活，但較鮮為人知的是，便西拉同樣如此，其《智訓》3.1~9 提到靈魂不朽，卻沒有提及復活。[41] 雖然當時可能許多猶太人都相信有復活，但在形式（身體或靈魂上）和發生時間（現在或末世）等細節上卻有所不同。[42] 因此，基督徒宣告耶穌的身體復活，便成為與猶太領袖的爭論之一。

此外，世界的浩劫末日通常被描繪為當前統治帝國的覆亡，並以獸代表這帝國（例如但 7:19~27, 8:19~25；《以斯拉四書》11~12）。啟示錄十三章 1~18 節和十九章 11~21 節也發展了這傳統。因此，這類天啟觀念，就藉預言外族統治最終的覆亡，來表現對其強烈抵抗。

---

[40] 另見同上，p. 88。
[41] 同上，pp. 93, 95。
[42] 例如，《馬加比二書》7 章和《巴錄二書》49~51 章似乎期待身體復活，但《禧年書》23.20–22 則似乎期待靈性復活。在約翰福音十一章 21 至 27 節中，馬大期待復活會在末世出現，但耶穌卻說復活可以於現在發生。

另一個重要元素是猶太一神論。儘管某些經文似乎表明人只要向那一位神獻上專一的忠誠，並不否認其他神明的存在（如出 20:3；申 5:7），但其他經文卻似乎否定除了耶和華之外還有別的神明（如申 32:39；賽 43:10）。儘管如此，在希羅時代，許多異教的歷史資料都將猶太人描述為只敬奉自己的神，並拒絕以塑像作為（諸）神的代表。[43] 這特色清晰地將他們跟外族人分別出來。[44] 因此，大多數猶太人拒絕參與異教和帝王崇拜，因為（1）他們只敬拜他們的神，以他為獨一真神；（2）他們拒絕異教神明和偶像崇拜；及（3）他們否定人間帝皇擁有神性的宣稱。

---

[43] 有關這些異教資料的詳情，見 James F. McGrath, *The Only True God: Early Christian Monotheism in Its Jewish Context* (Urbana: University of Illinois Press, 2009), pp. 26–29, 35–36。

[44] 對於第一世紀猶太人是否真的相信一神論，學者們存在分歧。儘管大多數人同意猶太人堅持他們的神超越其他神明的獨特性，但在另一些觀點上卻沒有共識，比如某些猶太人崇拜神的中介（天使、族長），是否不同於崇拜神，以及向這些中介的崇拜可有塑造了早期基督徒對基督神性的理解。見例子如 Richard Bauckham, *Jesus and the God of Israel: God Crucified and Other Studies on the New Testament's Christology of Divine Identity* (Grand Rapids: Eerdmans, 2008); McGrath, *Only True God*; Larry W. Hurtado, *One God, One Lord: Early Christian Devotion and Ancient Jewish Monotheism*, 3rd edn, CS (London: Bloomsbury, 2015)。

由於最初的基督徒大多是猶太人，早期基督徒在這方面跟猶太人相似。事實上，由於猶太人不參加帝王崇拜，他們也面臨類似的社會壓力，也在散居之地受到異教徒的敵對。[45] 儘管如此，尤利烏斯・凱撒、奧古斯都和革老丟的諭令，卻授予猶太人履行 mos maiorum 的權利，因此其地位是「被認可的宗教」（religio licita）。[46] 雖然所有別的會社最多只能每月聚會一次，以遏制此類活動引起政治紛爭的可能性，但猶太人每週舉行聚會卻獲得豁免。[47]

---

[45] 見 Erich S. Gruen, *Diaspora: Jews Amidst Greeks and Romans* (Cambridge, Mass.: Harvard University Press, 2002), pp. 8–9; Miriam Pucci Ben Zeev, 'Jews Among Greeks and Romans', in John J. Collins and Daniel C. Harlow (eds.), *The Eerdmans Dictionary of Early Judaism* (Grand Rapids: Eerdmans, 2010), pp. 245–254; Ritter Bradley, 'The Stasis in Alexandria in 38 ce and Its Aftermath', in *Judeans in the Greek Cities of the Roman Empire*, JSJSup 170 (Leiden: Brill, 2015), pp. 132–183。儘管猶太人並未試圖向別人傳教，但他們明顯成功吸引了一些外族人成為猶太教的追隨者（作為皈依者或敬畏神的人），而這也是反猶太人情緒的導因之一。見 John G. Gager, *The Origins of Anti-Semitism: Attitudes Toward Judaism in Pagan and Christian Antiquity* (New York: Oxford University Press, 1983), pp. 59–62。

[46] E. Mary Smallwood, *The Jews Under Roman Rule: From Pompey to Diocletian*, 2nd edn, SJLA 21 (Leiden: Brill, 1981), p. 539; Harrison, 'Persecution of Christians', p. 280.

[47] O. F. Robinson, *The Criminal Law of Ancient Rome* (London: Duckworth, 1995), p. 80. 關於一手史料，見 p. 80, n. 77。

約瑟夫（*Antiquities of the Jews* 17.42; [Marcus and Wikgren LCL]）記載，在大希律時期，「全體猶太人宣誓效忠凱撒及王的政府」。故此，從凱撒奧古斯都執政起，猶太人就順應了第一類帝王崇拜活動，每天為了皇帝和帝國人民的福祉，在耶路撒冷聖殿向神獻祭和祈禱。[48] 因此，羅馬人容忍猶太人以這「特殊形式」（*sui generis*）尊崇皇帝，代替了直接向皇帝的塑像獻上敬拜儀式或祭品，而理由是尊重猶太人的 *mos maiorum*。[49] 散居猶太人也通過以下方式，順應了尊崇皇帝的做法：（1）通過繳納聖殿稅，貢獻耶路撒冷聖殿祭祀所需；（2）在會堂內為皇帝祈禱和刻上讚頌銘文。[50] 因此，即使猶太人並不參加皇家慶祝巡遊——因為這會涉及第一和第二類帝皇敬拜所舉行的異教儀式，他們也沒有被視為煽動叛亂。[51] 通過這些舉措，猶太人履行了帝王崇拜的公民義務，卻仍在

---

[48] Philo, *Embassy* 157; Josephus, *Against Apion* 2.77. 見上文第 41 頁。

[49] Winter, *Divine Honours for the Caesars*, pp. 98–109.

[50] 有關歷史證據，見 Justin K. Hardin, *Galatians and the Imperial Cult: A Critical Analysis of the First-Century Social Context of Paul's Letter*, WUNT 2.237 (Tübingen: Mohr Siebeck, 2008), pp. 108–109; Winter, *Divine Honours for the Caesars*, pp. 110–116。

[51] Hardin, *Galatians and the Imperial Cult*, pp. 107–108, 110. 另見 Winter, *Divine Honours for the Caesars*, p. 113。

其一神論的框架之內，無需在信仰上妥協讓步。[52] 當這類獻祭和祈禱自公元 66 年起在聖殿中終止時，就顯然是猶大地區猶太人反抗的表現，而羅馬人也如此認為，並導致了六十六至七十年間，第一次猶太人的叛亂和羅馬軍隊的血腥鎮壓。[53]

第二聖殿時期猶太人對一神論的重視，可以被視為這民族在被擄後，對許多猶太人於被擄前多神主義行逕的回應。根據猶太經卷，被擄是神對以色列人的審判，因為他們和祖先在盟約關係上不忠於他們的神，**跟隨列國**敬拜其他神明，也沒有遵守盟約的規定（如王下 17:7~23；結 20:1~44；但 9:1~19）。因此，在認罪悔改之時，以斯拉和尼希米等被擄後的猶太領袖，藉遵守摩西律法並與**列國**（外族人）分開（如拉 9~10；尼 8~9），堅決委身歸向神。由於偶像崇拜是污穢的（結 36:25；37:23），外族人也因偶像崇拜這連帶關係而不潔。因此，希羅猶太人與外族人不往來，背後可能的理由是避免自己受到玷污（偶像崇拜和不潔的食物）。

雖然學者對於第二聖殿文獻中哪些人構成神的子民的觀點各不相同，但桑希爾（Thornhill）指出（1）好些人大力主張，只有部分猶太人才是神的真正子民

---

[52] 另見同上，p. 131。
[53] 同上，pp. 117–123。

(餘民神學);(2)極度強調「律法和割禮的中心地位」,以此作為「身分的標記」;及(3)大多數人認為外族人「邪惡和有罪」,儘管部分人認為他們可能在末世被納入為神的子民。[54] 在希臘化時期,外族人有機會通過皈信融入猶太群體。沈大衛(David C. Sim)指出,儘管有外族人被猶太人的生活方式所吸引,被稱為神的敬拜者或敬畏神的人(參徒10:2, 13:6、50, 16:14, 17:4、17, 18:7),但仍不被視為神的子民,除非他們透過以下做法完全皈信:(1)專一崇拜神,摒棄偶像崇拜;(2)遵守律法(包括男性受割禮);及(3)融入猶太社群。[55]

---

[54] A. Chadwick Thornhill, *The Chosen People: Election, Paul, and Second Temple Judaism* (Downers Grove: InterVarsity Press, 2015), pp. 146, 184, 255. 第二聖殿期文獻中與此相關的詳細資料,見 Thornhill, *Chosen People*, pp. 99–185。另見 David C. Sim, 'Jews, Christians and Gentiles: Observations and Some Concluding Remarks', in David C. Sim and James S. McLaren (eds.), *Attitudes to Gentiles in Ancient Judaism and Early Christianity*, LNTS 499 (London: Bloomsbury, 2015), pp. 261–263。

[55] David C. Sim, 'Gentiles, God-Fearers and Proselytes', in David C. Sim and James S. McLaren (eds.), *Attitudes to Gentiles in Ancient Judaism and Early Christianity*, LNTS 499 (London: Bloomsbury, 2015), pp. 9–27. 從被擄後時期中明顯純粹的種族方式,至希臘化時期的種族和文化(生活模式)方式,沈大衛追溯了其間外族人融入神聖約子民的發展過程。

第一世紀的敵對行為

介紹過異教和猶太宗教的世界觀之後，我們接下來將探討基督教信仰如何及為何與這二者發生如此強烈的衝突。我們將首先檢視是誰逼迫基督徒，然後看看他們為何如此。

雖然希伯來書的作者談及逼迫這問題，但文本並沒有明確指出逼迫者的身分或逼迫背後的原因。因此，我們在下文的討論中不會包括希伯來書。儘管如此，由於希伯來書作者和受眾處於同一環境中，我們可以假設逼迫背後的敵對者和原因大體類同。在隨後第二章的篇幅中，我們將看到希伯來書所描述的逼迫形式，並由此作為追查起點，從而提供揭開敵對者可能身分的線索。

誰逼迫了基督徒？

在本節中，我們將詳細描述新約所提及的那些逼害者，他們因為基督徒信仰耶穌而逼迫對方。在福音傳統中，耶穌曾警告門徒，他們會因為與他的連繫而受逼迫（可 13:13 // 太 10:12 // 路 21:17；約 15:18~21）。雖然馬可和馬太保留了耶穌的教導，表明逼迫甚至會來自直系親屬，但路加卻是唯一把親

戚和朋友也包括在內的（路 21:16；參可 13:12 // 太 10:21）。此外，耶穌預言門徒將在執政掌權者前受審判，例如猶太會堂、地方議會、總督和君王（可 13:9 // 太 10:17~18 // 路 12:11，21:12）。[56] 在這預言中，沒有詳細說明向非猶太人執政者指控門徒的，是猶太人還是外族人。我們將在下面看到，這些執政者不一定都迫害門徒。然而，約翰福音用上「世界恨你們」這個範圍甚廣的短語，就足以涵蓋猶太人和外族人兩方的反對（約 15:18）。[57]

---

[56] *Synagōgē*（會堂）可用作正式司法聆訊的場所。見 Kenneth D. Litwak, 'Synagogue and Sanhedrin', in Joel B. Green and Lee Martin McDonald (eds.), *The World of the New Testament: Cultural, Social, and Historical Contexts* (Grand Rapids: Baker Academic, 2013), p. 266; Anders Runesson, 'Synagogue', in Joel B. Green, Jeannine K. Brown and Nicholas Perrin (eds.), *Dictionary of Jesus and the Gospels*, 2nd edn (Downers Grove: IVP Academic, 2013), p. 904。在福音書和使徒行傳中，*synhedrion*（議會）主要指猶太地方政府，但於其他希臘文獻中，也泛指各地方議會，其中包括羅馬參議院。Peter J. Rhodes and Beate Ego, 'Synhedrion', in Hubert Cancik and Helmuth Schneider (eds.), *Brill's New Pauly*, vol. 14 (Leiden: Brill, 2019), pp. 26–28。羅馬的高級省級官員（如檢察官）也經常冠上 *hēgemōn*（「總督」）一詞（如徒 23:24）。

[57] 另見 Lars Kierspel, *The Jews and the World in the Fourth Gospel: Parallelism, Function, and Context*, WUNT 2.220 (Tübingen: Mohr Siebeck, 2006), p. 127。

恩伯格（Jakob Engberg）提醒我們，不同反對群體的動機不盡相同，並可能採用不同的反對形式。因此，雖然我們將反對者分為兩大類——猶太人和異教徒，但我們也要留意恩伯格所建議的反對者分佈光譜：

(1) 中央政府（皇帝）；
(2) 區域政府（羅馬省級官員）；
(3) 地方政府（市議會［包括猶太議會］）；和
(4) 個人［或團體］反對者（基督徒的親屬和非親屬）。[58]

此外，我們會從教內人的角度論及第三個分類——「撒但的反對」，而這並不見於教外人角度的外部資料之中。

雖然多封保羅書信提到保羅和其他信徒遭遇逼迫，但眾所周知，其中部分反對者的身分難以確定。[59] 哥林多前書十六章 9 節、哥林多後書一章 8 至 10 節、腓立比書一章 28 節、加拉太書三章 5 節和四章 29 節，

---

[58] Engberg, *Impulsore Chresto*, pp. 18–19. 由於恩伯格（Engberg）的研究只處理來自異教徒逼迫，我在相關之處把猶太反對者也包括在內。非統治階層的反對者甚少單獨行動，縱然其中或有具影響力的個人引領該反對活動（如分別見於徒 7:58~8:3 和 19:24~25 中的掃羅和底米丟）。

[59] 詮釋歷史的例子，見 Jerry L. Sumney, 'Studying Paul's Opponents: Advances and Challenges', in Stanley E. Porter (ed.), *Paul and His Opponents*, PS 2 (Leiden: Brill, 2005), pp. 7–58。

均暗示保羅和信徒因信仰而面臨敵對和苦難，但他沒有表明這些反對者是誰。[60] 對方既可是猶太人，也可是異教徒，又或兩者皆是。即使提摩太後書四章 14 節點名亞歷山大為保羅的反對者，我們仍然不清楚他是猶太人還是外族人。[61] 因此，在下文中，我們將僅討論那些清楚表明反對者是猶太人或異教徒的保羅書信經文。

---

[60] 在腓立比書和加拉太書二者中，猶太及外邦反對皆有可能。關於腓 1:28，見 Jerry L. Sumney, *'Servants of Satan', 'False Brothers' and Other Opponents of Paul*, JSNTSup 188 (Sheffield: Sheffield Academic Press, 1999), pp. 174–175; John Reumann, *Philippians: A New Translation with Introduction and Commentary*, AYB 33B (New Haven: Yale University Press, 2008), p. 288。加 3:5 中的 *paschō* 或可指到人對聖靈的經驗（BDAG, p. 785, 1; 如 Longenecker, Martyn）或來自逼迫的苦難（如 Moo, Schreiner）。雖然加 3:1~5 論證的發展方向較為偏向經歷聖靈之說，但指向逼迫的可能性仍不能輕易撇除（參加 4:29; 6:12）。Richard N. Longenecker, *Galatians*, WBC 41 (Dallas: Word, 1990), p. 104; J. Louis Martyn, *Galatians: A New Translation with Introduction and Commentary*, AB 33A (New York: Doubleday, 1997), p. 285; Thomas R. Schreiner, *Galatians*, ZECNT (Grand Rapids: Zondervan, 2010), p. 185; Douglas J. Moo, *Galatians*, BECNT (Grand Rapids: Baker Academic, 2013), p. 185.

[61] 學者曾就這位亞歷山大的身分提出數個可能（徒 19:33~34; 提前 1:20），卻無法下定論。見例子如 William D. Mounce, *Pastoral Epistles*, WBC 46 (Dallas: Word, 2000), p. 593; Raymond F. Collins, *1 & 2 Timothy and Titus: A Commentary*, NTL (Louisville: Westminster John Knox, 2012), pp. 284–285。

猶太反對者

耶穌死而復活後，門徒開始在猶太人中間傳道，因此他們的第一批反對者很自然是猶太人。在馬太和馬可福音中，耶穌在生之時，猶太人的敵對行為總是針對耶穌，而非其門徒。然而，在描述猶太領袖反對耶穌時，路加有時會把門徒也納入其敵對範圍之內（路 5:30；6:2）。[62] 同樣地，根據約翰福音，猶太領袖已經發出威脅，要把那些承認耶穌是基督的人從會堂驅逐出去（約 9:22；12:42）。[63]

---

[62] 正如甘寧翰所指出的，在可 2:16 和太 9:11 中，猶太領袖質問門徒，耶穌為什麼要與稅吏和罪人一起吃飯；相對這些經文，路加則將他們描繪成直接跟門徒對抗：「你們為什麼跟稅吏和罪人一同吃喝（*esthiete kai pinete*）呢？」(5:30) 路加還使用了更強烈的字詞「發怨言」(*gongyzō*)，而不是像馬可和馬太所用的「說」(*legō*)。在路 6:2 中，法利賽人指責門徒違反了安息日，而不是就門徒的行為將指摘加諸耶穌（可 2:24；太 12:2）。Cunningham, *Through Many Tribulations*, p. 71. 但是，我們需要注意的是，反對在此並沒有導致逼迫。

[63] 學者們爭論約翰福音中，門徒被驅逐出猶太教堂，究竟是歷史性的事件，還是時代錯置的映照。見例子如 Barnabas Lindars, 'The Persecution of Christians in John 15:18–16:4a', in *Suffering and Martyrdom in the New Testament* (Cambridge: Cambridge University Press, 1981), pp. 48–69; J. Louis Martyn, *History and Theology in the Fourth Gospel*, 3rd edn, NTL (Louisville: Westminster John Knox, 2003); Edward W. Klink III, 'The Overrealized Expulsion in

儘管如此，在使徒行傳中，路加描述了門徒只在宣告耶穌復活後，才開始受到猶太地方政府迫害。這些猶太領袖包括法利賽人、文士（法律專家）、撒都該人、祭司長和長老（如徒 4:5）。這些領袖通常也是猶太公會的成員（由大祭司、祭司長、撒都該人和法利賽人組成），是耶路撒冷的地方政府，類似羅馬帝國其他城市的議會。[64]

路加在使徒行傳中繼續描繪猶太人的敵對表現，

---

the Gospel of John', in Paul N. Anderson, Felix Just and Tom Thatcher (eds.), *John, Jesus, and History*, vol. 2: *Aspects of Historicity in the Fourth Gospel*, SBLSym 44 (Atlanta: SBL, 2007), pp. 175–184; John S. Kloppenborg, 'Disaffiliation in Associations and the Ἀποσυνάγωγος of John', *HTS* 67.1 (2011), pp. 1–16; Jonathan Bernier, *Aposynagōgos and the Historical Jesus in John: Rethinking the Historicity of the Johannine Expulsion Passages*, BibInt 122 (Boston: Brill, 2013); 'Jesus, Ἀποσυνάγωγος, and Modes of Religiosity', in R. Alan Culpepper and Paul N. Anderson (eds.), *John and Judaism: A Contested Relationship in Context*, RBS 87 (Atlanta: SBL, 2017), pp. 127–134; Craig A. Evans, 'Evidence of Conflict with the Synagogue in the Johannine Writings', in R. Alan Culpepper and Paul N. Anderson (eds.), *John and Judaism: A Contested Relationship in Context*, RBS 87 (Atlanta: SBL, 2017), pp. 135–154; J. Andrew Doole, 'To Be "an out-of-the-Synagoguer" ', *JSNT* 43.3 (2021), pp. 389–410。但是，一如上文第 19–20 頁所述，本研究描述的是新約作者的觀點，而不是調查事件的歷史性。

[64] Litwak, 'Synagogue and Sanhedrin', pp. 268–270.

如下所記載。彼得和約翰，包括其他使徒，被猶太執政者逮捕和監禁，當時眾使徒因宣告耶穌復活而引起關注（徒4:1~3），而且越來越多的人因他們的宣告，以及他們所行的神蹟奇事而信主（徒5:12~18）。

同樣值得注意的是，即使在最早的日子裡，從散居之地回歸居住在耶路撒冷、講希臘語的猶太人中也出現了反對聲音（徒6:9）。他們跟司提反作對，並將他帶到猶太公會面前（徒6:12）。在這些講希臘語的猶太人中，有大數的掃羅（徒7:58），他在耶路撒冷發起了第一波猛烈迫害（徒8:1~3）。掃羅甚至請求猶太公會發出批文，讓他追捕可能從耶路撒冷逃到大馬士革的門徒（徒8:1, 9:1~2）。掃羅是獨立的個人敵對者，他尋求更高權力的幫助，要消滅這場耶穌運動。在這最初期，使徒受到地方級別的猶太公會所指控和審判。

掃羅成為耶穌的信徒後，就開始宣講他早前反對的信息——耶穌是彌賽亞和神的兒子（徒9:20~22），令到大馬士革的猶太人都十分驚訝。離開大馬士革後，保羅回到耶路撒冷宣揚耶穌的名，並在該地與講希臘語的猶太人辯論（徒9:29）。這很可能是他早前所屬的同一群體。結果，在大馬士革和耶路撒冷反對保羅的猶太人密謀要殺他（徒9:23、29）。

隨後，在宣教旅程中（徒13~19），無論保羅在哪裡向散居的猶太人傳講福音，都會面對一些說希臘

語的猶太人所反對——在彼西底的安提阿（13:45、50）、以哥念（14:1）、帖撒羅尼迦（17:5）、哥林多（18:6）和以弗所（19:9）。這些講希臘語的猶太人，在地域交通往來的能力很強，因為他們中間有人從彼西底的安提阿和以哥念去到路司得（14:19），從帖撒羅尼迦去到庇哩亞（17:13），甚至有一些來自亞洲地區的去到耶路撒冷（21:27）反對保羅。

在耶路撒冷聖殿時，正是這些散居的猶太人煽動群眾反對保羅，引發騷亂，因而導致羅馬「千夫長（英文為指揮官）」（*chiliarchos*）將保羅拘留（徒21:27~34）。雖然一些猶太公會的法利賽成員沒有認定保羅犯有任何罪行，但卻有人不同意並爆發了激烈的爭執（23:9~10）。後來，一些猶太人與公會密謀殺害保羅，導致羅馬千夫長將他秘密轉移到該撒利亞的羅馬總督那裡（徒23:23~35）。猶太公會的代表曾兩次試圖在總督面前控告保羅，但都無法定罪；一次在腓力斯（Felix）掌政期（徒24:1~27），另一次在非斯都（Festus）掌政期（徒25:1~26:32）。

保羅在書信中見證自己以前如何迫害耶穌的追隨者（加1:13~14、23；腓3:6；提前1:13~16）。他的好些信件則詳細說明他和其他信徒，在猶太反對者手中遭受的迫害。在帖撒羅尼迦前書二章14~15節中，保羅提到他和猶太地的信徒（即猶太基督徒）都遭受了自己同胞的迫害。在哥林多後書十一章23~26節中，

保羅對他所遭受的逼迫留下了最詳細的描述，提到自己被猶太人鞭打了五次（11:24）。[65]

在加拉太書中，保羅將他的反對者和迫害者，描繪成提倡嚴守律法和行割禮的人（加 4:29；參腓 3:2、18）。這些反對者很可能是耶穌的信徒，卻對如何將外族人納為神的子民持不同看法，因此是基督徒內部的爭論。[66] 有趣的是，儘管路加將基督徒和非基督徒猶太人都描繪成在割禮和接納外族人上反對保羅（徒 21:21、27~28, 22:21~22），他只將非基督徒猶太人描繪成逼迫保羅的人。相比之下，保羅聲稱他受到迫害是因為他不傳講割禮（加 5:11），暗示雙方都是逼迫他的人。因此，保羅顯然並不在意將反對者區分為基督徒或非基督徒猶太人。相反，他認為自己受到猶太人的逼迫，是由於雙方在遵守律法（如割禮、遵守特定日子）、接納外族人為神的子民，以及他作為神的使徒這身分的真偽（如加 1:11~12, 2:1~9, 4:10）上有分歧。

---

[65] 這些鞭打很大可能在會堂內發生。George H. Guthrie, *2 Corinthians*, BECNT (Grand Rapids: Baker Academic, 2015), p. 556. 有關猶太會堂的功能，見上文註 56。

[66] 對於這些遵守律法的倡導者是猶太人還是外族人，學者們意見不一，但大多數人都同意反對者是耶穌的信徒。少數學者認為這些反對者是非基督徒猶太人。相關的全面概覽，見 Ian J. Elmer, *Paul, Jerusalem and the Judaisers: The Galatian Crisis in Its Broadest Historical Context*, WUNT 2.258 (Tübingen: Mohr Siebeck, 2009), pp. 3–26。

在啟示錄中有一群反對者，耶穌標籤他們為「那自稱是猶太人……其實他們不是猶太人」和「撒但會堂」。這些人在士每拿褻瀆聖徒，並被形容為說謊者（啟 2:9, 3:9）。⁶⁷ 對於這群體是猶太種族的非認信者，還是歸化猶太的外族人，眾學者意見不一。⁶⁸ 一方面，

---

⁶⁷ 相仿地，昆蘭團體將猶太內部反對者標籤為「彼列的集會」('ǎdat bĕlîa'al) (1QHᵃ X, 22) 和「欺詐的集會」('ǎdat šāw') (1QHᵃ XV, 34)。在 LXX 中 Yāhad 經常被翻譯為 synagōgē (猶太會堂)（如出 12:3；利 4:13；民 1:2）。另見 Craig R. Koester, *Revelation: A New Translation with Introduction and Commentary*, AB 38A (New Haven: Yale University Press, 2014), p. 296。

⁶⁸ 這些「猶太人」所指的是誰，有不同觀點，可概括如下：(1) 士每拿和非拉鐵非的猶太社群，他們因為耶穌跟隨者宣告耶穌的所是而反對（如 Koester, Mayo, Beale）；(2) 教會內的反對者，諸如巴蘭和耶洗別的跟隨者，及尼哥拉黨人（如 Frankfurter, Kraft）；和 (3) 在會堂尋求庇護以逃避迫害的基督徒（如 Wilson, Murray）。Koester, *Revelation*, pp. 275–276; Philip L. Mayo, *'Those Who Call Themselves Jews': The Church and Judaism in the Apocalypse of John*, PTMS (Eugene: Pickwick, 2006), pp. 53–62; G. K. Beale, *The Book of Revelation: A Commentary on the Greek Text*, NIGTC (Grand Rapids: Eerdmans, 1999), pp. 240–241, 286–288; David Frankfurter, 'Jews or Not?: Reconstructing the "Other" in Rev 2:9 and 3:9', *HTR* 94.4 (2001), pp. 403–425; Heinrich Kraft, *Die Offenbarung des Johannes*, HNT 16a (Tübingen: Mohr, 1974), pp. 60–61; S. G. Wilson, *Related Strangers: Jews and Christians, 70–170 C.E.* (Minneapolis: Fortress, 1995), p. 163; Michele Murray, *Playing*

啟示錄的敘述將耶穌的忠心追隨者和「那自稱是猶太人……其實他們不是猶太人」區分開來，前者就是暗示的「真猶太人」，他們要繼承耶路撒冷，並在神的聖殿中被帶到他面前（參啟 12:17, 14:1, 21:1~3、7、22）。[69] 另一方面，把所有其他人（不信的猶太人、異教徒和不忠的叛教者）[70] 都納入後一個類別似乎太籠統。更有可能的是，後者指的是反對耶穌追隨者的猶太人，就如士每拿和非拉鐵非教會遭受的逼迫所表明的情況。[71]

---

a Jewish Game: Gentile Christian Judaizing in the First and Second Centuries CE, SCJ 13 (Waterloo, Ont.: Wilfrid Laurier University Press, 2004), pp. 73–81.

[69] 另見 Steven J. Friesen, 'Sarcasm in Revelation 2–3: Churches, Christians, True Jews, and Satanic Synagogues', in David L. Barr (ed.), *The Reality of Apocalypse: Rhetoric and Politics in the Book of Revelation*, SBLSymS 39 (Atlanta: Society of Biblical Literature, 2006), pp. 137–144; Beale, *Revelation*, p. 241。

[70] 「叛教」在此表示拒絕真理或真神的基督徒觀點（參多 1:14；來 12:25）。用現代社會學術語來說，這種與宗教信仰「脫離關係」的現象被稱為「去除皈信」。見 Heinz Streib, 'Deconversion', in Lewis R. Rambo and Charles E. Farhadian (eds.), *The Oxford Handbook of Religious Conversion* (Oxford: Oxford University Press, 2014), pp. 271–296。

[71] 筆者不同意達夫（Duff）的看法，他認為啟示錄中並不存在不信的猶太人施加逼迫的證據，而約翰是故意在給士每拿和非拉鐵非的信中虛構了有關「假猶太人」和「撒但會堂」的描述，以阻止信徒透過加入猶太會堂尋求

異教反對者

在使徒行傳中,第一個傷害耶路撒冷教會領袖的外族人是希律(亞基帕一世)。[72] 他殺死約翰的兄弟雅各,並曾一度將彼得關進監獄(徒 12:1~4)。然而,這場逼迫並沒有持續多久,因為彼得奇蹟地越獄,希

從逼迫中脫身。Paul Duff, 'The "Synagogue of Satan": Crisis Mongering and the Apocalypse of John', in David L. Barr (ed.), *The Reality of Apocalypse: Rhetoric and Politics in the Book of Revelation*, SBLSymS 39 (Atlanta: SBL, 2006), pp. 147–168. 達夫訴諸沉默的論點不能令人信服,因為在啟示錄於安那托利亞(Anatolia)成書(假設是一世紀晚期)之前(徒 13~14)和之後(伊格納修、波利卡普),均有證據表明基督徒出於類似原因受到猶太人的迫害。因此,其間的數十年,也很可能有類似情況發生。

[72] 儘管以土買人自哈斯蒙尼時期起就接受割禮,並採用了各種猶太人的生活方式(Josephus, *Antiquities* 13.257–258),但在相當多的第二聖殿猶太史料中,都拒絕視以土買人為猶太人,即使他們已受割禮。見 Matthew Thiessen, *Contesting Conversion: Genealogy, Circumcision, and Identity in Ancient Judaism and Christian* (Oxford: Oxford University Press, 2011), pp. 87–110。馬沙克(Marshak)還指出,一些學者認為以土買人的割禮是一種「政治適應」而非「文化轉型」。Adam Marshak, "Idumea", in John J. Collins and Daniel C. Harlow (eds.), *The Eerdmans Dictionary of Early Judaism* (Grand Rapids: Eerdmans, 2010), p. 760. 此外,眾希律王於崇拜實踐上實為異教徒,如大希律王為異教和帝王崇拜建造廟宇。見 Winter, *Divine Honours for the Caesars*, pp. 96–97.

律也死了（徒 12:5~32）。相反，在司法聆訊上，亞基帕一世的繼任者亞基帕二世未曾表現出對保羅的敵意，而事實上，他認為保羅沒有犯任何該死或監禁的罪行（徒 26）。

使徒行傳的敘述佈局將城市中講希臘語的猶太人，描述為發起大多數反對活動的人，他們經常挑動群眾或有影響力的外族人反對保羅（徒 13:50、14:2、19、17:5、13）。使徒行傳中第一次由外族人發起、反對保羅的事件發生在腓立比（16:19），第二次在雅典（17:32），第三次則在以弗所（19:24~27）。儘管如此，在雅典發生的反對比較溫和，雅典人只是嘲笑保羅，並沒有發起其他行動阻止他宣講。我們將在下一節探討這三種反對表現背後的原因。這三次事件都由非官方的個人發起。

彼得前書還有證據顯示，外族人的反對很可能由個人發起（彼前 2:12、4:3~4）。[73] 有些基督徒很可能

---

[73] 彼前 2:12 和 4:3 用上「外族人」（ethnoi）一詞，泛指未信之人。見 Paul J. Achtemeier, *1 Peter*, Hermeneia (Minneapolis: Fortress, 1996), p. 177; Karen H. Jobes, *1 Peter*, BECNT (Grand Rapids: Baker Academic, 2005), p. 267; Williams, *Persecution in 1 Peter*, p. 93。雖然彼前 4:3 所描述的行為在外族人中十分常見，但這並不代表沒有猶太人沉溺在這些活動中。於一手史料中的可能證據，見 Jobes, *1 Peter*, p. 268。無論如何，就本研究目的而言，認識到彼得前書中，「外族人」主要以異教徒為主就足夠了。

直接被控告者帶到官員前（參彼前 3:15），[74] 儘管從文本本身並不清楚這些官員是否也曾迫害他們。而對奴隸和妻子的勸告（彼前 2:18~3:6），可能表明他們因信基督而受到來自家庭成員的壓力或迫害。[75]

路加在使徒行傳中所勾畫的羅馬（外族）當局，特徵取態並不單一——從敵對到善意援助。猶太人曾煽動彼西底的安提阿「領袖」（徒 13:50），他們很可能是該市的裁判官，有權將保羅和巴拿巴驅逐出城。[76] 腓立比的「裁判官」（stratēgoi）執法不當，在審訊前懲罰保羅，侵犯了他作為羅馬公民的權利（徒 16:22~24）。在帖撒羅尼迦，暴徒找不到保羅和西拉，就抓住耶孫和其他信徒，將他們帶到「地方官」（politarches）面前，而後者在取保後就釋放了他們（徒 17:5~9）。在哥林多，猶太人試圖在亞該亞的「省長」（anthypatos）迦流面前控告保羅。迦流駁回這

---

[74] 威廉姆斯（Williams）提供了充分的論證，表明在安那托利亞，個人糾紛可能會提交給公民法院解決。羅馬安那托利亞的法律程序，基本上「由當地居民的私人提控所啟動」。回答控訴的言詞並不局限於非正式場合，也可以擴展到司法聆訊之中。見 Williams, *Persecution in 1 Peter*, pp. 138–178, 303–335。

[75] 另見同上，pp. 301–303, 317–322。

[76] C. K. Barrett, *A Critical and Exegetical Commentary on the Acts of the Apostles*, ICC (London: T&T Clark, 2004), vol. 1, p. 659.

案，因為他認為這是一場宗教糾紛而非犯罪行為（徒 18:14~16）。甚至群眾在迦流面前毆打管會堂的所提尼，他也毫不在意（徒 18:17）。[77] 在以弗所，銀匠底米丟煽動城裡的人反對保羅，他們抓住保羅的同伴該猶和亞里達古，將他們帶到劇場（徒 19:23~34）。在這事件中，一些「官員」（Asiaarches）是保羅的朋友，試圖阻止他進入騷亂的人群，並且後來是城裡的「書記官」（grammateus）鎮定並驅散了人群（徒 19:35~41）。最終，當耶路撒冷的人群和密謀的猶太人試圖傷害保羅時，羅馬千夫長呂西亞一再保護保羅免受傷害（徒 21:31~35，23:17~23）。[78]

路加在使徒行傳中對羅馬官員的描繪，似乎表明他們本質上並不是因為基督徒信仰耶穌而反對基督徒，而只是履行維護法律和秩序的職責。[79] 即使他們對待囚犯的某些做法有問題（例如未經審訊就毆打），但他們對任何人都一向如此。使徒行傳中關於羅馬官

---

[77] 所提尼的身分，以及他是否是基督徒乃有爭議。見 Eckhard J. Schnabel, *Acts* (Grand Rapids: Zondervan, 2012), p. 765; Keener, *Acts*, vol. 3, p. 2778。

[78] 關於官員在以弗所和耶路撒冷幫助保羅的過程（徒 19, 23 章），另見 Cunningham, *Through Many Tribulations*, p. 266。

[79] 另見 Maier, *New Testament Christianity*, p. 77; Engberg, *Impulsore Chresto*, p. 117。

員的佈局從敵對轉向幫助，[80] 並強調保羅沒有犯上任何罪行而被判相應懲罰。這與路加在對觀福音書中的獨特側重點相吻合，即耶穌也沒有被羅馬官員本丟彼拉多認定為犯上任何應受懲罰的罪行（路 23:4；參約 18:38）。[81] 這些對羅馬官員的人物刻畫和佈局轉折，可能是他針對外族受眾（包括羅馬人）護教的表現。這展示出他的神學思想，即基督徒所面臨的逼迫並非由於他們犯上任何罪行，而是應驗了耶穌的預言，即其追隨者會因為與他的關係而受迫害（路 21:17）。

在保羅書信中，帖撒羅尼迦信徒包括猶太人和外族人，他們很明顯都面對來自同胞的逼迫（帖前 2:14），哥林多後書也描述了保羅受到外族人的迫害。他三次被棍打（林後 11:25；參徒 16:20~22），而這正是羅馬官員慣常採用的刑罰。[82] 有一次他被擲石頭幾乎至

---

[80] 另見 Cunningham, *Through Many Tribulations*, p. 266. 甘寧翰注意到，在以弗所拯救了門徒（徒 19:35~41）的，及在耶路撒冷拯救了保羅的（徒 21~23），均是羅馬官員。儘管如此，恩伯格指出，耶路撒冷的羅馬官員救了保羅，只因保羅是羅馬公民，並非因為他信仰基督。見 Engberg, *Impulsore Chresto*, p. 121。

[81] Cunningham, *Through Many Tribulations*, pp. 285–286.

[82] Guthrie, *2 Corinthians*, p. 557; Margaret E. Thrall, *A Critical and Exegetical Commentary on the Second Epistle of the Corinthians*, 2 vols., ICC (London: T&T Clark International, 2000), vol. 2, p. 739.

死，暴徒很可能由路司得的外族人和猶太人組成（參徒 14:19~20）。[83] 保羅還描述了自己逃出大馬士革的過程，當時他被放在筐子裡，從城牆的窗戶縋下去。然而，保羅將大馬士革的迫害歸因於亞哩達王（外族人）的總督，而路加卻將猶太人描述為迫害者（徒 9:23~25）。有學者指出，猶太人很可能與城裡的官員勾結以除掉保羅，就像路加敘述的大多數情況一樣（如徒 13:50，14:5，17:5~9，18:12~13），或者保羅也可能在拿巴提人（Nabatean）中傳道，並引發他們的敵意（參加 1:17）。[84]

在啟示錄中，約翰用象徵性用語提到了逼迫的四個來源——巨大的紅蛇、[85] 分別來自大海和陸地的兩隻獸，以及淫婦巴比倫（啟 12~13；17:1~19:3）。筆

---

[83] Guthrie, *2 Corinthians*, p. 558; Thrall, *Second Epistle of the Corinthians*, vol. 2, p. 738.

[84] 就前一個觀點，見 Colin G. Kruse, 'The Price Paid for a Ministry Among Gentiles: Paul's Persecution at the Hands of the Jews', in Michael J. Wilkins and Terence Paige (eds.), *Worship, Theology and Ministry in the Early Church*, JSNTSup 87 (Sheffield: JSOT Press, 1992), p. 266, n. 1; Guthrie, *2 Corinthians*, p. 575。就後一個觀點，見 Keener, *Acts*, vol. 2, pp. 1681–1683。有關保羅在拿巴提（Nabatea）傳道招來反對的可能性，見 Richard Bauckham, 'What if Paul Had Travelled East Rather Than West?', *BibInt* 8.1–2 (2000), pp. 171–184。

[85] 就使用「蛇」而非「龍」的理據分析，見下文註 96。

者將於下一節,在「撒但類反對者」分題下討論這條「巨大的紅蛇」。在約翰的描述中,來自海中的獸被賦予權力,管理「各支派、各民族、各語言群體、各邦國」,且要與聖徒作戰並打敗他們(啟 13:7)。其後,「凡住在地上的人」都要拜這獸,而另一頭來自陸地的獸則讓這膜拜變本加厲,以致牠們可以令所有拒絕拜獸的人都被殺害。眾所周知,猶太經卷(如但 7:2~8)和天啟文學(如《以斯拉四書》11.1)以從海中升起的獸,象徵壓迫人民的帝國及其統治者。[86] 對應但以理書七章 2~8 節的暗示,再加上「全世界」拜獸的描述,使該意象很可能指向羅馬帝國的統治者、帝王崇拜和那些鼓吹及強制執行帝王崇拜的人。通過這個意象,約翰將帝國統治者,及表現出以上特徵的官員,描繪成逼迫神聖徒的人。[87]

---

[86] 見例子如 G. K. Beale, *The Use of Daniel in Jewish Apo-calyptic Literature and in the Revelation of St. John* (Lanham: University Press of America, 1984), pp. 220–248; Steve Moyise, *The Old Testament in the Book of Revelation*, JSNTSup 115 (Sheffield: Sheffield Academic Press, 1995), pp. 52–54; Koester, *Revelation*, pp. 568–569。

[87] 學者爭論此意象是否指涉特定時期的皇帝統治(例如尼祿或圖密善),還是純粹指當時被認為是逼迫,但不反映成書時的歷史時期。有關這些觀點的綜覽和評論,見 Pieter G. R. de Villiers, 'Persecution in the Book of Revelation', *AcT* 22.2 (2002), pp. 47–70。德維利耶(de Villiers)認為這兩種觀點都過於狹隘,並未闡明該書卷的文學性質。

另一個意象是大淫婦巴比倫，她被描繪成喝醉了聖徒和為耶穌作見證者的血（啟 17:6）。她不僅屠殺了神的聖徒和先知，還殺害了全地所有被殺的人（啟18:24）。從敘述的人物刻畫來看，大淫婦巴比倫與羔羊的新娘形成對比和對立。[88] 因此，這象徵的意思顯而易見，就是指那些不屬於羔羊並反對其忠實追隨者的所有「他者」。雖然眾學者對大淫婦巴比倫可能指稱誰的意見不一，[89] 但它很可能就是「他者」的象

故此，他主張約翰雖然可能受所處的歷史環境激發，但也意識到神的子民受迫害的悠久歷史，因而描述了受眾當時和日後可能面臨的「範例性」處境。由於本研究側重於描述新約作者的神學，因此有關歷史中指涉對象的詳細討論遠超過了我們的探討範圍。關乎啟示文學中象徵符號的多重性，我同意德維利耶的觀點，即約翰所寫可具有「多層面」指涉，超越單一的歷史時期。

[88] 請特別注意啟 17:1~3 和 21:9~10 中的文學平行結構。其敘事還對比了兩座城市 —— 大巴比倫和新耶路撒冷。「女人」和「城市」的意象都是人類群體的象徵。有關猶太經書和希羅世界中類似象徵意義的細節，見 W. Gordon Campbell, 'Bride-City and Whore-City', in *Reading Revelation: A Thematic Approach* (Cambridge: James Clarke, 2012), pp. 225–260; Adela Y. Collins, 'Feminine Symbolism in the Book of Revelation', in Amy-Jill Levine and Maria Mayo Robbins (eds.), *A Feminist Companion to the Apocalypse of John*, FCNTECW 13 (London: T&T Clark, 2010), pp. 125–126。

[89] 有關大淫婦巴比倫的詮釋歷史，見 Koester, *Revelation*, pp. 637–641。

徵——反對神聖徒的整體（希羅）社會。[90] 就我們的研究目的而言，足以將外族反對者和迫害者包括其中。

我們必須注意，在現實世界中，並非所有「他者」都是迫害者，但約翰使用了二元框架和文學手法中的對比，將自己所屬的群體與其他群體區分開來。[91] 由於歷史證據傾向於在一世紀後期所出現局部和零星的迫害，部分學者懷疑在約翰時代，曾否發生如啟示錄意象所描繪的廣泛逼迫。[92] 事實上，這七封信中提到

---

[90] 有關討論的細節，見孫潔煒，〈勝過偶像崇拜：約翰對大淫婦巴比倫異象的文學創作及用意〉（神學碩士論文，新加坡神學院，2020）。

[91] 在本書中，我採用了包衡（Bauckham）對「二元論」（dualism）的定義，即「使用在猶太和基督教文獻中，各種形式的善惡兩極」，而「二元性」（duality）是「將現實分為對比，但不對立兩個類別的思維方式，例如造物主和受造界」。Richard Bauckham, *Gospel of Glory: Major Themes in Johannine Theology* (Grand Rapids: Baker Academic, 2015), p. 123。「二元」這形容詞可以用來賦予上述兩重涵意，啟示錄中的「二元論框架」包括「二元論」和「二元性」。

[92] 如 Leonard L. Thompson, *The Book of Revelation: Apocalypse and Empire* (New York: Oxford University Press, 1990), pp. 95–115; Adela Y. Collins, *Crisis and Catharsis: The Power of the Apocalypse* (Philadelphia: Westminster, 1984), pp. 84–110。湯普森（Thompson）主張當時幾乎沒有任何逼迫，而高蓮詩（Collins）則認為那是約翰認為有如此程度的逼迫。正如德席瓦爾（deSilva）所指出的，雖然湯普森以民眾「自下而上」的進路，將神聖名號歸屬圖密善，很大可

的逼迫，很可能描繪了受眾的現狀，印證了這方面的歷史證據。然而，重要的是要注意天啟文學的性質包括預測成分，啟示錄本身就表明了這一點（啟 1:1b, 22:6b）。因此，雖然對約翰最初的受眾而言，當前逼迫可能並非遍及整個帝國，但約翰的異象卻警告他們，未來情況會加劇。

撒但類反對者

撒但（有時被稱為「魔鬼」或「那惡者」）作為神和他子民的敵對者，在福音傳統中已甚為明顯。然而，撒但只被描繪為引誘信徒反對神旨意的誘惑者（如，彼得試圖阻止耶穌死在宗教領袖手下），而不是逼迫的煽動者。[93] 在路加福音十章 18 節中，神的國藉驅鬼等神蹟奇事被宣揚時，撒但就被形容為從天上被驅趕下來（路 10:1~20）。此外，路加和約翰將猶大的背叛解釋為受到撒但慫恿。[94] 路加和約翰均將那

能是正確的觀點，但他「低估了基督徒所經歷的敵意」。David A. deSilva, *Seeing Things John's Way: The Rhetoric of the Book of Revelation* (Louisville: Westminster John Knox, 2009), p. 51.

[93] 可 1:13（參太 4:1~11 // 路 4:1~13）；可 4:15 // 太 13:19 // 路 8:12; 可 8:33 // 太 16:23; 路 22:31。另見徒 5:3。

[94] 可將路 22:3；約 6:70~71, 13:2, 27, 跟可 14:10 和太 26:14~15 相互對比。

些反對耶穌和門徒福音信息的人，描繪成「魔鬼的兒女」（約 8:44；徒 13:10），唯獨馬太將假門徒描繪為屬魔鬼的（太 13:24~30、36~43，25:41）。[95] 保羅也將他的對手與魔鬼的工作連繫起來（林後 11:4；提後 2:25~26），並認為魔鬼就是令信徒放棄信仰的誘惑者（帖前 3:5）。

啟示錄最全面地展現出撒但作為逼迫的煽惑者這概念。猶太經卷中的先知傳統會使用古代近東神話中的蛇狀混沌生物來象徵壓迫神子民的帝國統治者（如耶 51:34 指的是尼布甲尼撒；結 29:3 指的是法老），[96] 然而這條巨大紅蛇卻被認定為是那遠古的蛇，稱為魔鬼或撒但（啟 12:9）。當神的國度和基督的權能降臨（啟 12:7~10），牠就會從天上被扔下，而這傳統很可能與路加福音十章 18 節提及的景象有關。牠要迫害那婦人、她兒子和她其餘的後裔（啟 12:4~6、13~17）。這蛇

---

[95] 另見 Gundry, *Matthew*, pp. 261–265, 271–275, 511–515。

[96] 這個生物的希伯來詞是 *tannîn* 或 *liwyātān*，在 LXX 中經常被翻譯為 *drakōn* 或 *ophis*（如詩 74:13~14 MT // 73:13~14 LXX；賽 27:1；耶 51:34 MT // 28:34 LXX；結 29:3）。在古代近東和希羅神話中，也有蛇形的生物，跟啟 12 中的意象相近。見 Koester, *Revelation*, pp. 555–559。因此，筆者更傾向將啟 12 中的 *drakōn* 譯作「蛇」而非「龍」，因為後者往往會令現代讀者聯想到中世紀歐洲龍，又或東亞龍的形象（兩者都像蜥蜴而不像蛇）。

的意象與猶太先知傳統有相似之處，並且構成一個極有可能的文本互涉連繫，首次暗示即使在約翰以先的遠古時代，神子民所受的壓迫也與它背後的邪惡勢力有關。[97]

這蛇也將權柄賦予海獸（啟 13:4），而後者又將權柄賦予地獸（啟 13:12）。蛇和獸共同具有七頭十角的意象（啟 12:3，13:1，17:3），顯示了牠們之間的密切連繫。這共同意象和最終從蛇獲得的權柄，一起表明這兩隻獸迫害聖徒背後，有撒但的力量和慫恿。世人對獸與對大紅蛇的崇拜息息相關（啟 13:4）。[98]

基督徒為什麼會面臨逼迫？
教內人和教外人的觀點

在本節中，我們將首先關注教內人士的觀點——新約作者如何看待和描繪他們的迫害者。這首個觀點將直接左右我們如何描述他們面對逼迫的神學。此後，我們將根據新約和外部歷史資料，嘗試了解教外人的

---

[97] 另見 Beale, *Revelation*, pp. 632–634, 686。
[98] 正如科斯特所指，猶太人認為偶像崇拜等同於拜魔鬼（如申 32:17；參《以諾壹書》19.1, 99.7–9；《禧年書》22.17；2Q23 1, 7–8；《約伯遺訓》3.3–4），而這概念也反映於保羅寫作中（林前 10:19~21）。見 Koester, *Revelation*, p. 571。

觀點——反對者如何描繪基督徒，以及反對基督徒的原因。而以這第二觀點作為背景，將幫助我們了解迫害基督徒的動機和形式，而同時兼視這兩觀點，將幫助我們了解基督徒的各種回應（見下文第二章）。

教內人觀點

福音傳統清楚地說明，門徒將因與耶穌的連繫而面臨迫害（可 13:13 // 太 10:12 // 路 21:17；約 15:18~21）。根據約翰的說法，逼迫起源於反對者拒絕耶穌的教導（約 8:37, 15:20）。在福音書中，這些被拒絕的教導，主要圍繞着遵守安息日和耶穌的言論。他的反對者將部分言論，詮釋為耶穌自稱為神：他是神的兒子和彌賽亞。[99] 就馬太和路加而言，不信的以色列人將逼迫宣揚耶穌國度信息的門徒，就像他們的祖先逼迫眾先知一樣（太 23:29~35；路 11:47~51）。[100]

---

[99] 有關安息日的爭議，見可 2:23~3:6；太 12:1~14；路 6:1~11, 13:10~17, 14:1~6；約 5:1~16, 7:21~24, 9:14~16。被視為自稱為神的事例包括：（1）（可 2:7 // 太 9:1~3 // 路 5:21）；（2）他先存早於亞伯拉罕（約 8:59）；（3）耶穌把自己看成聖殿，但也同時被人視為毀壞現有物質聖殿的威脅（可 14:58 // 太 26:61；約 2:19~21）；（4）耶穌作成他父神的工（約 5:17~18）；及（5）承認自己是彌賽亞和神的兒子（約 14:61~64 // 太 26:63~66 // 路 22:67~71）。

[100] 黑爾（Hare）論證道，馬太只關注於將以色列的「頑

神通過使者呼籲眾人悔改，卻碰上他們的頑梗叛逆，而這正是眾使者面臨逼迫的原因。

在約翰福音中，任何承認耶穌是彌賽亞的人，都有被猶太當局迫害的危險（約 9:22, 12:42）。四本福音書都指出，對於猶太人來說，這項認信相當於褻瀆，應該被處死（可 14:61~64 // 太 26:63~66 // 約 19:7；參路 23:67~71）。[101] 在耶穌公開譴責猶太領袖之時，敵意也隨之產生。[102] 此外，約翰提及耶穌對迫害背後原因的解釋：「人要把你們趕出會堂，而且時候將到，凡殺你們的還以為是在事奉神。他們這樣做，是因為沒有認識父，也沒有認識我。」（約 16:2~3）。[103] 經文第三節描繪了教內人的觀點，第二節則陳明教外人的看法。雖然直接的上下文是指猶太反對者，但正如我們將於下文從教外人士角度看到的，對於異教反對者來說也同樣如此。

梗」描述為逼迫的神學原因，並且「雖然馬太清楚認為妥拉上的爭論，為教會與猶太堂會之間的摩擦點，卻並未當為逼迫的因由」。Hare, *Jewish Persecution of Christians*, pp. 144-145。對黑爾來說，這是因為馬太只關注於提出逼迫的神學原因，而非社會學方面的原因。

[101] 關於第一世紀猶太一神主義的部分，見上文第 48-49 頁。

[102] 可 11:15~18, 12:1~12（// 太 21:33~46）；路 4:28;約 8:44。

[103] 除了特別標示外，聖經引文均取自《新譯本》。

在使徒行傳的敘述中，路加經常提供逼迫背後的原因。耶穌死後，門徒（包括保羅）開始宣告耶穌的復活，及他是神於聖經中應許的彌賽亞。[104] 正如在福音書中，耶穌彌賽亞身分的宣稱仍然是猶太人反對的主要原因。在門徒的宣告中，還指控猶太領袖犯了殺害耶穌的罪（徒 3:15b, 7:52, 10:39, 13:27~28；參帖前 2:15）。耶穌復活的信息（徒 4:1~2）和需對他的死負責的指控（徒 5:28），讓猶太領袖惱火萬分。撒都該人並非唯一不相信復活的群體（徒 23:8）；部分雅典人也不相信（徒 17:32）。

根據路加的觀點，許多猶太人無法接受外族人不必行割禮和不必遵守摩西律法，仍可成為神子民的信息。不論對於相信耶穌的猶太人（徒 15:1、5），或不信耶穌的猶太人來說都是如此。[105] 路加提到有傳言，指保羅教導散居的猶太人不必行割禮，或遵守摩西律法（徒 21:21）。這會激怒热衷於律法的猶太人。保羅教導稱義是靠相信基督，而非靠守律法（加 2:15~3:29；羅 2:1~5:2）印證了路加的記載。事

---

[104] 有關宣告耶穌的復活，見徒 3:13~15a, 4:8~12, 7:2~50, 10:40, 13:29~31, 17:3、18, 23:6, 24:15, 26:23。有關耶穌作為聖經中神應許的彌賽亞，見徒 3:18~26, 9:20~22, 10:41~43, 13:16~26、32~41, 17:2~3, 18:28, 26:6、22, 28:23。

[105] 見上文第 51–52 頁。

實上，保羅認為自己受迫害，因為他沒有傳講稱義必須受割禮（加 5:11；參 5:6, 6:15）。這些猶太反對者可能誤解了保羅，或故意歪曲他的教導去製造反對他的力量。在耶路撒冷，當保羅開始用亞蘭語說話，人群就安靜下來聆聽（徒 21:40），但當提到神差遣他到外族人那裡去，群眾突然開始大喊並反對他（徒 22:22~23）。這突如其來的負面反應，表明猶太人對接納外族人這想法多麼反感。在帖撒羅尼迦前書二章 16 節中，按保羅自己的觀點來看，猶太反對者正在阻攔他向外族人宣揚救恩的信息。

在路加眼中，除了不贊同耶穌是彌賽亞和接納外族人外，當許多人成為耶穌的跟隨者，猶太反對者還因此嫉妒彼得（徒 5:17）和保羅（徒 13:45、50, 17:5）。[106] 這並不單單令他們失去大量的追隨者（徒 13:43, 17:4），還有其他嚴重後果──失去尊榮和經濟利益，筆者將於下文從教外人的角度討論。

在路加的描述中，這些猶太反對者迫害保羅和耶穌追隨者，動機完全是自私的（嫉妒、失去尊榮和經濟利益）；相比之下，保羅在與耶穌相遇前迫害耶穌追隨者，則被描述是為神大發熱心（徒 22:3）。路

---

[106] 基納提到「把嫉妒說為自己敵人的動機是常見的」。有關古代的例子，見 Keener, *Acts*, vol. 2, pp. 1206–1207, 2094。

加縷述了保羅的個人見證，其中保羅稱自己確信這些追隨耶穌的人是錯誤的，因此他想盡一切辦法遏止這場運動（徒 26:9~11）。再者，保羅在加拉太書一章 13~14 節和腓立比書三章 6 節的個人見證中，提及他以前對祖先傳統的錯誤熱衷，也印證了路加的說法。此外，提摩太前書一章 13~16 節指出，保羅對他過去的自我評價是「褻瀆者」、「迫害者」、「暴虐的人」和「罪魁」，而他迫害的原因是「不明白、不信」。

根據路加分析，自私自利的政治原因也使部分外族人施加迫害。希律為了取悅猶太人，就逼迫教會及其領袖雅各和彼得（徒 12:3）。[107] 同樣，猶太地區總督腓力斯也偏袒猶太人，將保羅長期囚禁（徒 24:27）。路加揭露了這不公的長期監禁背後，另一出於私利的原因——腓力斯希望保羅會因渴望獲釋而賄賂他（徒 24:26）。

在彼得前書中，基督徒遭受逼迫源於三個理由：（1）行壞事的指責（彼前 2:12）；[108]（2）他們所作的善事（彼前 2:20，3:14、17）；及（3）放棄以往

---

[107] 有關使徒行傳中未直接反映的其他可能歷史原因，見 Schnabel, 'Persecution of Christians', pp. 531–534。

[108] 我們應該留意，彼得前書認為，人因盜竊、謀殺或其他刑事罪等不當行為受懲罰是應當的（彼前 4:15），但認定人為基督的名和作為基督徒而受苦是光榮和不應得的（彼前 4:14、16），相當於因「行善」而受苦（彼前 2:20，3:14、17）。因此，按筆者的定義，後兩者可以看成是逼迫。

罪中的生活方式（彼前 4:4）。然而，經文並沒有詳細說明基督徒被指控行了哪些壞事，或者哪些善行導致逼迫。同樣值得注意的是，彼得前書將「善行」看為敵意的起因和回應（彼前 2:12, 15, 3:16, 4:19）。在提摩太後書三章 12 節中，保羅宣稱，「凡立志在基督耶穌裏敬虔度日的，也都將受迫害」。作為迫害的導因，保羅所提的敬虔生活類近彼得前書的善行。在教外人眼中，教內人視為「善行」和「敬虔生活」的，卻可能被看成邪惡。因此，我們於下文需要從教外人的角度來考究背後的因素。筆者也將在接續下來的第二章中，探討「善行」怎樣成為對逼迫的回應。

如上文所述，只有啟示錄把撒但描繪為逼迫的煽動者。在宇宙大戰中，撒但（即「蛇」）的失敗和他被逐出天堂，標誌着「婦人」和「她其餘的兒女」（啟 12:13~17）面對大逼迫的起點，[109] 而後者

---

[109] 儘管各學者對「婦人」的所指有不同看法，但「婦人」很可能是神歷代子民的象徵。筆者認為「神的子民」比「猶太人」或「以色列」更適合描述所指對象，因為後者往往帶有種族和政治色彩。但即使在舊約中，神的子民也是依據他們對耶和華的忠誠來界定，與其種族或政治無干。從太初到末後的日子，神的子民是由他們對耶和華的信、而非其種族來界定，其中既有雅各的忠信後裔，也包括「與耶和華聯合」的「萬國群體」（參創 35:11；亞 2:11；例如路得）。見 Chee-Chiew Lee, 'Gôyim in Genesis 35:11 and the Abrahamic Promise of Blessings for the Nations', JETS 52.3 (2009), pp. 467–482。

具體所指的是「那些遵守神的命令，並持守他們為耶穌作見證的人」（啟 12:17）。[110] 蛇與聖徒「作戰」（poiēsai polemon）（啟 12:17），因為牠之前多番嘗試不果，始終無法瓦解神給婦人的保護而「發怒」（啟 12:14~16）。獸後來能夠與聖徒「作戰」（poiēsai polemon），並征服他們，是因為蛇賦予了他這方面的能力（啟 13:2、7）。這異象明顯從屬靈角度描寫出逼迫背後的原因。

教外人的觀點

為了理解新約作者給受眾在面臨逼迫時該如何應對的勸告，我們必須了解教外人的觀點，並以此作為思考背景。在教外人眼中，應當反對基督徒的原因如下：

---

[110] 逼迫神的子民背後的宇宙戰爭概念，源於猶太第二聖殿期的傳統，其中人間的戰爭是宇宙戰爭的展現（參但 10:1~21），而天使長米迦勒則是神的子民的保護者（但 10:13、21）。關於「王子」一詞應用到天使之上，見 John J. Collins, *Daniel: A Commentary on the Book of Daniel*, Hermeneia (Minneapolis: Fortress, 1993), pp. 374–375; Carol A. Newsom and Brennan W. Breed, *Daniel: A Commentary*, OTL (Louisville: Westminster John Knox, 2014), pp. 332–333。另見以斯帖記希臘文本：Addition A LXX vv. 1–5 [NRSV 11:1–10]; Addition F LXX v. 4 [NRSV 10:7]，其中兩條鬥爭的蛇（drakontes）這異象則指向末底改和哈曼；後者在整個波斯帝國迫害猶太人，而前者則與哈曼對抗作戰。

(1) 對珍視傳統價值觀的威脅
(2) 經濟損失的威脅
(3) （據傳）對反對者的誹謗
(4) 社會動盪的威脅

儘管衝突的內容可能有所不同，但以上原因對非基督徒猶太人和異教徒來說，卻是共通的。[111]

(1) 對珍視傳統價值觀的威脅

柯魯斯（Kruse）從猶太反對者的角度，在保羅書信中辨析出保羅受逼迫的五個原因。[112] 第一，既然保羅並非唯一曾試圖除滅那些宣揚基督信仰者的人，他如今宣揚同樣的信仰，那些像他以往一樣的人會迫害他，也就不足為奇了。由於他以往曾與大祭司結盟（徒9:1~2），難怪這些猶太領袖會因為他改變立場而逼迫他。第二，與他同時代的猶太人認為對信仰和身分至關重要的事情，即割禮、種族、按祖先傳統遵守律法，保羅現在卻視為「有損的」（zēmia）而非「有益的」（kerdē）（腓3:7~8）。這就會挑起怒火和暴力反對。第三，保羅堅持行律法不會使人稱義，這說法會被視

---

[111] 另見賓尼的研究（Penner, *Shadow of the Cross*, p. 162），他提出了以下幾方面的原因：宗教、政治、社會、經濟和情緒。

[112] Kruse, 'Price Paid for a Ministry', pp. 267–271.

為教唆人忽視摩西律法，及鼓吹犯罪（參加 2:17）。第四，保羅否定在人稱義上「行割禮的必要性」，因而會「冒犯」猶太人（參加 5:11）。最後，部分信徒不道德的行為（如林前 5:1~2，6:12~20）可能被認為是因保羅宣揚免行律法的福音而「放寬了道德要求」的結果（參羅 3:7~8）。

柯魯斯提出的第二至第四個原因，反映了第一世紀的猶太人如何將基督教所傳的信息視為威脅，認為會危害他們所珍視的傳統價值觀。第五個原因被視作放棄摩西律法的不良後果。而第一個原因，則是他們覺察到這威脅的反應。其他被視為威脅，會動搖一直拱持的傳統價值觀的，其中包括直白「質疑」同時代猶太人對聖殿、聖城和安息日的傳統理解，又或基督教對這些理解的重新詮釋。以上情況都反映於福音書和其他新約著作之中。[113]

從異教的教外人角度來說，還有不少應當強烈反對基督徒的原因。首要原因是基督徒退出異教崇拜（參帖前 1:9，「離棄偶像，歸向神來服侍那又真又活的神」），這包括不參與崇拜傳統神明和皇帝（關於次要原因，請參閱下文「［據傳］對反對者的誹謗」的

---

[113] Hare, *Jewish Persecution of Christians*, pp. 3–6. 例如，耶穌預言，由於猶太人拒絕以他為彌賽亞，聖殿和聖城會被毀（路 19:41~44），耶穌的身體（約 2:19~22），及信徒群體（林前 3:16~17；彼前 2:4~8）為神的殿。

部分)。[114] 這原因有進一步的後果，筆者將於下文先討論首要原因，並將於「經濟損失的威脅」那部分探討次要原因。

基督徒退出異教崇拜的首個後果，乃是因否定其他神明而被視為極端冒犯而陷入危險（第二個後果，見下文第 93 頁）。人們可以輕易在眾神中添加新神明供人崇拜，但只崇拜單獨一位而排除其他卻異常危險。對異教徒來說，這會導致他們尊崇的各神明蒙羞（參徒 19:26~27）。在充斥着榮譽與恥辱的文化中，恥辱是一場「社交災難」。假如一個成員失去榮譽也會讓整個社群蒙受恥辱，[115] 那麼受其尊崇的神明若受侮辱，整個社群的恥辱就更難以估量了。不僅如此，否認神明也是對神明恩澤不知感激的可恥行逕，會因此激怒神明，為個人或社會帶來災難（自然災害、疾病等）形式的懲罰。[116] 基督徒不參與這些崇拜活動，

---

[114] 另見 Williams, *Persecution in 1 Peter*, pp. 258–275。威廉斯講述兩種衝突的「行為起因」：退出社交和為了「善事」／「行善」而受苦。退出社交包括不參與自發協會和異教（包括帝皇）崇拜。

[115] Richard L. Rohrbaugh, 'Honor: Core Value in the Biblical World', in Dietmar Neufeld and Richard E. DeMaris (eds.), *Understanding the Social World of the New Testament* (Milton Park: Routledge, 2009), p. 112.

[116] 例如，蘇維托尼烏斯（Suetonius, *Nero* 56–57; *Domitianus* 15.3–6）認為尼祿和圖密善都因過度崇拜一位神明、忽視其他神靈（*superstitio*）而受到懲罰。

很容易就會被指為造成這些災難的原因。[117] 同樣地，不參與帝王崇拜和否認皇帝的神性，（至少）等於對皇帝恩澤不存感謝之心，或（最壞的情況）由於宣揚凱撒以外的「主與神」，被判定為叛國。對於異教徒來說，不知感恩可能導致守護神或皇帝撤回恩惠，這後果本已甚為糟糕；然而，叛國就更嚴重，也極危險，因為會招致羅馬的軍事鎮壓和殺戮。我們由此就可以想像到，地方政府為何熱衷宣揚帝王崇拜，並且嚴懲不服從的人（參啟 13:11~17）。

值得注意的是，早期教會用於耶穌的一些神聖名銜（如神的兒子、偉大的大祭司、主和神），跟羅馬皇帝統治下臣民使用的幾乎完全相同——奧古斯都和其繼任者被稱為「（一個）神明之（孫）子」和「偉大的大祭司」（*pontifex maximus*；希臘文譯作 *archiereus*；參來 4:15, 6:20）；革老丟被稱為「全人類的救世主」（參約 4:42；提前 4:10）；尼祿被稱為「世界之主」。[118]

考慮到這一點，當保羅和西拉被指控「違背凱撒的命令，說另有一個王耶穌」時，帖撒羅尼迦的官員

---

[117] 另見 Williams, *Persecution in 1 Peter*, p. 256。這也在第二世紀後期的著作中反映出來；如 Tertullian, *Apology* 40.2。
[118] 關於銘文和文獻證據，見 Winter, *Divine Honours for the Caesars*, pp. 62–77。有關神聖稱號「神的兒子」的含義，另見 Peppard, *Son of God*, pp. 31–49。

和全城「惶恐」就完全可以理解了（徒 17:7）。[119] 奧古斯都（Dio Cassius 56.25.5–6）和提庇留（Dio Cassius 57.15.8）二人早前都曾下令，在現任皇帝統治期間，禁止任何有關新統治者的宣告或預言。公元四十一年，革老丟向亞歷山大地區猶太人頒布法令，警告他們不要與來自埃及或敘利亞的猶太革命者勾結，否則將要迎來帝國的懲罰（*P.Lond.* 1912, ll. 96–99）。這些可能正是使徒行傳十七章 7 節中提到的法令。保羅和西拉被指控煽動帖撒羅尼迦人，將他們的效忠從凱撒轉向耶穌（即拒絕凱撒的統治），相當於叛國，因此應受懲罰。這一指控並非完全沒有根據，在下文中我們就會明白。

保羅寫信給帖撒羅尼迦人時，提到他們已經「離棄偶像，歸向神，要服侍那又真又活的神」（帖前 1:9）。這不僅包括放棄對傳統神明的崇拜，還包括不再參與帝王崇拜——這外在表現會被視為叛逆。保羅還宣稱這位耶穌是「從天降臨〔的兒子〕」，而他將要再來（帖前 1:10）。此外，保羅還提到「不法之人」，這人將自己尊為神，凌駕所有其他神明之上，並在神的聖殿中受崇拜（帖後 2:3~4）。[120] 雖然保羅沒有點

---

[119] Keener, *Acts*, vol. 3, pp. 2552–2555.

[120] 正如溫特所說，這用語聽起來與官方銘文的用語非常相似，其中奧古斯都和革老丟等皇帝被稱為「最偉大

明這句話所指是誰，但我們可以合理地推斷為各個被奉為神聖的羅馬皇帝，尤其指向在公元 41 年左右，卡利古拉（Caligula）試圖在耶路撒冷設立他的塑像但失敗的舉動。[121] 此外，雖然保羅的末世論主要從猶太人的天啟意象發展而來，但他使用的一些詞彙與帝皇背景中的用語重疊，例如基督的「來臨」和「顯現」（*parousia, epiphaneia*；帖前 4:15；帖後 2:8），「相會」（*apantēsis*；帖前 4:17），「平安穩妥」（*eirēnē kai asphaleia*；帖前 5:3a）。[122] 無論保羅是否有意使用這些詞彙批評羅馬帝國，對帝皇用語敏感的受眾定會如此理解。正如溫特所指出的，儘管這些用於耶穌的稱號和詞彙主要來自猶太經卷和傳統，但與帝國用語「不幸的巧合」，卻對早期基督徒構成巨大挑戰。[123]

此外，溫特指出，保羅使用「所謂的」（*hoi legomenoi*）這詞來指稱異教的神明（帖後 2:4；參林前 8:5），

的」或「最神聖的」神明。Winter, *Divine Honours for the Caesars*, p. 261.

[121] James R. Harrison, *Paul and the Imperial Authorities at Thessalonica and Rome: A Study in the Conflict of Ideology*, WUNT 273 (Tübingen: Mohr Siebeck, 2011), pp. 85–95; Gary S. Shogren, *1 and 2 Thessalonians*, ZECNT (Grand Rapids: Zondervan, 2012), pp. 281–282.

[122] 有關帝皇背景的文獻和銘文來源，見 Harrison, *Paul and the Imperial Authorities*, pp. 56–63。

[123] Winter, *Divine Honours for the Caesars*, p. 93.

這詞「也於國王、哲學家和詭辯家就其實際身分作虛假聲明時使用」。[124] 這用詞反映出保羅的一神論神學，及他認為這些其他神明是被誤以為是神的見解。同樣地，啟示錄也展示出對異教崇拜（包括傳統的神明和帝王崇拜）的強烈抵制，及鮮明的反羅馬情緒（啟 2:12~29, 13:1~14:13）。

這種將基督徒視為威脅的看法，似乎在二世紀後期的羅馬歷史學家（蘇維托尼烏斯和塔西佗）講述尼祿對基督徒迫害時反映出來。[125] 根據蘇維托尼烏斯（Suetonius, *Life of Nero* 16.2 [Rolfe]），基督徒被認為是「某類傾向於新奇又作惡 [*maleficus*:『邪惡、有害』] [126] 的極端宗教 [*superstitio*] 人士」。塔西佗（Tacitus, *Annals* 15.44 [Jackson]）提到基督徒「因其惡行而被人厭惡」，他們「有害的非傳統極端宗教 [*superstitio*]」就像一種疾病，從猶太蔓延到羅馬，

---

[124] 同上，pp. 212–213。

[125] 尼祿處決基督徒被視為逼迫，因為尼祿使基督徒成為羅馬大火的替罪羊，令他們受到不公和殘酷的對待。儘管如此，從塔西佗的描述可以清楚看出，尼祿並非因為基督徒的信仰而迫害他們，而是趁機利用這個早已被羅馬民眾深惡痛絕的基督徒社群。另見 Harrison, 'Persecution of Christians', pp. 288–289。

[126] James Morwood (ed.), *Pocket Oxford Latin Dictionary: Latin–English*, 3rd edn (Oxford: Oxford University Press, 2005), s.v. 'maleficus'.

「在那裡讓世間一切可怕或可恥的事情」變得流行；他們最終以「仇恨人類」的罪名受到懲罰。

「邪惡、有害、可怕和可恥的惡行」和「仇恨人類」指的可能是什麼？根據筆者對第一世紀背景和上述新約文本的分析,這些「邪惡、有害、可怕和可恥的惡行」,極有可能是指他們擯棄和不參與異教和帝王崇拜。[127] 這「仇恨人類」指的則很可能是（1）基督徒由於抽離社交生活而與社會疏離,其中主要涉及異教崇拜,[128] 而筆者將在下文更詳細地討論；及（2）被視為激怒眾神的危險。對羅馬人來說,基督教習俗是一種 *superstitio*—— 由於他們對單一神的極度崇敬和絕對忠誠,因而否定其他神明,就將 *religio* 推至極端了。

從上文我們可以看出彼得前書的收信人被指控犯了什麼樣的錯,以及什麼樣的好行為（見上文第80–81頁）可能導致「因基督之名」（*en onomati Christou*）及「作為一個基督徒⋯⋯因為此名字」（*hōs christianos ... en tō onomati toutō*）[129] 可能引致的逼迫

---

[127] 另看 Smith, 'Book of Revelation', p. 344, n. 68。

[128] 「仇恨人類」類似塔西佗指控猶太人鄙視外族人（Tactitus, *Histories* 5.5）。

[129] 拜占庭抄本上讀文為 *en tō merei toutō*:「在此處境」（P 307. 642. 1448. 1735 Byz）,但所有其他抄本則是 *en tō onomati toutō*:「由於這名字」（𝔓⁷² ℵ A B Ψ 5. 33.

（彼前 4:14、16）。[130] 我們必須從猶太教與基督教和希羅傳統中理解「好行為」。[131] 從彼得前書的文本來看，

---

etc.），並且有早期譯文支持（latt sy co; Cyr）。基於一面倒的外證，*onomati* 大有機會是更真確的讀文。

[130] 「為基督的名」（彼前 4:14）而受苦源於福音傳統（見上文第 53–54 頁），意味著基督徒因與耶穌的聯繫，以及其反對者拒絕福音信息而遭遇迫害。鑒於彼前 4:14「為基督的名受辱罵」和 4:16「因是基督徒而受苦」這兩個詞組相似，一些學者認為後者是指因生活與神的福音一致而受苦。見例子如 Earl Richard, *Reading 1 Peter, Jude, and 2 Peter: A Literary and Theological Commentary*, RNTS (Macon: Smyth & Helwys, 2000), p.194; Jobes, *1 Peter*, p. 290。然而，威廉斯主張「基督徒」（*christianos*）這名稱在法庭上是一項可指控的罪名。這是因為（1）該短語與其他刑事罪行並列，例如「殺人、偷竊、行惡、或因為好管閒事」（《環》NET; *phoneus ē kleptēs ē kakopoios ē hōs allotriepiskopos*）；（2）*christianos* 這名稱在尼祿時代被定為刑事罪，因此即使基督徒沒有被追緝，只要有人向他們提出指控，僅僅宣認這名稱就足以受罰；及（3）第二世紀基於承認作「基督徒」這名稱而定罪的做法，是第一世紀的延續。見 Williams, *Persecution in 1 Peter*, pp. 179–236, 275–297。儘管如此，正如艾略特（Elliott）所指出的，威廉斯的論點仍然只是一個可能性，因為沒有歷史證據支持這在第一世紀是常規作法。見 John H. Elliott, review of *Persecution in 1 Peter: Differentiating and Contextualizing Early Christian Suffering* by Travis B. Williams, *BTB* 46.4 (2016), pp. 211–212。

[131] 雖然其聖經引文和暗引顯示出猶太傳統的影響，但彼得前書的受眾包括猶太人和外族人。見例子如 Jobes, *1 Peter*, pp. 23–24; Lewis R. Donelson, *I & II Peter and Jude: A Commentary*, NTL (Louisville: Westminster John Knox, 2010), pp. 9–10。因此，「好行為」的概念很可能不僅反

「好行為」似乎包括（1）在末世審判中被神認可為善的行為和做法（參 2:12）；（2）被希臘和猶太文化視為良好的道德行為（如愛、服從、榮譽；2:14~15、17, 3:2、4、8~12）；及（3）禁戒不道德的行為（2:1、11）。[132]

根據彼得前書三章 10~12 節所引用的詩篇三十四篇 12~16 節，好行為大多被描述為美德的表現。儘管如此，對於第二聖殿期的猶太人來說，好行為開始添加上履行摩西律法的意義，包括德行、幫助他人的善行，以及藉不參與偶像崇拜，展現對神的忠誠，而這份理解更一直伸延到新約之中。[133] 因此，從基督徒（教內人）的角度來看，不參與偶像崇拜是一種「好行為」和「敬虔生活」，在異教徒（教外人）的角度，卻會被視為「不法行為」，從而導致反對和逼迫。[134]

映了猶太人的理解，並且還以受眾於希羅情境中可以理解的方式表現出來。

[132] 在彼得前書中，在描述這些「好行為」時，用上 *agathos* 和 *kalos* 等形容詞，以及其名詞和動詞的詞形。見 Travis B. Williams, *Good Works in 1 Peter: Negotiating Social Conflict and Christian Identity in the Greco-Roman World*, WUNT 337 (Tübingen: Mohr Siebeck, 2014), p. 3。

[133] 同上，pp. 105–162。

[134] 關於「好行為」被視為「不法行為」，於基督徒和非基督徒兩者的後數世紀外部史料，都提及有異教徒指控基督徒的不道德表現（包括亂倫）、食人惡行和害人的魔法活動。這些可能是對基督徒互稱兄弟姐妹、主餐和使徒行神跡的誤解或蓄意誹謗。游斯丁、特土良和俄利根等

總括而言，異教徒肯定會認為基督教信息和崇拜生活模式的改變（否認傳統神明和拒絕帝王崇拜）具顛覆性——威脅他們對神明敬虔的傳統價值觀（*mos maiorum*），以及對施恩主的尊崇與 *pax deorum* 的維持。

(2) 經濟損失的威脅

基督徒退出異教崇拜的第二個後果，是放棄對傳統神明的敬拜，將令以供應異教習俗需用品謀生的人受到經濟損失（第一個後果，見上文第85頁）。[135] 例如，製作各個異教神龕的工匠，還有為祭祀提供牲畜和其他用品的農民和商人。故此，在以弗所，銀匠底米丟及他所屬為亞底米（Artemis）打造神龕的公會決心反對保羅，就毫不為奇了（參徒19:24~27）。

順帶值得一提的是在腓立比，使女的主人（徒16:19）在保羅將占卜的靈從她身上驅趕後，蒙受了巨大的收入損失。從異教的角度來看，占卜的靈並不邪

基督徒護教士也曾大力就此捍衛基督教信仰。更多相關細節，見 Stephen Benko, *Pagan Rome and the Early Christians* (Bloomington: Indiana University Press, 1984)。只是，不道德的指控卻可能有一些依據，正如新約書信如哥林多前書、彼得後書和猶大書所反映的，有自稱基督徒的人在基督群體內行為放蕩。由於很難確定這些指控是否起源於一世紀，我們將不在本研究中詳細討論。

[135] 另見 Williams, *Persecution in 1 Peter*, p. 256; Harrison, 'Persecution of Christians', p. 296。

惡（從基督徒角度看則屬於惡魔的），而是神聖的存在體。[136] 由於喪失了占卜的能力，主人可能會根據羅馬法律狀告保羅，就「財產損失」索償。[137]

信徒脫離會堂社群也可能給會堂帶來經濟損失。在帖撒羅尼迦和庇哩亞接受保羅信息的人中，有不少敬畏神的希臘人和數位顯赫的婦女（徒17:4、12），後者更很可能是給予會堂捐贈的贊助人。[138]

值得注意的是，在二世紀初（約公元110–111年），[139] 小普林尼（Pliny the Younger）曾寫道，在他努力遏制基督教傳播之前，民眾幾乎不在市場購買祭

---

[136] 莊詩敦（Johnston）指出，古希臘人認為「眾神找到更直接向凡人說話的方法，就是通過神明短暫『掌控』被揀選的婦女發聲」，就如達爾菲（Delphi）的皮提亞占卜者。Sarah I. Johnston, 'Oracles and Divination', in Esther Eidinow and Julia Kindt (eds.), *The Oxford Handbook of Ancient Greek Religion* (Oxford: Oxford University Press, 2015), p. 478. 路加記述那使女身上有一個「皮提亞的靈」（*pneuma pythōna*；徒16:16）。

[137] Ivoni R. Reimer, *Women in the Acts of the Apostles: A Feminist Liberation Perspective* (Minneapolis: Fortress, 1995), pp. 174–178.

[138] Carolyn Osiek, '*Diakonos* and *Prostatis*: Women's Patronage in Early Christianity', *HTS* 61.1/2 (2005), pp. 347–370, 363; Keener, *Acts*, vol. 2, p. 2095; vol. 3, pp. 2542–2543.

[139] John G. Cook, *Roman Attitudes Toward the Christians: From Claudius to Hadrian*, WUNT 261 (Tübingen: Mohr Siebeck, 2010), p. 146.

品肉類，因為許多在庇推尼和本都（Bithynia-Pontus）的人已經成為基督徒（Pliny, *Letters* 10.96.10）。這肯定意味著異教徒肉類銷售商的收入大減。

在教外人眼中，這些經濟損失不是「私利」上的損失，而是正常收入的流失，威脅著異教徒的生計和猶太人會堂的經費。

(3)（據傳）對反對者的誹謗

我們將在下文檢視各方為何認為自己被反對者所誹謗，在教外人的眼中尤其如此。異教徒反對的第二個原因，可能是信徒摒棄了以往不道德的生活方式（參彼前 4:4）（主要原因見上文「對珍視傳統價值觀的威脅」一節）。在第一世紀的地中海世界中，眾人加入自發協會和行業公會，以此作為他們主要的社交平台很是常見。[140] 雖然這些協會和公會的好些活動或會涉及醉酒和放蕩，但其他活動卻有較好的監管。[141] 不

---

[140] S. G. Wilson, 'Voluntary Associations: An Overview', in John S. Kloppenborg and Stephen G. Wilson (eds.), *Voluntary Associations in the Graeco-Roman World* (London: Routledge, 1996), pp. 14–16; Michael S. Moore, 'Civic and Voluntary Associations in the Greco-Roman World', in Joel B. Green and Lee Martin McDonald (eds.), *The World of the New Testament: Cultural, Social, and Historical Contexts* (Grand Rapids: Baker Academic, 2013), pp. 152–153.

[141] 有關各項逾軌行為和對此加以約束的嘗試，見例子如 Philo, *Against Flaccus* 136; *On Drunkenness* 22–25, 29;

過，由於當時宗教與日常生活在各個方面都高度融合，這些協會和公會在聚會中總會涉及異教崇拜活動。因此，醉酒和放蕩就與異教崇拜相連起來。

在基督徒的眼中，這些活動必須避免，因為無節制的慾望會導致不道德行為和偶像崇拜。因此，彼得前書四章 3~4 節提到，部分基督徒已從過往的生活方式中抽身，而這些生活方式分別被形容為「放蕩無度的行為」(hē tēs asōtias anachysis) 和「可憎的偶像崇拜」(athemitos eidōlolatria)。[142] 假如異教徒得知這些描述是斷絕往來的原因，那麼仍從事這些活動的異教徒感到被冒犯是可以理解的，因為他們被貼上了不道德

拉努維奧古城（Lanuvium）出土銘文上的規章 'Regulations of the Worshippers of Diana and Antinoüs' (Campania, Italy; dated AD 136)，見 Richard S. Ascough, Philip A. Harland and John S. Kloppenborg, *Associations in the Greco-Roman World: A Sourcebook* (Waco: Baylor University Press, 2012), pp. 194–198, esp. 198；也同時被引用於 Robert L. Wilken, *The Christians as the Romans Saw Them*, 2nd edn (New Haven: Yale University Press, 2003), pp. 36, 39。

[142] 亞德邁耶（Achtemeier）指出 athemitos「意味著基本上與神或人類所訂下的相違」；如於徒 10:24 所使用的。如在彼前 4:3，其通常被理解為「肆意、噁心、不體面」；如 BDAG, p. 24, 2。因此，從一神論的基督徒角度來看，偶像崇拜是「不合律法的」。見 Achtemeier, *1 Peter*, p. 282, n. 77; Mark Dubis, *1 Peter: A Handbook on the Greek Text*, BHGNT (Waco: Baylor University Press, 2010), p. 134。

的標籤，他們的異教崇拜被稱為「可憎」。[143] 正如亞德邁耶（Achtemeier）所指出的，「偶像崇拜」是第一世紀猶太人和基督徒獨有的概念，異教徒甚至不曾使用過「可憎的偶像崇拜」等詞語，來描述他們不贊同的異教習俗。[144] 這就可以解釋異教徒也以「誹謗」（$blasph\bar{e}me\bar{o}$；彼前 4:4）報復反擊。因此，如彼得前書四章 4 節所述，在社交上抽離這些從前的生活方式，就成了迫害的原因。

在約翰福音八章 44~51 節，當耶穌說那些猶太人的父親是魔鬼時，我們觀察到也有類似的反應。同樣地，由於約翰將猶太裔的反對者稱為「撒但的會眾」（啟 2:9, 3:9《漢》），並將帝國掌權者描繪成與魔鬼結盟（啟 13），[145] 一旦猶太裔和異教徒反對者聽聞這些描述，也會報復反擊。

在希羅世界，以修辭方式誹謗對手是常見的做法。一些學者指出，雖然新約作者也使用這策略，但與許多其他人相比，他們相對溫和，並且在描畫反對者與其歷史真確性之間，存在一定的關聯。[146] 筆者於本文

---

[143] Achtemeier, *1 Peter*, p. 282.
[144] 另見 Jobes, *1 Peter*, p. 267。
[145] 同樣地，保羅把反對者跟撒但連繫在一起（林後 11:12~14），又以「犬類」標籤對方部分的人（腓 3:2）。有關在保羅書信與啟 2:9 和 3:9 中反對者的身分，見上文第 55 頁。
[146] 見例子如 Luke T. Johnson, 'The New Testament's An-

目的,並非要判斷修辭方式誹謗的做法,在道德上是否可以接受,又或者誰的觀點方為正確。但必須謹記一點,我們已留意到這些基督徒的神學觀點(包括倫理和屬靈方面的)會極度冒犯其反對者。正如基督徒或會覺得敵對者誹謗和冤枉他們(參彼前 2:12, 4:4; 啟 2:9),非基督徒猶太人和異教徒也很可能同樣認為基督徒誹謗了他們。故此,(據傳)誹謗敵對者就成為了逼迫的導因。

(4) 社會動盪的威脅

基於上文提到的前三個原因,猶太人或異教徒很容易聯合起來,以暴徒行為攻擊基督徒,或向地方政府控告他們,例如在以哥念(徒 14:5)、腓立比(徒 16:22)和耶路撒冷(徒 22:24)中有關保羅的案件。這也可以解釋羅馬皇帝在公元 49 年發布的法令,將猶太人驅逐出羅馬:[147]「由於猶太人在克列斯托斯(Chrestus)的慫恿下不斷製造騷亂,他[革老丟皇帝]將他們逐出羅馬」(Suetonius, *Life of Claudius* 25.4)。[148] 從使徒行傳中

---

ti-Jewish Slander and the Conventions of Ancient Polemic', *JBL* 108.3 (1989), pp. 419–441; Andreas B. du Toit, 'Vilification as a Pragmatic Device in Early Christian Epistolography', *Bib* 75.3 (1994), pp. 403–412。

[147] 有關把這法令的簽發年份判定為公元 49 年的論證,見 Engberg, *Impulsore* Chresto, pp. 90–99。

[148] 關於「克列斯托斯」是誰,有三種可能性: (1)

描述猶太人反對的模式來看，關於猶太人耶穌是否是彌賽亞基督的類似爭論，很可能在羅馬的猶太人中引起了持續的動盪。革老丟敕令的目的是平息這場影響所有猶太人的動亂，不論他們是否相信耶穌是基督。

鑒於以上四個原因，教外人認為反對基督徒既必要又正當。與之前出於政治或道德原因，鎮壓埃及伊希斯教和酒神教一樣，[149] 羅馬的地方和區域政府認為鎮壓基督教崇拜是維護傳統價值觀和社會秩序的必要舉措。在第一世紀，中央政府（革老丟和尼祿）只是間接參與對基督教崇拜的鎮壓。對革老丟來說，在羅馬猶太人中造成的動亂上，難以辨認出基督教的元素，而對尼祿來說，基督徒更是羅馬大火的替罪羊。

神學觀點的概要

本章先從社會、宗教和政治世界觀這三方面，簡要介紹了第一世紀的歷史背景，以便我們更好地了解

當地一個名叫「克列斯托斯」的猶太煽動者；（2）「克列斯托斯」作為當地猶太煽動者的彌賽亞宣稱；或（3）一些猶太人聲稱耶穌是基督（Christus）。正如恩伯格（Engberg, *Impulsore Chresto*, pp. 100–102）所指，即使蘇維托尼烏斯或其資料來源將「Christus」誤認為「Chrestus」，上文中的（3）仍很可能是在羅馬猶太中引發動盪的原因。另見 Cook, *Roman Attitudes Toward the Christians*, pp. 15–22。

[149] 見上文第 43 頁。

早期基督徒所面臨的衝突和受逼迫的原因。筆者現在將概述新約作者對誰在逼迫他們，及為何遭遇迫害的神學理解。

四部福音書都保留了耶穌警告門徒會因為與他相連而受逼迫的傳統。儘管對觀福音保留了耶穌的預言，即逼迫甚至會來自個人的直系親屬，但這情況僅反映於彼得前書對奴隸和妻子的勸告中。他們很可能因信仰而面臨來自所屬家庭的壓力。迫害是來自拒絕福音信息的猶太人和異教徒兩方面。

除了啟示錄的作者外，新約作者大多未有將羅馬政府描述為他們的迫害者。反對主要來自個人，然後煽動其他人與自己聯合。在路加的描述中，除了希律亞基帕一世（徒12章）外，當個人（猶太人或異教徒）或猶太地方政府（公會）指控某些基督徒時，異教地方政府和羅馬當局基本上是在履行職責，以維持和平與秩序。[150] 路加不止一次描述，羅馬當局在這些基督徒被指控時幫助他們。除了猶太地方政府（猶太宗教領袖），其他地方和區域政府似乎並沒有直接敵視基督徒，直到啟示錄中方出現直接敵視的描述。

從教內人的角度來看，多位新約作者都反映了福音傳統，指出信徒為耶穌的名受苦是逼迫的根本原因（如徒5:41, 9:16；腓1:29；彼前4:14）。路加在其

---

[150] 另見 Engberg, *Impulsore Chresto*, p. 89。

福音書和使徒行傳中的敘述,都清楚強調耶穌和保羅(分別是基督教信仰的創始者和代表性宣揚者)並沒有犯任何罪行。[151] 連同門徒和保羅被指控並被帶到地方和區域政府面前的敘述,路加將這情景描繪為應驗了耶穌在路加福音二十一章12與17節中的預言。[152] 從約翰福音和使徒行傳的角度而言,猶太人施加迫害的主要原因,是基督徒認信和宣揚耶穌是所應許的彌賽亞。路加還鋪陳與猶太反對者爭執導致逼迫的其他方面:他們宣告(1)耶穌復活;(2)猶太領袖要為耶穌之死負責;及(3)外族人不必受割禮和遵守摩西律法,也可被接納為神的子民。保羅書信更顯示第3點乃雙方的主要爭論點。[153] 總而言之,雖然基督徒從猶太人繼承了對彌賽亞盼望、末世論、天啟思想和一神論的許多聖經詮釋,但諸多爭執和迫害卻正是由於他們將這些聖經文本挪用到拿撒勒人耶穌身上所觸發。[154]

路加也察覺到逼迫的其他動機:猶太人的嫉妒、異教徒的經濟損失和部分統治者自私的政治動機。教外人不大可能承認嫉妒和自私這類動機。教內人認為

---

[151] Cunningham, *Through Many Tribulations*, pp. 242, 281.
[152] 另見同上,p. 28。
[153] 這可能是由於帖撒羅尼迦前書、加拉太書、羅馬書和腓立比書信的環境狀況。其他保羅書信提到受迫害,卻很少包含有關原因的細節。
[154] 另見 Hare, *Jewish Persecution of Christians*, pp. 8–18。

那份因對手成功所生的嫉妒,很可能被教外人視為對祖先傳統的熱衷,路加也曾就掃羅的情況承認這一點。但教外人很難認同保羅視以往錯誤的熱心是無知的剖白。同樣地,彼得前書和提摩太後書認為的「好行為」和「敬虔生活」,在對方眼中,卻很可能是壞行為,因而導致迫害。

雖然大多數新約作者將撒但描繪成引誘信徒對神不忠,而敵對之人則屬於撒但,但啟示錄的作者卻獨一無二地將撒但描繪成各權力組織施加逼迫背後的煽動者和因由。在宇宙爭戰中撒但被神擊敗後,他就大舉報復,展現為對地上聖徒的迫害。

對新約作者而言,基督徒忠心宣講福音信息,以及與福音一致的敬虔生活方式,乃是那些拒絕福音信息的人施加逼迫的起因。從教外人的角度看,猶太人和異教徒(時而以暴力)敵對基督徒,並不純粹因為後者信仰耶穌,而是因為基督徒給社會帶來真實或被視為的威脅。

套用我們當代的說法,導致衝突和逼迫的因素,既複雜又分屬多個層面:意識形態衝突、誤解、接受基督教信仰和生活方式的負面影響。教外人認為這些表現是對他們珍視的傳統價值觀和經濟繁榮的威脅,以及(據稱來自)基督徒的誹謗。在某些例子中,這些衝突升級為社會動盪。教內人認定的神學真理(例如,耶穌是彌賽亞和神的兒子;拒絕崇拜其他神明和皇帝,

視之為偶像崇拜；敵對者背後存在邪惡靈界力量），對教外人來說均屬極度冒犯（例如，聲稱凡人耶穌是神聖的，因而褻瀆猶太教的神；對作為施恩主的異教神明和皇帝毫不敬虔和感恩；中傷誹謗）。教內和教外的觀點對我們了解新約基督徒面對逼迫時的各種回應至關重要。正如我們將在第二章中看到的，部分新約作者在其回應中，似乎覺察到某些教外人的觀點。

第 2 章
當時發生了何事：對逼迫的不同回應

在不少人的印象中，大多數早期基督徒面對逼迫時，都堅定不移地持守信仰。但這符合實情嗎？在新約早期基督徒面臨逼迫時，究竟發生了何事？本章將探查這些早期基督徒所遭遇的逼迫形式，並檢視他們如何以不同方式應對逼迫。

逼迫的不同形式

我們在此有必要再度審視「逼迫」的定義，以便更好研究新約提及構成逼迫的敵對形式。筆者將採用

田士臣的定義,[1] 當中包括下列要素: (1) 不公行為; (2) 主要基於宗教信仰的敵意; (3) 造成傷害(或意圖傷害); 及(4) 從受害者的角度。逼迫是反對者用來遏制基督信仰繼續實踐和傳播的手段。通過剖析逼迫的形式, 筆者也將試圖澄清早期基督徒從何時起遭受官方逼迫。

策略與計謀

在使徒行傳中, 路加記錄了猶太和異教反對者對付早期基督徒的策略。常見的是個別人士煽動其他人合力反對基督徒。這情況可以有兩種形式: (1) 影響有影響力的人(徒 6:12, 13:50); 或(2) 煽動群眾(徒 6:12, 14:2、5、19, 16:22, 17:5, 19:28~29, 21:27), 而這可能涉及數量相當的人。這些反對者有時會與自己同一類人(例如其他猶太人, 徒 18:12; 或相關行業的合作夥伴, 徒 19:25)或與其他人聯手。諷刺的是, 素常不與外族人交往的猶太反對者, 竟與異教徒聯手反對基督徒(如徒 14:5, 17:5), 尤其當時的早期基督徒傳教士(如保羅)也是猶太人。[2] 一

---

[1] 見上文第 15–18 頁。
[2] 另見 Keener, *Acts*, vol. 2, p. 2175; 他指出這些猶太反對者「與偶像崇拜者攜手反對一神論的傳教士」, 此舉極具有諷刺意味。

如我們將在下文看到的，在眾多案例中，他們的目標是向執政掌權者指控基督徒，令後者受懲罰或被驅逐。

在耶路撒冷，猶太公會對基督徒的指控包括未經授權宣揚耶穌為彌賽亞及他的復活（徒 4:7, 5:28, 23:6）、褻瀆神和摩西（徒 6:11, 21:28b）、玷污或毀壞聖殿（徒 6:13~14, 21:28b）。他們的目的顯然是壓制基督信仰的傳播及懲罰那些宣揚這信仰的人（徒 4:17~18, 5:28）。

在散居地區中，反對者的目標大多是將外來的基督徒傳教士逐出自己城市。他們使用的法律手段，是向地方政府控告基督徒。有時候，反對者會升級行動向區域政府提出指控。在哥林多，猶太反對者就將保羅帶到省長迦流面前（徒 18:12）。猶太公會也曾在總督腓力斯面前控告保羅（徒 24:1~9）。基督徒在其他異教地方或區域政府前面對的指控，包括煽動叛亂（徒 16:20, 17:6, 19:26, 24:5）、叛國罪（徒 17:7; 參 25:8c）、宣揚違反（羅馬）法律（徒 16:21, 18:13）和違反與猶太信仰有關的事情（律法、聖殿、復活；徒 18:13, 24:6, 25:8a、19, 26:7~8）。[3]

---

[3] 另見 Schnabel, 'Persecution of Christians', p. 547。筆者不同意席納博（Schnabel）的看法，所以沒有將誹謗他族神明（徒 19:26~27）列為指控之一，因為這並未成為正式的提控（徒 19:38~39）。另見 Darrell L. Bock, *Acts*, BECNT (Grand Rapids: Baker Academic, 2007), p. 610。

在此過程中，其他基督徒也被牽涉在內。帖撒羅尼迦的猶太反對者前往接待保羅和西拉的耶孫家。當他們沒有找到保羅等人，就將耶孫和其他一些信徒拉到當地長官那裡（徒 17:5~6）。同樣地，在以弗所，群眾找不到保羅，就抓住了他的旅伴該猶和亞里達古（徒 19:29）。保羅和同伴最終出於不同原因離開了各個城市，包括自願（如徒 14:6、20，17:10、14）、被請求離開（徒 16:39）和被驅逐（徒 13:50）。

在使徒行傳的敘述中，路加揭露了一些反對者用以達到目的的卑鄙手段。第一，使用假證人。這可以在最初期猶太地區中看到。當時反對司提反的希臘化猶太人安排了假證人，好在猶太公會面前控告他（徒 6:11~14）。其次，採用衍生自或偏離原初爭論點的政治指控。例如，遭受經濟損失的女奴主人指控保羅「傳我們羅馬人不准接受、不可實行遵守的規例。」（徒 16:19~21）。[4] 這可能是因為較難以「財產損失」起訴保羅，因為皮提亞之靈被驅除時，並未涉及身體損傷。因此，他們偏離最初的原委，改以公共罪行替代私人侵害指控保羅。[5] 同樣地，帖撒羅尼迦的猶太反

---

[4] 另見 Ben Witherington III, *The Acts of the Apostles: A Socio-Rhetorical Commentary* (Grand Rapids: Eerdmans, 1998), p. 496；他指出這指控「遮掩了行動的真正原委」。

[5] Keener, *Acts*, vol. 3, pp. 2470–2471.

對者指控保羅「違背凱撒的法令，說另外還有一個王耶穌」；但原初衝突卻呈現另一個畫面，事件被描述為一場關乎耶穌是否彌賽亞的爭論，而反對者的動機則是嫉妒（徒 17:3、7）。在哥林多，猶太反對者共同提出控訴，指保羅「教唆人不按着律法敬拜神」（徒 18:13）。這指控的表述有點模棱兩可：既可能指猶太法律或羅馬法律，但更有可能指猶太反對者希望省長判定保羅所犯的罪行，是宣揚同時違反羅馬人和猶太人祖先習俗的新宗教。[6] 儘管如此，省長迦流認為這是猶太人內部對猶太法律的爭論，並駁回了此案（徒 18:15）。值得注意的是，猶太人的宗教糾紛並不構成羅馬官員眼中的刑事罪（徒 18:14~15, 25:18~19, 26:30~31），但引起騷亂、煽動叛亂和叛國罪卻完全符合條件。[7] 因此，難怪這些反對者會將指控加上政治包裝，將之定性為公共罪行，將基督徒告上法庭。

同樣值得注意的是，路加將猶太反對者描述為多

---

[6] Joseph A. Fitzmyer, *The Acts of the Apostles: A New Translation with Introduction and Commentary*, AB 31 (New York: Doubleday, 1998), p. 629; Schnabel, *Acts*, p. 762; Keener, *Acts*, vol. 3, p. 2768; Harrison, 'Persecution of Christians', p. 296.

[7] Winter, *Divine Honours for the Caesars*, pp. 194–195. 就煽動及叛國罪作為公共罪行，見 Richard A. Bauman, *Crime and Punishment in Ancient Rome* (London: Routledge, 1996), p. 2。

次密謀對付保羅的人,但一切都只是徒勞,而他還記錄了保羅本人對此的見證(徒 20:19)。這些陰謀包括對方在希臘反對保羅(徒 20:3),在以哥念苦待他又向他施以石刑(徒 14:5),在大馬士革(徒 9:23~24)和猶太地區(徒 23:12~23, 25:3)密謀殺害他。有一次,他們在路司得成功了。當時來自安提阿和以哥念的猶太人煽動群眾以石刑對付保羅(徒 14:19)。

官方和非官方的懲罰

在約翰福音中,猶太地方政府被描述為逼迫耶穌門徒的人,威脅要將任何承認耶穌為彌賽亞的人趕出會堂(約 9:22, 12:42, 16:2)。[8] 耶路撒冷內外的猶太會堂具有多種功能:權力機構(政治和司法;類似市議會)、宗教(禮儀和靈性;類似祭禮／廟宇)和社會(類似自發協會)。[9] 斯坦博(Stambaugh)和巴

---

[8] 就耶穌時代逐出會堂之歷史真確性的論據,見 Bernier, *Aposynagōgos*; Klink, 'Overrealized Expulsion', pp. 175–84。儘管如此,仍很難確定這種驅逐屬於暫時,還是永久。

[9] Lee I. Levine, *The Ancient Synagogue: The First Thousand Years*, 2nd edn (New Haven: Yale University Press, 2005), pp. 135–173; Anders Runesson, *The Origins of the Synagogue: A Socio-Historical Study*, CBNTS 37 (Stockholm: Almqvist & Wiksell, 2001), pp. 237–476. 在散居群體中,猶太會堂往往主要具有宗教和社會功能,因為市政權已由市議會掌握。

爾奇（Balch）指出，「猶太會堂有一重要社會功能，就是提供歸屬感並促進聯繫」。[10] 因此，被趕出猶太會堂意味著被整個社群——家人、朋友，甚至包括貿易夥伴——所排斥。[11] 在強調群體多於個人的榮辱社會中，這類社群紀律處分極為嚴厲，也會造成極大的恥辱（參約 12:42~43）。

路加福音也描繪猶太地方政府反對耶穌及其門徒，但他們在使徒行傳時代才開始正式逼迫門徒。他們逮捕了使徒，在審訊前先關押他們（徒 4:3, 5:18）。起初，他們只能威脅使徒，無法懲罰他們，因為群眾正為彼得醫好癱子而讚美神（徒 4:21）。其後，他們想處死使徒，卻被迦瑪列勸阻，他們就改為鞭打使徒（徒 5:33~40）。在司提反的審訊中，由於司提反指責他們

---

[10] John E. Stambaugh and David L. Balch, *The New Testament in Its Social Environment*, LEC 2 (Philadelphia: Westminster, 1986), p. 49.

[11] Andreas J. Köstenberger, *John*, BECNT (Grand Rapids: Baker Academic, 2004), p. 288; Marianne Meye Thompson, *John: A Commentary*, NTL (Louisville: Westminster John Knox, 2015), p. 215. 斯坦博和巴爾奇（Stambaugh and Balch）指出，稍後數世紀的考古和文獻證據表明，猶太會堂中的座位以行業為標誌（如金屬匠、布料製造商），由此各人可以在社區中互相支持。因此，他們認為，於第一世紀中，可能也有類似的功能，而保羅也由此得以與哥林多的帳篷製造商聯繫。見 Stambaugh and Balch, *New Testament in Its Social Environment*, p. 49。

像其祖先一樣——後者有逼迫神先知的歷史,這些人就衝上去,將他拖出城外以石刑砸死他(徒 7:51~60)。司提反死後,猶太當局授權讓人系統性地逼迫在耶路撒冷的基督徒(徒 8:1);這主要由掃羅執行,他挨家按戶搜捕基督徒,後來更將範圍從猶太擴展至大馬士革。掃羅囚禁了他們,並威脅要處死他們(徒 8:3, 9:1~2, 22:3~4)。在敘述的下文中,他親自作證他如何將這些基督徒帶到猶太會堂接受懲罰,並強迫他們否定對耶穌的信仰(徒 26:10~11)。[12] 路加報告了在耶路撒冷發生了兩宗逼迫致死的事件:(1)司提反被猶太反對者用石頭砸死(7:59~60);及(2)約翰的兄弟雅各被希律用刀殺了(徒 12:1~2)。[13]

就散居猶太人的情況,路加描述了個人和團體反對者向基督徒施加的身體及語言暴力。身體暴力包括毆打(徒 18:17, 21:30、32)[14] 和以石頭砸死(徒 14:19),而這些經常與暴徒行為有關。言語暴力主要

---

[12] 在使徒行傳二十六章 11 節中,路加讓保羅以回顧角度指出否認耶穌為彌賽亞乃是「褻瀆的話」,見 Schnabel, *Acts*, p. 1007。

[13] 由於希律是羅馬的附庸國君,他可以使用羅馬官方的方式以劍處決。見下文註 28。

[14] 就在使徒行傳十八章 17 節中所提尼的身分,見上文第一章註 77。假如這位所提尼是基督徒,或者跟哥林多前書一章 1 節提及的為同一人,這次毆打就是不公和殘忍的對待,相當於逼迫。

涉及「誹謗」或其他「辱罵性語言」（blasphēmeō；徒 13:45, 18:6）。保羅自己在書信中的見證（林前 4:11，林後 6:5、8~9，11:25），證實了路加對這些官方與非官方不同形式逼迫的說法。

鞭笞和石刑這些刑罰方式，與猶太地方政府有關。彼得森（Peterson）指出，「猶太公會或會堂官員下令鞭笞是對違法者的嚴重懲罰」（參徒 22:19；林後 11:24）。[15] 用石頭砸死是摩西律法就多項罪行所規定的死刑，其中包括褻瀆（利 24:14、16），而這解釋了為什麼猶太反對者會用石頭打司提反和保羅。然而，石刑並非羅馬正式的刑罰。儘管羅馬法律收緊了猶太地方政府處決罪犯的權限（參約 18:31），但並不能阻止無視法律的人（猶太人或希臘人）這樣做。[16] 因此，用石頭砸死是一種暴徒行為，也許猶太人會自我辯解為合法行為，卻不是羅馬官方認可的懲罰方式。[17]

---

[15] David Peterson, *The Acts of the Apostles*, PNTC (Grand Rapids: Eerdmans, 2009), p. 227.

[16] Schnabel, *Acts*, p. 391; Keener, *Acts*, vol. 2, p. 1453. 就石刑作為刑罰的猶太背景，及羅馬歷史資料中以石刑為暴徒行為，見 Keener, *Acts*, vol. 2, pp. 1453–1455。

[17] 馬修斯（Matthews）認為，路加以「卑劣」形容猶太地方政府的司法系統，雖然其看似遵循程序，卻接納假證人作供，並在司法聆訊過程中，失控而造成暴徒殺害司提反。Shelly Matthews, 'The Need for the Stoning of Stephen', in *Violence in the New Testament* (New York: T&T

地方政府獲權以（公開）毆打懲罰導致社會動盪的不當行為，有時會在毆打前剝去被告衣服（徒16:22~23，22:24~25），以及在等候聆訊時監禁（徒16:24）相關人士。[18] 在帖撒羅尼迦，地方政府讓耶孫和其他當地信徒支付押金，然後才放走他們。由於主家要為客人的行為負責，耶孫也為保羅和西拉斯支付這筆押金，保證他們不會引起進一步騷亂或會離開那城。[19]

除了使徒行傳外，希伯來書、彼得前書和啟示錄都提到早期基督徒因信仰而面臨類似形式的言語和身體暴力。希伯來書十章32~34節提到，收信人還遭受公開譴責和苦難、監禁、沒收財產等形式的苦難。然而，希伯來書作者也指出，沒有人因逼迫而死（來12:4）。「公開譴責」（*oneidismos*）是古希羅時期一

Clark, 2005), pp. 124–139。然而，席納博卻主張，公會允許暴徒接管，因為他們認為司提反理當因褻瀆神受石刑而死。Schnabel, *Acts*, pp. 390–391。

[18] 就等候審訊時的關押，見 Bauman, *Crime and Punishment*, p. 11。就裁判官給予違反公共秩序者的處分，見 Christian Gizewski, 'Coercitio', in Hubert Cancik and Helmuth Schneider (eds.), *Brill's New Pauly* (Leiden: Brill, 2006), vol. 3, pp. 508–509。

[19] 這也可解釋信徒為何當晚就送保羅和西拉離開（徒17:10），而保羅則認為他並非自願離開帖撒羅尼迦（參帖前2:17）。見 Schnabel, *Acts*, p. 709, n. 20。

種羞辱受責者的形式,[20] 目的是迫使受辱者再度遵循主導群體的價值觀, 並阻嚇其他人偏離。[21] 雖然監禁是官方懲罰形式, 但文本並未清楚表明這公開譴責和扣押財產, 是否僅限於官方(在當局面前譴責和沒收)形式的逼迫, 或是屬非官方(在公共場所辱罵和搶劫)形式, 還是兩者皆有。[22] 他們部分人當時仍然被監禁和苦待(來 13:3)。與使徒行傳一樣, 官方形式的懲罰不一定等於官方逼迫。因此, 儘管希伯來書清楚地表明基督徒面臨某種逼迫——至少屬於來自非官方的, 卻不清楚是否包括官方逼迫。

彼得前書的受眾遭受言論攻擊, 並很可能要於政

---

[20] Craig R. Koester, *Hebrews: A New Translation with Introduction and Commentary*, AB 36 (New York: Doubleday, 2001), p. 459; Luke T. Johnson, *Hebrews: A Commentary*, NTL, (Louisville: Westminster John Knox, 2012), p. 269.

[21] David A. deSilva, *Honor, Patronage, Kinship and Purity: Unlocking New Testament Culture* (Downers Grove: InterVarsity Press, 2000), pp. 35–36.

[22] 關於不同的公開責備, 就於掌權者面前被譴責, 見徒 16:19~21, 就於公共場合中被辱罵, 見徒 13:44~45。另見 Koester, *Hebrews*, p. 460; Johnson, *Hebrews*, pp. 270–271。有關充公財物作公共罪行的羅馬官方刑罰, 見 Lesley Adkins and Roy Adkins, *Handbook to Life in Ancient Rome*, updated edn (New York: Facts on File, 2004), p. 391。筆者不同意溫特(Winter, *Divine Honours for the Caesars*, p. 267)的看法, 他理解這一切均屬官方刑罰。

府當局前面對指控。[23] 他們受到侮辱（彼前 4:14）和誹謗（彼前 2:12、15，3:9、16，4:4），並因「行善」而受苦（彼前 2:20，3:14）。基督徒妻子可能會被不信的丈夫視為不順服，並在這些緊張的處境中惶恐不安（彼前 3:1~6）。[24] 總言之，這些基督徒充滿恐懼，並受威嚇（彼前 3:14）。在被問及基督徒盼望的緣由上，他們更要隨時準備「答辯」（apologia），而這可能包括官方法庭聆訊或非官方場合（彼前 3:15）。[25] 然而，對於要因作「基督徒」（彼前 4:16）而受苦，是否意味著「基督徒」這名稱一如在二世紀初那樣，相當於刑事罪，眾學者就意見不一。[26] 故此，彼得前書同樣清楚地交代了非官方形式的逼迫，但對官方形式的逼迫則並不甚明確。

在啟示錄中，約翰形容自己由於為基督作見證，

---

[23] 威廉斯（Williams, *Persecution in 1 Peter*, pp. 322–326）還提出一些猜測性的逼迫形式（例如經濟壓迫、社會排斥和心靈痛苦）。但是，由於文本沒有明確提及這些內容，筆者就不會列入討論之中。

[24] 另見 John H. Elliott, *1 Peter: A New Translation with Introduction and Commentary*, AB 37B (New York: Doubleday, 2000), p. 574; Jobes, *1 Peter*, p. 203。

[25] Achtemeier, *1 Peter*, p. 231; Williams, *Persecution in 1 Peter*, pp. 309–316. 基於更廣闊的歷史背景及使徒行傳的記載，艾略特（Elliott）似乎無需把官方法庭聆訊排除在外。見 Elliott, *1 Peter*, p. 627。

[26] 見上文第一章註 30。

在拔摩島上受苦（啟 1:9）。他被流放當地，很可能是官方的懲罰形式。[27] 他還描述基督徒不僅遭受誹謗等的語言攻擊（啟 2:9），及監禁（啟 2:10）等的肉體折磨，而且還面對迫在眉睫的死亡威脅（啟 2:11；參 13:15）。他們被迫放棄他們的信仰（啟 2:13, 3:8），安提帕等基督徒已經為信仰而死（啟 2:13；參 6:9~11, 17:6, 18:24, 20:4）。約翰在預示其他基督徒將因信仰被殺（啟 11:7, 13:10、15）之際，也清楚預示信徒將因拒絕參與帝王崇拜，面臨於啟示錄十三章 10 節（被刀殺）和二十章 4 節（斬首）中記述的官方逼迫形式（啟 13:15）。用劍斬首則是羅馬人對嚴重公共罪行施以極刑的官方形式之一。[28]

眾多學者仍在爭論，於啟示錄寫作期間，官方曾否系統地逼迫基督徒。[29] 早期教父聲稱在一世紀末至

---

[27] 眾多學者對約翰是否被流放有所爭論。相關討論的詳情，見 David E. Aune, *Revelation 1–5*, WBC 52A (Dallas: Word, 1997), pp. 77–80; Koester, *Revelation*, pp. 242–243。

[28] Adkins and Adkins, *Life in Ancient Rome*, p. 391.

[29] 眾學者經常憑藉以下因素判定啟示錄的寫作日期：(1) 早期教會教父的評論（例如亞歷山大的克萊門、愛任紐、優西比烏）；或 (2) 試圖將異象的某些細節（例如，啟 11:1~2 中測量聖殿；13:3 中從致命傷中復活；13:18 中獸的數字；17:10~11 中獸頭的描述）跟尼祿和哈德良（Hadrian）統治期間的具體事件聯繫起來。就相關的詮釋歷史，參 Koester, *Revelation*, pp. 71–79。然而，以上所有的解釋都各具缺點。科斯特（Koester, *Revelation*, p. 79）

二世紀初，皇帝頒令官方廣泛逼迫信徒，卻並未有其他較早期的確證來源。[30] 但值得注意的是，根據我們對歷史背景的考察，啟示錄第十三章並沒有描述海獸要求人民敬拜，反而將民眾描述為敬拜皇帝的人群（啟 13:8），而區域或地方政府則是鼓吹和執行帝王崇拜的源頭（啟 13:12~15）。因此，啟示錄十三章中的異象可能反映了基督徒在一世紀末面臨的來自地區或地方政府的現有或迫在眉睫的威脅，他們可能會因不參與帝王崇拜而偶爾遭當局實施官方形式的懲罰，例如處決（如啟 2:13 提及的安提帕）。[31] 鑒於天啟文學的預言性質，以及約翰自稱為先知（參啟 1:3，

正確指出，「帝王崇拜只是啟示錄處理的問題之一。這書卷還討論關於調適希羅宗教習俗的爭議和因財富自滿的現象——這些問題可能在不同時期出現。另一個問題……是啟示錄的意象很能激發聯想。撒但的寶座和獸的意象無法讓人與特定人物或結構一對一地關聯起來。」因此，科斯特（同上，p. 79）主張這書卷可能在第一世紀最後數十年（公元 80-100 年）內寫成，反映了「持續的社會模式」而非「特定事件」。

[30] Harrison, 'Persecution of Christians', pp. 298–299.

[31] 另見 Smith, 'Book of Revelation', p. 353。少數學者主張安提帕被公開處決，見 Aune, *Revelation 1-5*, p. 178; Brian K. Blount, *Revelation: A Commentary*, NTL (Louisville: Westminster John Knox, 2009), pp. 56–57。介詞 *para* 的與格具有空間距隔緊密的意思；所以安提帕 *apektanthē par' hymin*「在你面前被殺」（即「在你視線內」）。

22:9），[32] 所以即使在那時代沒有系統和大規模的官方逼迫，他仍可以預料到以上情況將不日發生，而這確實在第二和第三世紀以零星但強烈的方式爆發，並最終在戴克里先皇帝時期（Emperor Diocletian，公元 303–312 年）發展為廣泛的逼迫。

從以上我們觀察到，在使徒行傳中，路加描繪了在猶太地和散居社群中一段相當長的時期內，來自猶太個人和地方政府有系統而持續的敵對表現。個別異教徒也有零星的反對行為。他們對基督徒採取的行動是不公的，並且往往既卑鄙又殘忍，目的是對基督徒造成身體傷害。這敵對情況源於基督徒的信仰實踐和宣告。按照上文所下的定義，這一切顯然都構成了逼迫。

異教徒地方或區域政府對保羅和其他早期基督徒判處官方懲罰，是因為後者引起騷亂，而非直接由於其基督信仰或宣言。雖然路加沒有將異教徒政權描述為逼迫基督徒，但他記述某些地方和區域政府濫用權力的情況：（1）在審判之前懲罰被告（徒 16:22, 22:24~25）；[33]（2）在審判中對被告進行身體上的

---

[32] 另見 Beale, *Revelation*, pp. 35–36。

[33] 雖然羅馬公民（例如保羅）受到保護，免受武斷的身體懲罰，非公民卻沒有這項權利。Tristan S. Taylor, 'Social Status, Legal Status and Legal Privilege', in Paul J. du Plessis, Ando Clifford and Tuori Kaius (eds.), *The Oxford Handbook of Roman Law and Society* (Oxford: Oxford University Press, 2016), p. 350.

攻擊（徒23:1~3）；[34] 和（3）非法監禁被告以謀取私利（徒24:26~27）。不論宗教信仰和習俗為何，這些濫權行為也會發生在其他人身上，但在以上方面，基督徒確實遭受到不公待遇。

雖然早期的基督徒很明顯面臨非官方的逼迫，但疑問仍然存在：可有官方的逼迫？從新約作者的角度來看，答案頗為複雜。在約翰福音和使徒行傳時代的初期，官方逼迫來自猶太當局，而希律（亞基帕王）則是唯一逼迫早期基督徒的外族地方政府。在使徒行傳中，其他地方政府對基督徒進行懲罰，不是因為其信仰，而是因為他們造成社會動盪。因此，路加在使徒行傳中並沒有指明出現了異教徒政權的官方逼迫。希伯來書和彼得前書的文本對官方逼迫則不甚清楚。儘管如此，啟示錄描述了基督徒拒絕參加帝王崇拜所面對的官方懲罰形式，而根據我們的定義，這就構成了官方逼迫。

不盡相同的基督徒回應

現在我們要檢視新約作者筆下基督徒的各種回應及其評論。在某些方面，這不同於他們如何勉勵受眾

---

[34] 有關亞拿尼亞和其他大祭司腐敗和濫用權力的各種猶太歷史參考資料，見 Keener, *Acts*, vol. 3, pp. 3268–3270。

按所期待的方式回應逼迫。我們將於本章中主要關注前者，於第三章關注後者。

抵抗與堅持

路加在使徒行傳中描繪了信徒對逼迫的各種回應。首先，使徒明白他們為基督受苦是作門徒的必然部分。在三重傳統中，耶穌曾說過他的門徒必須「背起十字架跟從他」（可 8:34 // 太 16:24 // 路 9:23）。[35] 在雙重傳統中，那些不願背起自己十字架跟隨他的人不「能」（dynamai；加 14:27）或「配」（axios；太 10:38）成為他的門徒。因此，眾使徒滿心歡喜，因為「他們被算是配」（katēxiōthēsan）為耶穌的名「受辱」（徒 5:41）。[36] 不少學者注意到這裡的矛盾：因為基督而受辱是一種榮幸。[37] 在路司得、以哥念和安提阿，

---

[35] 路加福音九章 23 節對「每天」（kath'hēmeran）背起十字架的描述是獨一無二的。甘寧翰（Cunningham, *Through Many Tribulations*, p. 87）指出，這可能意味路加要強調「蒙受逼迫是門徒身分不可分割的一部分」。

[36] 雖然路加福音十四章 27 節沒有使用「配得」（axios）這字詞，但可能仍是眾門徒非常熟悉的傳統，並因而反映在使徒行傳五章 41 節之中。有趣的是，此處用上被動語態（katēxiōthēsan），卻沒有表明施事者。那認為他們配得上的，可以是其他門徒，又或更重要的，可以是神。

[37] 見例子如 Barrett, *Acts*, vol. 1, p. 300; Bock, *Acts*, p. 252; Schnabel, *Acts*, p. 319。

保羅和巴拿巴告訴門徒：「我們進入神的國，必須經歷許多苦難。」（徒 14:22）。

在升天之前，復活的耶穌差派門徒，在他們接受了聖靈並獲得能力後，到世界的盡頭作他的見證人（徒 1:7；參 4:33）。因此，路加毫不意外地將彼得、眾門徒、司提反和保羅描述為「被聖靈充滿」，即使遭受逼迫仍大膽宣講耶穌（徒 4:8、13、31，7:5、8、55~56，9:17~22、28，13:45~46，14:3；參 5:42)。當門徒聽到這些逼迫，就祈求力量與拯救（5:24~31，12:5）。他們也將逼迫理解為應驗了聖經的預言（如徒 5:25~28 中的詩 2:1~2）。

因為他們對復活耶穌的經歷是真實的，所以眾使徒不能違背神的差派，也不能遏止自己為耶穌作見證（徒 4:20，5:30~32；參 9:1~6、15~17，26:15~19）。彼得和使徒兩次聲稱他們只服從神、不會服從「人」，即敵對的掌權者（徒 4:19，5:29）。路加生動地描繪了保羅對遭受逼迫之苦的見證，以及他不顧逼迫堅持作證的經歷。保羅告訴以弗所的長老：

> ［我］怎樣服事主，凡事謙卑，常常流淚，忍受猶太人謀害的試煉……［我］只知道在各城裡聖靈都向我指明，說有捆鎖和患難在等著我。但我並不珍惜自己的性命，只求跑完我的路程，完成我從主耶穌

所領受的職分，為神恩惠的福音作見證。
（徒20:19、23~24）[38]

通過以上內容，路加表明保羅將完成神的使命置於保存自己性命之前。保羅在亞基帕王面前作證時，同樣的信念再次出現；他宣稱，儘管結果是遭受逼迫，他卻沒有「違背這從天上來的異象」為耶穌作見證，（徒 26:19~21）。保羅不僅願意被拘禁，他甚至願意為主而死（徒 21:13）。

其次，按照耶穌在福音傳統中的指示（路 21:12~13；參可 13:9 // 太 10:18），眾使徒抓緊機會在地方和區域政府的審訊中為耶穌作見證。彼得、眾使徒、司提反和保羅在猶太公會前為耶穌作見證（徒 4:8~12, 5:29~32, 7:1~53, 23:1~9），而保羅也在腓力斯和非斯都兩位總督，以及亞基帕王前作見證（徒 24:10~21, 25:6~7, 26:1~23）。在路加福音二十一章 14～15 節中，耶穌指示門徒不要預先考慮怎樣就指控申辯，因為他自己會給門徒「口才、智慧 [*sophia*]，是你們所有的敵人不能抵抗 [*antistēnai*]，也不能駁

---

[38] 我們有足夠的證據表明，使徒行傳中的演講，雖然不是逐字逐句，但基本上反映了講者所說的內容。對於這立場的廣泛討論和論證，見 'Speeches in Acts' in Keener, *Acts*, vol. 1, pp. 258–319。

倒的。」。³⁹ 從這個傳統發展開來，路加在使徒行傳中展示了這應許如何在彼得、司提反和保羅身上實現。猶太公會成員驚訝彼得竟能如此勇敢說話，而且他們「無話可駁」，因為無法否認治癒癱瘓者的神跡（徒4:13~14）。

事實上，彼得在猶太公會前的答辯顯示出驚人的智慧。基納指出，彼得的答辯展示了反諷的修辭技巧。⁴⁰ 諷刺的是，彼得和約翰因給予恩助（治愈癱瘓者）而受指控（徒 4:9）。正如基納所指出的，「一個人的善行……理應使證據的比重有利於發言者的正面品格，從而反映那人的清白」。⁴¹ 施恩主應該被尊重，而在互惠文化中不如此履行，是不可接受和可恥的。⁴² 說施恩主的壞話或損害對方就更不堪。因此，彼得很快將焦點轉移到耶穌之上，點明耶穌是控訴者（公會

---

³⁹ 馬可和馬太彼此相似，但兩者跟路加的不同之處在於勉勵門徒不要「事先焦慮」（promerimnaō；可 13:19）或「焦慮」（merimnaō；太 10:19），並且強調聖靈（可 13:11）或天父的靈（太 10:20）將會在法庭上通過門徒說話。馬可和馬太的文本也沒有字句點明獲賜話語的後果。然而，彼得和司提反在法庭上發言時，路加仍然描述為聖靈賦予他們能力（徒 4:8，6:10），因此所發生的一切與馬可和馬太傳統沒有太大區別。

⁴⁰ Keener, *Acts*, vol. 2, pp. 1145–1148. 相關一手史料的參考來源，請看內中的細節。

⁴¹ 同上，p. 1145。

⁴² Schnabel, *Acts*, p. 239.

成員）殺害的施恩主（徒 4:10）。[43] 這逆轉的局面使他們不知所措，因而無法懲罰彼得和約翰（徒 4:16、21）。像彼得這樣「沒有學問」（*agrammatos*）和「未受過訓練」（*idiōtēs*）的發言者，怎會曉得運用享有盛名的修辭技巧，作出如此有效而明智的答辯（參徒 4:13a）？[44] 難怪當局會大感驚訝（徒 4:13b），而這正是重點所在。這表現必然是被聖靈充滿的結果（徒 4:8），應驗了耶穌在福音傳統中的應許。

這也應驗於司提反在猶太公會前的聆訊上。他「靠著聖靈和智慧 [*antistēnai tē sophia*] 說話，他們 [譯注：他的敵對者] 就抵擋不住」（徒 6:9~10）。根據耶穌的教導和榜樣（參太 5:44；路 6:28，23:34），[45] 司提

---

[43] 見同上。

[44] 就 *agrammatos* 解作「未受過教育」、*idiōtēs* 解作「未受過訓練」，也就是非專業之意，見 Barrett, *Acts*, vol. 1, p. 233; Bock, *Acts*, p. 195。

[45] 好些重要古抄本（𝔓^{75} ℵ^1 B D* W Θ）在路加福音二十三章 34 節中並沒有耶穌的祈禱。然而大多數學者有充分的內證與外證（其他抄本見證）判定原稿包含這片斷。見例子如 Darrell L. Bock, *Luke*, 2 vols., BECNT (Grand Rapids: Baker, 1994), vol. 2, pp. 1867–1868; François Bovon, *Luke*, tr. James E. Crouch, 3 vols., Hermeneia (Minneapolis: Fortress, 2002), vol. 3, pp. 306–307; David E. Garland, *Luke*, ZECNT (Grand Rapids: Zondervan, 2012), pp. 921–922; John T. Carroll, *Luke: A Commentary*, NTL (Louisville: Westminster John Knox, 2012), p. 466。多名學者留意到耶穌與司提反之間多項平行敘述，包括 Witherington, *Acts*, p. 253; Keener, *Acts*, vol. 2, pp. 1294–1295。

反在死前為逼迫他的人祈禱，以免神追究對方用石頭砸死他的罪責（徒 7:60）。[46]

保羅在法庭上的答辯也顯示出智慧。他請求羅馬指揮官給他機會，讓他在耶路撒冷反駁群眾的指控（徒 21:39）。他選擇用亞蘭語（巴勒斯坦猶太人的貼心語言）說話，[47] 好使他們更願意聆聽，而從對方安靜下來這反應中可以看到效果（徒 21:40~22:2）。他分享了自己以前如何逼迫真道，以得到他們的認同（徒 22:3~5）。然而，他也利用這一點解釋他為什麼改變以前的信念，以便在他們面前為耶穌作見證（徒 22:6~21）。在猶太公會前，他聚焦撒都該人和法利賽人在復活教義上的差異，致使法利賽人站在他的那邊（徒 23:6~9）。在腓力斯和非斯都面前，保羅為自己的清白辯護，並試圖證明原告的指控毫無根據（徒 24:10~21，25:8~12）。猶太原告也無法證明他們對保羅的指控屬實（徒 25:7）。保羅在亞基帕王面前，善用亞基帕熟悉猶太人的習俗和爭議，向他解釋福音（徒

---

[46] 另見 Keener, *Acts*, vol. 2, pp. 1461–1462; Schnabel, *Acts*, pp. 392–393；他們認定 *tautēn tēn hamartian*「這罪」，乃是向司提反施行不公的極刑。

[47] 在徒 21:40 中，*hebrais dialektos*「希伯來方言」可意指亞蘭語或希伯來語。見 Schnabel, *Acts*, p. 898。然而，保羅在此較有可能使用亞蘭語，就是比希伯來語更常用的口語。另見 Barrett, *Acts*, vol. 2, p. 1027; Bock, *Acts*, p. 658。

26:2~29)。亞基帕顯然覺察到保羅正努力向他作見證（徒 26:28）。

值得注意的是，保羅兩次在地方政府面前行使羅馬公民的權利，每次都以略有不同的方式，展示出他面對不同情況的智慧。在腓立比的首個例子中，他是在被毆打後第二天才提到自己羅馬公民身分（徒 16:37）。然而，在耶路撒冷的第二個例子中，在百夫長即將鞭打他之前，保羅就立即表明公民身分（徒 22:25）。基納指出，未經審判就懲罰羅馬公民是刑事罪行。因此，在第一宗事件中，官長已濫用職權，也因此感到害怕（徒 16:38），因為假如保羅將此事提請羅馬高級官員注意，他們大有機會被免職。[48] 在這情況下，保羅就佔了上風，可以確保自己和西拉獲釋。[49] 正如基納指出的，「形勢已經逆轉」──地方裁判官試圖安撫他們並懇求他們離開（徒 16:39）。保羅和西拉因公開毆打和監禁而受辱，這必對其基督教宣教工作造成嚴重負面影響。因此，地方裁判官公開承認曾侵害其羅馬公民的權利，將讓兩位宣教士重拾一些尊嚴。[50] 在第二個例子中，保羅為何直接表明其公民權利？這或許由於羅馬鞭刑造成的傷害，比地

---

[48] Keener, *Acts*, vol. 3, pp. 2517, 2527–2529.
[49] 同上，p. 3248。
[50] 同上，pp. 2526, 2529–2530。

方裁判官用的棍棒毆打嚴重得多，甚至可能致命。[51] 正如基納所說，保羅很可能

> 已經學會了將草率官員（他們通常假設猶太人不是羅馬公民）置於尷尬局面的價值（16:37~39）……保羅將自己的身分信息以外交方式表達為一道問題，沒有正面挑戰百夫長的身分地位……比起直接要求，他以對話方式將更容易獲得對方善待。[52]

基納對這兩個例子的分析和推論清晰合理，顯示出保羅行使公民所享有的公平審訊權利的智慧，讓他取得優勢。

第三，按照馬太福音十章23節中的福音傳統，門徒從受逼迫之處逃到其他地方，無論他們走到哪裡，都為基督作見證（徒8:2、4，12:17）。保羅和同

---

[51] 見 Fitzmyer, *Acts*, p. 711，他指出類似的羅馬鞭具（拉丁文：*flagrum*），不僅能夠撕開皮肉，還足以打斷骨頭。羅馬鞭具上的皮條織入金屬碎片或骨塊，能輕易撕開受刑者的皮肉，造成令人殘障或致命的傷害（*Digesta* 48.19.8.3; *Martyrdom of Polycarp* 2.1）（Keener, *Acts*, vol. 3, pp. 3247–3248）。

[52] Keener, *Acts*, vol. 3, pp. 3249–3250.

伴也這樣行（徒 9:23~25、29~30, 13:50~51, 14:6、20, 17:10、14~15）。通過保羅的見證，路加透露耶穌曾於不久前指示保羅逃離耶路撒冷的逼迫（徒 22:17~18；參 9:26~30）。當保羅因對方排斥而不得不離開某個城市，就會踩掉腳上（徒 13:51）或抖掉衣服上塵土（徒 18:6）的做法，也反映出福音傳統（可 6:11 // 太 10:14 // 路 9:5）。從使用背景來看，這行為象徵那些拒絕福音信息的人，需為自己將因此受審判而負責（太 10:15；參見徒 18:6b）。[53] 儘管如此，有時保羅在逼迫下仍然留下來，例如在哥林多和以弗所（徒 18:11, 19:10）。在哥林多的那一次，是因為主在異象中向保羅保證了他的安全，而且在那座城「有許多屬［主］的人」，這意味著很多人會通過保羅繼續在

---

[53] 根據羅傑斯（Rogers）的說法，「踩掉腳上塵土」這習俗需在好客文化背景下解讀——不好客被視為應受懲罰的罪行。「沾滿塵土」的腳意味著主人沒有提供清水讓陌生人洗腳，相當於不熱情好客。當某城鎮拒絕接待福音使者，就相當於拒絕其信息。因此，「踩掉腳上塵土」是對拒絕福音信息這種冷待的抗議，不殷勤待客的主家極可能面對審判。參 T. J. Rogers, "Shaking the Dust off the Markan Mission Discourse", *JSNT* 27.2 (2004), pp. 169–192。「抖動衣服」則可能暗指尼希米記五章 13 節所記載的習俗，象徵着對違反聖約的懲罰。因此，猶太人對福音信息的拒絕就相當於類似的違約表現，要為招致神審判而負責。另見 Bock, *Acts*, pp. 466, 579。

那裡作工而信主（徒 18:9~10）。[54] 保羅一方面迴避到馬其頓，因為知道有針對他的陰謀（徒 20:3）；另一方面，儘管得悉耶路撒冷正有逼迫等待着他，但他還是去了（徒 21:10~14）。這兩者似乎互相矛盾，卻又可能同時反映保羅確信自己應該前往耶路撒冷（徒 19:21，20:3）。因此，他首先避開了馬其頓，以免危及耶路撒冷之行。在第二次中，他繼續前進，因為他確信自己無論如何也應該在耶路撒冷。同樣地，當保羅知悉有人密謀要殺自己，他就精心安排將此事匯報羅馬指揮官（徒 23:16~22），因為他知道那不是他殉道的時候。這可能是因為保羅在早前看到的異象中，耶穌指示他要在羅馬作見證（徒 23:11）。

第四，與耶穌在福音傳統中所作的相似（可 12:9~11 // 太 21:42 // 路 20:17），路加描繪彼得和司提反因猶太逼迫者拒絕耶穌為彌賽亞，同樣運用聖經指斥他們（徒 4:11，7:39~51）。[55] 事實上，彼得引用了耶穌曾用過的同一段經文（參詩 118:22），以表明

---

[54] Schnabel, *Acts*, pp. 760–761.
[55] 保羅在使徒行傳二十八章 25~27 節中，也引用了以賽亞書六章 9~10 節的話，以此反駁羅馬的猶太人，因對方拒絕了他所傳講關於耶穌的信息。這與耶穌出於同一目的，與使用以賽亞書同一段落的福音傳統一致（可 4:12 // 太 13:13~14 // 路 8:10；參約 12:40）。然而，路加並沒有將羅馬城不信的猶太人描繪成逼害保羅的人。

神早已預言警告過這樣的拒絕。⁵⁶ 路加還描繪門徒從聖經證明耶穌確實是所應許的彌賽亞（如徒 2:16~36, 3:12~26, 17:2~6, 26:22~23）。雖然這是為了說服一般受眾，但也同時為了回應反對者（如徒 18:28）。

使徒行傳反映了基督徒在逼迫下的各式回應，顯示他們面對妥協壓力時的堅持抵抗，以及即使飽受逼迫，仍然流露的韌性和忍耐。接下來，我們將看看保羅書信、彼得前書和啟示錄所反映的類似回應。

在帖撒羅尼迦前書中，保羅讚揚了收信人，他們儘管面臨逼迫，仍堅持信仰。他們的堅忍是「因盼望我們主耶穌基督」而產生的（帖前 1:3）。儘管受到嚴重逼迫，他們仍效法保羅、西拉和提摩太，「帶著聖靈的喜樂」（帖前 1:6）。帖撒羅尼迦的基督徒已經「離棄偶像歸向神，要服事這位又真又活的神」（帖前 1:9），這將意味著他們退出所有與異教崇拜有關的活動，並忍受由此產生的逼迫。⁵⁷ 不僅如此，他們還積極分享福音信息（帖前 1:8）。⁵⁸ 他們的正面榜樣為其他地區

---

⁵⁶ 另見 I. Howard Marshall, 'Acts', in G. K. Beale and D. A. Carson (eds.), *Commentary on the New Testament Use of the Old Testament* (Grand Rapids: Baker Academic, 2007), p. 551。

⁵⁷ 見上文第 85-86 頁和 Jeffrey A. D. Weima, *1–2 Thessalonians*, BECNT (Grand Rapids: Baker Academic, 2014), p. 108, 他於其中解釋這行為在什麼情況下可能招致逼迫。

⁵⁸ *Ho logos tou kyriou*「主的道」涵蓋福音信息及相關教導（參徒 8:25; 13:44、49, 15:36 等）。在部分使

的信徒樹立了榜樣，例如馬其頓和亞該亞（帖前 1:7）。事實上，保羅後來向哥林多人作證，即使經歷嚴峻考驗，馬其頓的基督徒也充滿喜樂（林後 8:1~2）。[59] 保羅建立的眾教會所表現出的這份喜樂，與耶路撒冷使徒的喜樂相似（徒 5:41）。

由於保羅擔心帖撒羅尼迦的基督徒可能因逼迫而放棄信仰，他差派提摩太從雅典到帖撒羅尼迦勸勉他們堅忍（帖前 3:2~5）。隨後，提摩太對帖撒羅尼迦人堅守信心愛心的美好報告，給身處逼迫而承受痛苦煎熬的保羅，帶來了莫大的鼓舞和確證（帖前 3:6~7），[60] 以至於他甚至在其他教會前，為帖撒羅尼迦人於逼迫下仍在信仰上成長而自豪（帖後 1:3~5）。

保羅不止一次宣稱：（1）為基督受逼迫是預定的，因此任何信徒都不可避免（腓 1:29；帖前 3:3~4；提後 3:12）；及（2）他不以自己為基督受苦為恥（腓 1:20；

徒行傳抄本的不同讀文中，與 ho logos tou theou（「神的道」）交替使用。另見 M. Eugene Boring, *I & II Thessalonians: A Commentary*, NTL (Louisville: Westminster John Knox, 2015), p. 68; Weima, *1–2 Thessalonians*, pp. 105–106; Shogren, *1 and 2 Thessalonians*, pp. 70–71。

[59] 雖然 thlipsis「試煉」可表示範圍廣泛的苦難，包括逼迫和基督教宣教工作中其他困難，但其中肯定包括逼迫（參徒 16:16~17:15）。另見 Thrall, *Second Epistle of the Corinthians*, vol. 2, p. 522; Guthrie, *2 Corinthians*, p. 394。

[60] 另見 Shogren, *1 and 2 Thessalonians*, p. 140; Boring, *I & II Thessalonians*, p. 122。

提後 1:12)。因此，他書信的收件人不僅見證了保羅為基督受苦，也與他一同受苦（參林前 1:7；腓 1:30；帖前 1:6）。

保羅經常提到儘管面臨逼迫，他仍堅持宣講福音。他告訴帖撒羅尼迦人，他和西拉如何勇敢地向對方宣講福音信息，儘管他倆先前在腓立比經歷了苦難和羞辱（帖前 2:2~6；參徒 16:19~40）。[61] 保羅提醒提摩太自己在加拉太（彼西底的安提阿、以哥念、路司得等地方）所面臨的逼迫（提後 3:11）。他告訴哥林多人自己在亞西亞遭受的逼迫（林後 1:8a）。其中的苦難大大超出他的承受能力，以至他覺得自己快要喪命（林後 1:8b~9）。然而，他將這些痛苦的經歷理解為神教導他的途徑，讓他不依靠自己，反要依靠神（林後 1:9）。事實上，他將神支撐他的力量比作「寶貝放在瓦器裏」，以表明「這極大的能力是屬於神，不是出於我們。我們雖然四面受壓，卻沒有壓碎；心裡作難，卻不至絕望，受到迫害，卻沒有被丟棄；打倒

---

[61] 儘管面對逼迫，保羅的傳教努力顯示了他的正直操守。如果他有不可告人的動機（如貪婪），是不會願意受逼迫的。另見 Thomas R. Schreiner, *Paul, Apostle of God's Glory in Christ: A Pauline Theology*, 2nd edn (Downers Grove: IVP Academic, 2020), pp. 86–87，內文提到與其他貪婪巡迴傳教士相比，作者注意到保羅的正直，而後者則訴諸欺騙和奉承，以便從受眾身上獲利。

了，卻不至死亡。」（林後 4:7~9）。因此，他甚至「喜歡」（*eudokeō*）這些苦難，表示神的恩典夠他軟弱時所用。唯有在軟弱時，他才會因神的恩典變得剛強（林後 12:9~10）。

保羅公開表達他在苦難中的情緒：「似乎**憂愁**，卻是常常**喜樂**的」（林後 6:10《環》）。他指出，「我們從前到了馬其頓的時候，身體一點安寧也沒有，反而處處遭受患難，外面有爭戰，裡面有**恐懼**。」（林後 7:5）。儘管如此，提多和他所帶來的好消息，就是哥林多人對保羅深切關注，讓他感到安慰（林後 7:6~7）。

林氏恰切總結了保羅在哥林多後書中如何看待他個人的苦難，尤其是四章 7~10 節：

> 保羅在談到他受苦的實況時，並沒有把困厄的影響縮減到最小，也沒有暗示神的大能取消了加在他身上的困厄……〔在 4:8~9〕這四組對比並不在於突出保羅的美好品德、他在逆境中的自足或堅定勇氣，甚或在困難中的忍耐。這些也不單單是展示神將保羅從困厄中拯救出來的大能。神的大能不是神的能力在人軟弱時顯露，從而取代人的軟弱，而是保羅在軟弱中經歷了神所賦予的能力，使

他能夠繼續傳教活動,並在神復活大能的
彰顯中,成為耶穌事蹟活生生的體現。[62]

保羅將其苦難視作身為神僕人就使徒身分上的鑒定和佐證(參林後6:4, 11:23~29)。[63] 他從神過往自逼迫之厄解救他的經歷,得到了對將來獲解救的希望和信心(林後1:10;腓1:19b;提後3:11; 4:17~18)。他經常懇求代禱的支援,好能從這些危難中得到解救(羅15:31;林後1:11;腓1:19a;帖後3:1~2)。

保羅還談到他如何回應逼迫他的人:「被人咒罵,我們就祝福;遭受迫害,我們就忍受;被人毀謗,我們卻好好地勸導」(林前 4:12b~13a)。這似乎反映出他是個「言行一致」的人。他勸告羅馬基督徒也要這樣做(羅 12:14~21)—— 按照福音傳統聽從耶穌的勸告,「愛你們的仇敵」(太 5:44;路 6:27)並「祝福詛咒你們的人」(路 6:28)。[64]

---

[62] Kar Yong Lim, *'The Sufferings of Christ Are Abundant in Us' (2 Corinthians 1:5): A Narrative-Dynamics Investigation of Paul's Sufferings in 2 Corinthians*, LNTS 399 (London: T&T Clark, 2009), p. 106.

[63] Kelhoffer, *Persecution, Persuasion, and Power*, pp. 30–93. 但恩(Dunne)進一步提出,保羅將為基督的緣故受苦視為神真正子民的「另一身分標記」。John A. Dunne, *Persecution and Participation in Galatians*, WUNT 2.454 (Tübingen: Mohr Siebeck, 2017), pp. 4–7, 193–195.

[64] 就羅馬書十二章 14~21 節與福音傳統的詳細討論,

儘管如此，上述的回應似乎與其他事例並不一致。在使徒行傳中，路加描述了保羅斥責術士以呂馬的話：「你這充滿各種詭詐、各樣奸惡的人哪，你這魔鬼的兒子，一切公義的仇敵！」（徒 13:10~11《環》）。當大祭司亞拿尼亞濫用職權，在審訊中毆打保羅，路加描繪了保羅對他的罵斥，說：「你這粉飾的牆啊，神要擊打你！你坐堂要按著律法審問我，現在你竟然違背律法吩咐人打我嗎？」因此，保羅因侮辱神的大祭司受責備（徒 23:3~4）。保羅回答說他不知道這個人是大祭司，然後引用出埃及記二十二章 28 節承認他不應該對那人惡言相向。然而，部分學者懷疑他是否真的不知道，暗示保羅以諷刺語氣回應，反指大祭司自己沒有遵守摩西律法。[65] 在他書信記述的某些場合中，保羅的情緒頗為激烈，巴不得其加拉太敵對者被閹割，又指稱腓立比的敵對者為「狗」、「作惡的」和「割損身體的人」（加 5:12；腓 3:2《環》）。

各學者對保羅的行為提出了不同解釋。一些人認為他在信中使用了一種常用的修辭技巧，以貶損對手

見下文第 208–209 頁。

[65] 例如 Bock, *Acts*, p. 670; Mikeal C. Parsons, *Acts*, Paideia (Grand Rapids: Baker Academic, 2008), p. 315; Richard I. Pervo, *Acts: A Commentary*, Hermeneia (Minneapolis: Fortress, 2009), p. 573; Schnabel, *Acts*, p. 927. 佩爾沃（Pervo）認為保羅的表現乃「天真直率」，而其他人則認為他在諷刺。

來表達自己的觀點。⁶⁶ 保羅只是向收信人陳述事件，並沒有直接辱罵他的敵對者。其他人則主張這是保羅的「古怪個性」。⁶⁷ 這些不同觀點並不相互矛盾，反而能從多方面說明保羅行為的種種可能原因。一方面，保羅確實個性易怒，以至於他與巴拿巴為約翰馬可爭吵（徒 15:37~40），又曾公開責備彼得（加 2:11~14）。我們也不應忽視保羅書信中常用的修辭手法。另一方面，有趣的是，提摩太後書二章 24~25 節將他描繪為隨著年齡增長而更溫和的人，他說：

> 主的僕人卻不可爭論，總要待人溫和，善於教導，存心忍耐，以溫柔勸導那些對抗的人，或許神給他們悔改的心，可以認識真理……

---

⁶⁶ 例如 du Toit, 'Vilification as a Pragmatic Device', pp. 403–412; Lauri Thurén, *Derhetorizing Paul: A Dynamic Perspective on Pauline Theology and the Law*, WUNT 124 (Tübingen: Mohr Siebeck, 2000), pp. 66–67; D. Francois Tolmie, *Persuading the Galatians: A Text-Centred Rhetorical Analysis of a Pauline Letter*, WUNT 2.190 (Tübingen: Mohr Siebeck, 2005), pp. 40, 183。

⁶⁷ John G. Gager with E. Leigh Gibson, 'Violent Acts and Violent Language in the Apostle Paul', in Shelly Matthews and E. Leigh Gibson (eds.), *Violence in the New Testament* (New York: T&T Clark, 2005), pp. 13–21.

又或者，保羅跟我們每個基督徒都一樣：曉得聖經定立的標準，在某些事件上成功持守住這些標準，但在其他事件上由於軟弱而失敗，並隨年日增長，有機會轉化及成長至基督的樣式。此外，眾所周知，聖經在描繪其人物的優點和缺失時均會直話直說，並沒意圖把所有這些描述都用作該效仿的榜樣。

在腓立比書一章 12~14 節中，保羅視自己因逼迫所受的苦難，在兩方面成為推廣福音的契機：（1）在守衛和其他一切知曉他被囚的人前作見證；及（2）成為其他信徒的榜樣，以致他們即使面對逼迫，也會放膽宣揚福音。[68] 提摩太後書三章 9~10 節也記述了類似的信念：保羅雖然受綑綁，神的道卻不被綑綁，並因此鼓舞保羅堅定不屈，好叫被揀選的聖徒因他堅持宣揚福音而領受救恩。故此，保羅認為自己的苦難，會給那些聽聞而相信的人帶來救恩和生命的好處（林後 1:6，4:12~13）。[69] 於此，保羅運用了兩個祭祀上

---

[68] 另見 Charles B. Cousar, *Philippians and Philemon: A Commentary*, NTL (Louisville: Westminster John Knox, 2013), pp. 33–34。*Praitōrion*（希臘文）／*praetorium*（拉丁文）指的是省長的官邸；見 BDAG, p. 859。腓立比書一章 13 節提及在 *praetorium* 內工作或居住的守衛。保羅很有可能在被囚之時——於羅馬（參徒 28 章）或於該撒利亞（參徒 23:25）撰寫此書信給腓立比人。見 Reumann, *Philippians*, pp. 171–172。類似情況也發生於使徒行傳十六章 25~34 節。

[69] 另見 Lim, *Sufferings of Christ*, p. 43；J. Ayodeji Adewuya,

的比喻，描繪其事工乃是透過個人犧牲成就他人益處而獻給神的祭品：(1) 他是基督的香氣（即燒香）（林後 2:14）；及 (2) 他是被澆奠的（即奠祭）（腓 2:17; 提後 4:6）[70]

在羅馬書五章 3~4 節中，保羅講述苦難帶來的好

'The Sacrificial-Missiological Function of Paul's Sufferings in the Context of 2 Corinthians', in Trevor J. Burke and Brian S. Rosner (eds.), *Paul as Missionary: Identity, Activity, Theology, and Practice*, LNTS 420 (London: T&T Clark, 2011), pp. 90–94; Schreiner, *Paul, Apostle of God's Glory*, pp. 83–100。在哥林多後書中，保羅所展示的苦難範圍比源於逼迫的更為廣濶；他把一切與使徒事工相關的苦難都包括其中，諸如來自強盜和海難的危險、無眠的長夜和飢餓、貧窮等（林後 6:4~10, 11:23~30）。林氏（Lim, *Sufferings of Christ*, p. 43）指出，「保羅將自己因使徒身分所受的苦難，解釋為對哥林多人有益，並具中介作用。在此基礎上，保羅邀請哥林多人參與在他這使徒事工的受苦敘述及耶穌的故事中。」

[70] 學者在此意見分歧，未能確定這香氣是指戰勝巡行的香祭（如 Barrett, Guthrie），還是舊約的獻祭（如 Thrall, Harris, Matera）。但無論是哪一種說法，這兩個祭祀習俗均是獻祭的方式之一。見 C. K. Barrett, *A Commentary on the Second Epistle to the Corinthians*, BNTC (London: Black, 1973), p. 98; Thrall, *Second Epistle of the Corinthians*, vol. 1, p. 198; Frank J. Matera, *II Corinthians: A Commentary*, NTL (Louisville: Westminster John Knox, 2003), pp. 73–74; Murray J. Harris, *The Second Epistle to the Corinthians: A Commentary on the Greek Text*, NIGTC (Grand Rapids: Eerdmans, 2005), p. 248; Guthrie, *2 Corinthians*, pp. 165–170。就奠祭作為獻祭方式之一，另見 John Paul Heil, *The Letters of Paul as Rituals of Worship* (Eugene: Cascade, 2011), pp. 151, 175。

處:它可以生出堅毅、品格和盼望。雖然他並未明確指出是那些苦難,但從他論述更廣的上下文中,有證據顯示逼迫可以是其中之一(參羅 8:35~36)。[71] 這盼望由神的愛所啟發,而這愛則是藉著聖靈「澆灌在〔信徒〕心裡」的(羅 5:5)。聖靈為受苦的信徒代求,並賜給他們盼望(參羅 8:23~27)。相比將在信徒心中顯明、莫大的終末盼望與榮耀,保羅認定現在忍受的苦難是值得的(羅 8:18)。他確信沒有任何苦難(源於逼迫或使徒事工上的艱辛)或敵對勢力,可以令信徒與神的愛隔絕(羅 8:35~39)。這份信念是他堅持到底的動力。

阿德烏亞(Adewuya)正確地指出,保羅回應逼迫的方法,是找出這些苦難的「內在意義」,而非解釋基督徒為何會遭遇逼迫。因此,保羅視受逼迫之苦,是與宣講福音相連、不可避免的結果;這是參與基督的苦難,而非他冒犯反對者的後果。[72]

---

[71] 大多數學者認為羅馬書八章中的苦難,乃是泛指各種不同的苦難;見例子如 Richard N. Longenecker, *The Epistle to the Romans: A Commentary on the Greek Text*, NIGTC (Grand Rapids: Eerdmans, 2016), p. 718; Douglas J. Moo, *The Epistle to the Romans*, 2nd edn, NICNT (Grand Rapids: Eerdmans, 2018), p. 533; Roy E. Ciampa, 'Suffering in Romans 1–8 in Light of Paul's Key Scriptural Intertexts', in Siu Fung Wu (ed.), *Suffering in Paul: Perspectives and Implications* (Eugene: Pickwick, 2019), p. 20。

[72] Adewuya, 'Paul's Sufferings', p. 98.

面對逼迫時以一種非常溫和的態度回應,見於彼得前書;其表現讓霍雷爾(Horrell)稱之為「安靜順從」和「禮貌抵抗」。[73] 我們於上文已指出,彼得前書的受眾採取了近乎完全抽離的進路,不參與任何涉及異教和帝王崇拜的社交活動。[74] 他們被指控行事邪惡——所指的很可能是沒有向君王和諸神表示敬意,及不順從當權者。彼得前書的內容反映作者十分清楚這教外人的觀點,因而提倡以「好行為」作為回應策略(彼前 2:12)。[75] 故此,順服當權者的主題清晰而響亮:(1)公民應當順服在位的掌權者,並且要尊敬他們(皇帝／君王和總督)(彼前 2:13~14、17);(2)奴隸應當順服其主人,不管對方是仁慈還是苛刻(彼前 2:18~19);及(3)妻子應當順服丈夫(彼前 3)。順服的用意在於證明教外人的指控不正確(彼前 2:16),

---

[73] David G. Horrell, 'Between Conformity and Resistance: Beyond the Balch–Elliott Debate Towards a Postcolonial Reading of First Peter', in Robert L. Webb and Betsy J. Bauman-Martin (eds.), *Reading First Peter with New Eyes: Methodological Reassessments of the Letter of First Peter*, LNTS 364 (London: T&T Clark, 2007), pp. 133–143.

[74] 見本書上文第 80、96 頁。

[75] 筆者不同意威廉斯(Williams, *Persecution in 1 Peter*, p. 255)的主張;後者主張好行為基本上是逼迫的起因,而非其解決方法。另見 Sean du Toit, 'Negotiating Hostility Through Beneficial Deeds', *TynBul* 70.2 (2019), pp. 221–243;他不贊同威廉斯的見解。

以及使反對的家庭成員改觀（彼前 3:1）。不僅妻子需要展露溫柔的心靈（彼前 3:4），所有信徒在為信仰答辯時，也得展現出溫柔及敬意（彼前 3:15）。

一如眾學者指出的，順服當權者是希羅文化中的社會常規，以致「安靜順從」是面對敵意和逼迫的合適回應。[76] 但卡特（Carter）指出，彼得前書並未解釋**如何**「尊敬」帝皇，或**如何**順服，又同時在個人對耶穌的信仰上不妥協。[77] 儘管如此，正如霍雷爾指出的，

---

[76] 見例子如 David L. Balch, *Let Wives Be Submissive: The Domestic Code in 1 Peter*, SBLMS 26 (Chico: Scholars Press, 1981), p. 109; Warren Carter, 'Going All the Way?: Honoring the Emperor and Sacrificing Wives and Slaves in 1 Peter 2.13–3.6', in Amy-Jill Levine and Maria Mayo Robbins (eds.), *A Feminist Companion to the Catholic Epistles and Hebrews*, FCNTECW 8 (London: T&T Clark International, 2004), pp. 14–33; Horrell, 'Between Conformity and Resistance', pp. 134–135。巴爾奇（Balch, *Let Wives Be Submissive*, p. 105）提到彼得前書的作者「強調基督徒在家庭關係和社會中尋求和平與和諧的重要性」。

[77] Carter, 'Going All the Way?', p. 14. 雖然卡特（Carter）上述觀察正確，但他暗示彼得前書提倡，只要參與者內心對基督為主有內在的承諾，在家庭和協會參加異教及帝國的祭祀和宴會便屬正當合理之說卻誇大失實了（參彼前 3:15）。卡特主張，不參與其中活動，又重新獲得異教反對者認可是不可能的。見 Carter, 'Going All the Way?', pp. 29–30。但卡特忽略了彼得的末世論觀點——在審判日，信徒將藉善行（彼前 2:12；4:5、16–19）得以在這些指控上證明清白。另見 Sean du Toit, 'Practising Idolatry in 1 Peter', *JSNT* 43.3 (2021), pp. 411–430, 他並不同意卡特的見解。

彼得前書二章 17 節清楚表明信徒應當敬畏神和尊敬皇帝／君王，這就排除了諸如參與帝王崇拜之類的妥協行逕。[78] 因此，信徒面對逼迫時，彼得前書所提倡的回應，既是「安靜順從」，也同時是「禮貌抵抗」，而絕非同化（assimilation）。

在啟示錄中，部分信徒即使面對死亡仍堅守信仰，沒有否定基督或參與異教、帝王崇拜（如啟 12:11，20:4）。為此原故，啟示錄描述他們獲得基督的讚許；例如以下不同教會的部分成員：以弗所教會（啟 2:2~3）、士每拿教會（啟 2:9）、別迦摩教會（啟 2:13）、推雅推拉教會（啟 2:19）和非拉鐵非教會（啟 3:8、10）。

叛教與同化

在福音傳統中，耶穌預言他部分跟隨者於遭遇逼迫時會離棄信仰。在撒種的比喻中，那些落在淺土石

---

[78] Horrell, 'Between Conformity and Resistance', p. 135. 霍雷爾提出四個原因，說明卡特的見解（見上文註 77）不大可能（參彼前 2:13~17）：（1）在位當權者被視作「凡人的」制度；（2）這因而間接地否定帝皇是神聖的；（3）基督徒不應當為邪惡原因濫用自由；和（4）帝皇所受的尊重和其他所有人一樣，故不應被敬拜。為此原故，我們需要指出，雖然許多異教徒並不會依據本體論去界分給予諸神和皇帝的尊崇（見上文第 38 頁），但基督徒必然會就此作出區別。

地上的，很快就發芽，卻在烈日下枯萎。這就比作那些起初歡歡喜喜領受真道，但面臨逼迫就很快離棄的人（可 4:16~17 // 太 13:20~21；參路 8:13）。馬可福音四章 17 節和馬太福音十三章 21 節的用詞差不多完全相同，而路加福音八章 13 節表達相近的意思，但似乎更為一般性，並未指認「試驗／試探」為「逼迫」，或直接把其當作因為真道而產生的後果（見表 2.1）。

馬可福音四章 17 節	「當患難或逼迫因為真道而出現時，他們就跌倒」
馬太福音十三章 21 節	「當患難或逼迫因為真道而出現時，[這樣的人] 就會跌倒」
路加福音八章 13 節	「在試煉之時，他們就放棄」

表2.1
馬可福音四章17節、馬太福音十三章21節和
路加福音八章13節的文本比較（筆者譯）

在橄欖山講論中，馬太進一步指出，耶穌預言在逼迫的日子，許多人會「跌倒」（*skandalizō*）、彼此出賣和憎恨（太 24:10）。[79] *Skandalizō*（太 13:21,

---

[79] 大多數學者認為這背叛出自教會內部。見 Gundry, *Matthew*, p. 479; R. T. France, *The Gospel of Matthew*, NICNT (Grand Rapids: Eerdmans, 2007), p. 906; David L. Turner,

24:10；可 8:13）所表達的概念是，逼迫會導致部分門徒落入放棄信仰的罪中，[80] 而路加所使用的 *aphistēmi*（「放棄」；路 8:13）也意味著背棄信仰。[81]

毫無疑問，對部分信徒來說，放棄信仰的誘惑可能很強烈，一如在希伯來書中警告信徒提防叛道所反映的（2:1~4, 3:7~4:13, 5:11~6:12, 10:19~39, 12:14~29）。[82] 不論他們以往的背景是什麼，或是猶太人（包括敬畏神的外族人），又或是異教徒，均有可能被試探重返往昔的生活形態。[83] 希伯來書的作者

Matthew, BECNT (Grand Rapids: Baker Academic, 2008), p. 574; Grant R. Osborne, *Matthew*, ZECNT (Grand Rapids: Zondervan, 2010), p. 875。

[80] BDAG, p. 926, 1b; France, *Matthew*, p. 906; Osborne, *Matthew*, p. 875.

[81] BDAG, p. 157, 1a; Bock, *Luke*, vol. 1, p. 735.

[82] 在逼迫的壓力下，當時肯定有基督徒叛道。在二世紀初，部分被指控者表示自己在數年前「不再是基督徒」（Pliny, *Epistles* 10.96.6）。另見 Karen L. King, 'Rethinking the Diversity of Ancient Christianity: Responding to Suffering and Persecution', in Eduard Iricinschi, Lance Jenott, Nicola Denzey Lewis and Philippa Townsend (eds.), *Beyond the Gnostic Gospels: Studies Building on the Work of Elaine Pagels*, STAC 82 (Tübingen: Mohr Siebeck, 2013), p. 64。

[83] 對於希伯來書的受眾是猶太基督徒，還是猶太和外邦基督徒的混合體，各學者意見不一。持前者觀點的，見例子如 Thomas R. Schreiner, *Commentary on Hebrews*, BTCP (Nashville: B&H, 2015), pp. 6–10; Ian K. Smith, 'The Letter to the Hebrews', in Mark Harding and Alanna Nobbs

視叛道為極大的危機,因而寫信給其受眾,鼓勵他們堅守信仰。筆者將於第三章更詳細討論他如何鼓勵受眾。儘管叛道的威脅真實不過,但希伯來書作者表達對受眾的信心,認為對方不曾,也不會離教叛道(來6:9~10, 10:39)。

另一方面,其他基督徒並未以叛教回應敵對及逼迫,而是在文化方面同化。在猶太和異教敵對的情況下均是如此。面對異教的敵對,科斯特恰當地總結了當前問題:

> 同化關乎耶穌的追隨者能夠在非基督徒的做法上作出**多大程度**的調適,同時仍忠於自己的信仰。調適的原因包括希望與基督徒社群以外的人保持良好的社會和商業關係⋯⋯宗教節期是公共活動,包括祭祀、宴會和分派祭肉⋯⋯猶太人

(eds.), *Into All the World: Emergent Christianity in Its Jewish and Greco-Roman Context* (Grand Rapids: Eerdmans, 2017), pp. 184–207. 持後者觀點的,見例子如 Koester, *Hebrews*, pp. 64–79; Gareth L. Cockerill, *The Epistle to the Hebrews*, NICNT (Grand Rapids: Eerdmans, 2012), pp. 19–23。雖然約翰遜(Johnson, *Hebrews*, pp. 36–38)將猶太祭祀界定為很可能是「新吸引力」(對於前異教徒)或「回歸」(對於前猶太人),他提醒我們文本本身並沒有就受眾的種族留下任何暗示。

> 拒絕跟其他人共享供物和祭肉會令人反感，甚或冒犯（Philostratus, *Vita Apollonii* 5.33.4），而基督徒拒絕參與也同樣會被負面評價……由家庭或協會舉行的私人飲宴可能包括尊崇某位神祇的祭禮……商行和專業協會的成員經常分享飲食，而在這些活動中，他們也會向各神明和神明化的皇帝致敬。基督徒或希望參與私人飲宴，好能與家人、朋友和商業同僚維持良好關係，然而這樣卻會給對方錯誤印象，以為他們崇敬自己所不信奉的神明。但拒絕參與這些飲宴也有問題，因為會有冒犯別人的風險，而這就會在社交和經濟上帶來麻煩。[84]

根據科斯特於上文的解釋，試圖同化本身並不代表基督徒不忠於自己的信仰。關鍵是同化的**程度**，並且於此造成基督徒之間的爭議。事件就變成「基督徒同化多深才算對耶穌不忠心？」正如在前一節所見，部分基督徒的回應是從所有跟祭祀習俗相連的社交活動中退出來。然而，另一些基督徒卻抱持不同觀點，其中有的來自哥林多（林前8~10）、別迦摩（啟2:14~15）

---

[84] Koester, *Revelation,* p. 99; 強調部分為筆者外加。

和推雅推拉（啟2:20）等地教會。這些人主張基督徒可被允許參與這些社交飲宴，以及吃曾獻給偶像的祭肉。

啟示錄提倡信徒在逼迫下採取堅決立場對抗妥協。正如科斯特所指，亞西亞省內的教會正面對三大難題：「與教外人的衝突、同化和自滿自大」。[85] 與教外人的衝突涉及猶太人和異教徒兩方的反對，筆者已在第一章討論過。同化是為了避免衝突，試圖採用反對者接納的既有社會習俗。自滿自大源於透過不道德途徑致富的誘惑。避免衝突和財富的試探（包括規避逼迫帶來的經濟損失；參啟13:17）往往涉及與異教和帝王崇拜的社交（私人及公眾）飲宴，而這都與福音的教導相違。故此，若信徒於放棄信仰、參與異教祭祀活動或不道德行為上妥協，以上三點皆會導致信徒對基督不忠誠。[86]

就啟示錄的角度而言，信徒以參與異教及帝王崇拜活動的方式同化，就是對基督不忠，也沒有正確持守其信仰。不論放棄信仰，或仍自稱為基督徒，那些妥協的人（也就是「非得勝者」）由於參與了帝王崇拜，

---

[85] 同上，pp. 96–103。

[86] 正如奧羅佩薩（Oropeza）指出的，「雖然本書［啟示錄］的主旨是對抗同化和叛教」，但正遭受逼迫、忠心跟隨基督的信徒，也會從其信息中得安慰。B. J. Oropeza, *Churches Under Siege of Persecution and Assimilation: The General Epistles and Revelation*, ANTC 3 (Eugene: Cascade, 2012), p. 180.

將來必落入永遠燃燒的硫磺湖（啟 14:10, 19:20）。那些放棄基督信仰的人，都會回到從前異教徒的生活模式，因為當日並沒有「自由思想者」或「非宗教人士」。

明顯地，好些哥林多基督徒為自己吃祭偶之物辯解，聲稱既然只有一位真神，異教神明就並非神（林前 8:1, 4~6），所以吃這些祭肉也就沒有任何問題。[87] 他們也許還認定自己「什麼事情都可以作」（林前 10:23）。雖然哥林多前書的處境更有可能是關乎社交壓力，而不是逼迫，但其他面對逼迫的基督徒也可能抱持類似合理化的辯解。

在回應中，保羅引用經文反駁這論點；他指出（1）參與涉及祭肉的宴會相當於拜偶像（林前 10:1~18；參出 32:6）；及（2）拜偶像與鬼魔崇拜相連（林前 10:19~23；參申 32:17）。[88] 保羅既明確遵照耶路

---

[87] 見例子如 David E. Garland, *1 Corinthians*, BECNT (Grand Rapids: Baker Academic, 2003), p. 368; Gordon D. Fee, *The First Epistle to the Corinthians*, rev. edn, NICNT (Grand Rapids: Eerdmans, 2014), p. 396。就保羅引用哥林多人的觀點和他對應的反駁，Fotopoulos 提供了列表，見 John Fotopoulos, 'Arguments Concerning Food Offered to Idols: Corinthian Quotations and Pauline Refutations in a Rhetorical Partitio (1 Corinthians 8:1–9)', *CBQ* 67.4 (2005), pp. 618–630。

[88] 哥林多基督徒面對參與帝國節日慶典的壓力，這是不可否認的，但保羅似乎是廣泛地談論參與異教崇拜（包括帝王崇拜）。因此，溫特把哥林多前書八至十章局限於

撒冷會議關於禁戒祭偶之物的命令（徒 15:29），也指示哥林多人注意其他倫理問題（例如顧及較弱的信徒；林前 8:7~13）和實際問題（例如在出售或提供祭偶之物的市場及私人飲宴中該如何自處；林前 10:23~33）。對保羅來說，只要信徒不曉得（來自市場和私人飲宴）食物是否曾經祭祀偶像，又不會導致任何人跌倒，就大可食用（林前 10:25~32）。對保羅來說，**明知故犯地**參與異教和帝王崇拜等活動是不可接受的，但**無意地**吃到祭偶之物卻可以接受。信徒要抵制前者，而後者則是保羅認為不屬違背基督信仰的同化形式。

啟示錄與保羅不一樣，並沒考慮這類牧養關注，而是斷然地禁戒吃祭偶之物。[89] 啟示錄描畫的基督

參與帝王崇拜慶典，把哥林多前書十章 20 節的 *daimoniōn* 局限於各皇帝的守護靈（genii），就似乎過度狹窄了。見 Winter, *Divine Honours for the Caesars*, pp. 215–225。事實上，保羅於哥林多前書十章 20 節引用了七十士譯本的申命記三十二章 17 節也表明他將異教神祇看成「鬼魔」，與當時猶太人的理解一致（詩 106:37；賽 LXX 65:3, 65:11；《巴錄書》4.7）。另見 Garland, *1 Corinthians*, p. 480; Richard L.-S. Phua, *Idolatry and Authority: A Study of 1 Corinthians 8:1–11:1 in the Light of the Jewish Diaspora*, LNTS 299 (London: T&T Clark, 2005), pp. 137–146。

[89] 另見 Koester, *Revelation*, p. 100；他指出回應的三個類別：（1）斷然地在所有情況下禁戒食用（如徒 15:20；啟示錄）；（2）在大部分情況下都沒問題（如在哥林多、

會斥責那些妥協的人,並呼籲他們悔改之際(如啟 2:14~16a),也會向那些不悔改的倡議者及教會成員宣告審判(啟 2:16b, 21~23)。明顯地,保羅和約翰都反對意圖在文化上同化以規避因冒犯他人導致逼迫和經濟損失的行逕。

論到猶太人的反對,一些基督徒(可能猶太人和外族人二者皆有)甚至試圖主張外族基督徒應受割禮和遵守摩西五經以避免逼迫。雖然這觀點可能出自某些猶太基督徒,他們認為完全皈依是外族人被接納為神子民的唯一途徑(參見徒 15:1; 另見上文第 52 頁),但加拉太教會中的「擾亂者」(*hoi anastatounte*)(加 5:12)提倡這種觀點卻是出於逃避逼迫的動機(加 6:12)。

學者對這些「擾亂者」的身分和他們試圖逃避什麼逼迫意見不一。儘管他們表面上看似是對律法熱心(參徒 21:20~21),但保羅指責他們自己卻不遵守律法(加 6:13),並揭露其動機:他們希望取得「體面」(*euprosōpēsai*),因而「勉強」(*anankazousin*)外族基督徒受割禮,「無非是」(*monon hina*)要逃避逼迫(加 6:12)。就本文的目的,只需指出擾亂者的身分並不

別迦摩和推雅推拉的部分信徒);和(3)除了極少的例外情況,這行為於大部分情況下都是不正確的(如保羅)。雖然我們可以說啟示錄所描畫的比保羅的更嚴厲,但這並不代表約翰和保羅互相衝突。

影響我們認清他們逃避逼迫的動機就足夠了。[90]

他們試圖逃避什麼形式的逼迫呢？從保羅於加拉太書二章 16 節～六章 10 節的論述看來，爭議圍繞於人可如何被接納為神的子民（藉著遵守妥拉，還是信靠基督），[91] 以及要如何實行妥拉。故此，當時的情況很可能是，這些人試圖與猶太習俗慣例同化，以迴避來自不相信耶穌的猶太人的逼迫。[92]

最近，數名學者主張，信中的「擾亂者」試圖避免地方政府（異教反對者）的逼迫，方法是：（1）被納入猶太社群，從而讓整個基督教社群取得 *religio licita*（合法宗教）的地位；繼而得以避免參與異教形式的帝王崇拜，及可每週合法聚會；[93] 或（2）與群體中未受割禮又沒有參加帝王崇拜的外族基督徒分隔

---

[90] 就這些反對者（「擾亂者」）身分的不同觀點，見上文第一章註 66。

[91] 雖然 *hē pistis Iēsou Christou*（如加 2:16, 3:22）這短語可理解為「信靠基督」或「基督的信實」，但筆者認為前者可能性較大。就這證論的細節，見 Chee-Chiew Lee, *The Blessing of Abraham, the Spirit, and Justification in Galatians: Their Relationship and Significance for Understanding Paul's Theology* (Eugene: Pickwick, 2013), p. 20。

[92] 見例子如 James D. G. Dunn, *The Epistle to the Galatians*, BNTC (Peabody: Hendrickson, 1993), pp. 336–337; Schreiner, *Galatians*, p. 377; Moo, *Galatians*, p. 393; David A. deSilva, *The Letter to the Galatians*, NICNT (Grand Rapids: Eerdmans, 2018), p. 505。

[93] 見上文第 49 頁。

開來。[94] 雖然筆者不否認外族基督徒因不參與異教和帝王崇拜而面對壓力，但假如這是保羅回應的主要問題，就很難解釋他為何在加拉太書中沒提及這一點。[95]

對保羅來說，行割禮的要求違反了基督十架的目的和作為（加 2:21, 5:2、4），並且等同於另一種福音，而這就根本不是福音（加 1:6~7）。對保羅來說，為規避逼迫而在文化上同化，如此妥協是不可接受的。同樣值得注意的是，保羅於加拉太書大量援引舊約作支持（見尤其於加 3~4）。這幾乎可以確定是他對猶太反對者的回應；後者將他的福音信息視為對傳統價值觀的威脅，其中包括割禮、遵守妥拉和與外族人的不潔隔離。[96] 他於此努力證明自己宣講的福音，與神在舊約中所應許的（他和對方共持的權威傳統）是一致的。

---

[94] Hardin, *Galatians and the Imperial Cult*, pp. 85–155; A. V. Prokhorov, 'Taking the Jews out of the Equation: Galatians 6.12–17 as a Summons to Cease Evading Persecution', *JSNT* 36.2 (2013), pp. 172–188; Winter, *Divine Honours for the Caesars*, pp. 226–249. 就論點一，見溫特；論點二見哈丁（Hardin）。

[95] 另見 Te-Li Lau, review of *Galatians and the Imperial Cult: A Critical Analysis of the First-Century Social Context of Paul's Letter*, *BBR* 20.1 (2010), pp. 130–131。就針對溫特和哈丁在此問題上的公允評論，見 deSilva, *Galatians*, pp. 368–375。

[96] 見上文第 84 頁。

調適與適應

彼得三次不認耶穌是眾所週知的福音傳統，在四部福音書中均有記載（可 14:66~70 // 太 26:69~75 // 路 22:56~62 // 約 18:15~18, 25~27）。馬可和馬太傳統指出，耶穌預言在自己被捕時，門徒將會跌倒（可 14:27 // 太 26:31）。然而，彼得卻非常肯定，即使別人都跌倒，但他不會（可 14:29 // 太 26:33）。他甚至宣稱，就是必須死，也不會不認耶穌，而**所有**門徒也如此說（可 14:31 // 太 26:35）。然而，即使他們帶着如此充分的信心和決心，當耶穌被捕時，**所有人**卻都逃跑（可 14:50 // 太 26:56b），應驗該預言。路加傳統只記錄了彼得的誓言，表示自己願意為耶穌入獄，以至於死（路 22:33），卻沒有提到其他門徒的誓言或最終的逃散。

對觀福音指出，彼得在不認主後痛哭，但約翰福音並未有這記載。取而代之，約翰福音記有另一片段，描繪耶穌通過三次詢問彼得「你愛我嗎？」來重新確立他（約 21:15~17）。[97] 對觀福音描繪了一個痛悔的

---

[97] 不少學者認為這片段與約翰福音十八章中彼得不認耶穌有關連。見例子如 D. A. Carson, *The Gospel According to John*, PNTC (Grand Rapids: Eerdmans, 1991), p. 675; George R. Beasley-Murray, *John*, rev. edn, WBC 36 (Dallas: Word, 1999), pp. 404–405; Köstenberger, *John*, p. 595; Ed-

彼得，而我們很有理由假設他和其他逃跑的門徒都有悔改。路加傳統提及耶穌為彼得禱告，祈願後者不致於失掉信心，並在悔改後能堅固他人（路 22:32）。約翰福音則描繪了耶穌施恩接納彼得的軟弱、肯定他的悔改，並預言彼得將殉道而死（約 21:18~19）。

在馬可及馬太傳統中，耶穌設立的標準相當高：任何人若以他和他的話為恥，當人子在榮耀中再臨時，也要以這人為恥（可 8:38 // 路 9:26）。雙重傳統保留了類近的高標準：無論誰在人面前不認耶穌，耶穌在天父面前也將不認他；凡是在人面前承認耶穌的，耶穌也將承認他（太 10:32~33；路 12:8~9）。彼得肯定不是唯一在逼迫壓力下一再否認耶穌的信徒。雖然四福音都描述人否認耶穌是個軟弱和不理想的回應，但也接納那些軟弱卻悔改的門徒。

雙重傳統和約翰福音保存了耶穌有關不要懼怕逼迫的教誨（太 10:26~31 // 路 12:4~7；參約 14:27）。然而，唯有約翰福音論及來自猶太當局反對者逼迫信徒所產生的恐懼（約 7:13, 9:22, 19:38, 20:19），[98]

---

ward W. Klink III, *John*, ZECNT 4 (Grand Rapids: Zondervan, 2016), p. 911。

[98] 短語 *ho phobos/phobeō tōn Ioudaiōn*「恐懼猶太人」在約翰福音中出現了四次。就本文目的，「猶太人」在這短語中所指的，乃是反對耶穌為彌賽亞的猶太領袖。約翰福音中出現的其他例子，意思可以是（1）猶大地的居民；或（2）一個種族實體。就此更詳細的討論，見

而其方法是描繪出好些人物對此恐懼的回應：瞎子及其父母、那些相信耶穌的猶太領袖、亞利馬太人約瑟、尼哥德慕和眾門徒。一如上文提及的，敵對的猶太領袖威脅要把任何承認耶穌是基督的人趕出去（約9:22, 12:42；參16:2）。[99] 本內瑪（Bennema）適切地提醒我們，「不應低估這恐懼『猶太人』的情緒，因為公開承認耶穌是彌賽亞的後果十分嚴重。耶穌甚至警告其跟隨者，他們有可能被殺害（16:2）。」[100] 筆者曾於別處闡明約翰福音如何以二元用語描繪信徒面對逼迫，好帶出道德和神學含義。[101] 筆者在下文將以相同進路檢視這兩方面。

不少學者均已指出瞎子及其父母在回應法利賽人

D. Francois Tolmie, 'The Ἰουδαῖοι in the Fourth Gospel: A Narratological Perspective', in Gilbert van Belle, Jan G. van der Watt and Petrus Maritz (eds.), *Theology and Christology in the Fourth Gospel*, BETL 184 (Leuven: Leuven University Press, 2005), pp. 377–399; Urban C. von Wahlde, 'Narrative Criticism of the Religious Authorities as a Group Character in the Gospel of John: Some Problems', *NTS* 63.2 (2017), pp. 222–245。

[99] 就被「逐出猶太會堂」的社會影響，見上文第110頁。

[100] Cornelis Bennema, *Encountering Jesus: Character Studies in the Gospel of John*, 2nd edn (Minneapolis: Fortress, 2014), p. 342.

[101] Chee-Chiew Lee, 'A Theology of Facing Persecution in the Gospel of John', *TynBul* 70.2 (2019), pp. 189–204. 上文大部分內容均改編自此專文。

上的差別。[102] 當他們被質問兒子如何獲得視力，二人聲稱「他們知道」兒子確實生來就失明，但「他們不知道」他如何獲得視力（約 9:20~21）。不過，約翰揭露他們其實知道兒子如何獲得視力，卻「因為怕猶太人［領袖］」而隱瞞這真相（約 9:22~23）。他們不敢公開談論耶穌，因為害怕被指與他或他的彌賽亞宣稱有連繫。他們如此行雖然迴避了被趕出會堂的風險，卻「令自己與謊言的一方——黑暗和罪惡——結盟」（參約 8:44）。[103] 跟其父母相比，即使面對法利賽人的羞辱及威嚇，那瞎眼的人卻公開宣認耶穌由神而來（約 9:24~33）。結果，雖然他在眾人面前（極可能是從會堂）被趕出去（約 9:34），[104] 卻「使自己與真理的一方——光明和救贖——結盟」。[105]

---

[102] Andy M. Reimer, 'The Man Born Blind: True Disciple of Jesus', in Steven A. Hunt, D. F. Tolmie and Ruben Zimmermann (eds.), *Character Studies in the Fourth Gospel: Narrative Approaches to Seventy Figures in John*, WUNT 314 (Tübingen: Mohr Siebeck, 2013), p. 437; Bennema, *Encountering Jesus*, p. 255.

[103] Lee, 'Facing Persecution', p. 190. 另見 Raymond E. Brown, *The Gospel According to John*, 2 vols., AB 29 (Garden City: Doubleday, 1966), vol. 1, p. 365。

[104] Klink, *John*, p. 449. 雖然經文沒有直接指出那瞎子被趕出會堂，但此情況很可能發生，因為這類法律程序通常在會堂內進行。

[105] Lee, 'Facing Persecution', pp. 190–191. 耶穌宣告跟

後來在那敘述中,「官長當中也有許多人信了耶穌。但是因為法利賽人的緣故,他們不敢公開承認,免得被趕出會堂」(約 12:42)。約翰揭露這是由於他們愛自己的榮譽過於神的榮譽(約 12:43)。[106] 在約翰福音中,有兩名猶太領袖被記下名字:(1)亞利馬太人約瑟;和(2)尼哥德慕。他們二人是否都愛自己的榮譽過於神的榮譽呢?約翰如何評價他們呢?

約翰就約瑟提供的資訊不多,只表示他「因為怕猶太人,就暗暗地作耶穌的門徒」(約 19:38)。除非受眾／讀者熟悉對觀福音,否則不會曉得約瑟是個猶太人領袖(太 27:57;可 15:43;路 23:50~51)。[107]

從他的人將得着「生命的光」(約 8:12)。那瞎子看到真光並相信了耶穌(9:35~38)。另見 Bennema, *Encountering Jesus*, pp. 247–248。

[106] 有關被排斥的羞辱,見上文註 57。此處的所有格(*tōn anthrōpōn* 和 *tou theou*)較大可能表達來源(「屬於」),而此處的 *doxa* 則更大可能指由個人地位所產生的「榮耀」(BDAG, p. 257, 3),意即他們更願意捍衛自己的榮耀而不是神的榮耀。如此,當神的子民否認他時,神就會蒙羞。或者,短語 *he doxa tou theou* 也可能表達「來自神的讚許」,屬格表達來源(「來自」),*doxa* 則表達來自神的認可。見 Jouette M. Bassler, 'Mixed Signals: Nicodemus in the Fourth Gospel', *JBL* 108.4 (1989), p. 641。

[107] 雖然約翰的受眾可能曉得關於亞利馬太人約瑟的其他福音傳統,但很難確定他們是否知悉對觀福音。見 Wendy S. North, 'John for Readers of Mark?: A Response to Richard Bauckham's Proposal', *JSNT* 25.4 (2003), p. 466;

少數解經家認為約翰以負面角度描述約瑟「害怕」和「暗暗」的表現，但約瑟向彼拉多求取耶穌的身體，卻顯示勇氣，並扭轉了以上的負面人物特徵。[108] 雖然「恐懼猶太人」似乎把約瑟跟瞎子的父母和相信耶穌的猶太人領袖連繫起來，但約翰並沒有對約瑟寫下任何負面的評語。同樣地，當門徒由於這同一份恐懼而閉門聚集，約翰也沒有負面地評價他們（約20:19）。正如邁克爾斯（Michaels）指出的，在「他〔被逮捕〕的時候」未到以前，即使是耶穌也於暗中行事（7:1~10，8:59，11:54~57，12:36）。[109] 因此，約翰並沒有將恐懼猶太領袖本身描述為負面，而只在門徒於道德品行上妥協時才予以否定。

另一些解經家也指出，請求取得耶穌的身體不一定像眾人所想象般危險，因為猶太人領袖不久前也請求在安息日開始前從十架取下耶穌的身體（約 19:31）。

Edward W. Klink III, *The Sheep of the Fold: The Audience and Origin of the Gospel of John*, SNTSMS 141 (Cambridge: Cambridge University Press, 2007), pp. 180–182。此處的重點是我們不必假設約翰預期他的受眾知道。

[108] Carson, *Gospel According to John*, p. 629; Beasley-Murray, *John*, p. 358; Köstenberger, *John*, pp. 554–555; Bennema, *Encountering Jesus*, pp. 343–344; Klink, *John*, pp. 817–818.

[109] J. Ramsey Michaels, *The Gospel of John*, NICNT (Grand Rapids: Eerdmans, 2010), p. 979.

約瑟也可能被看成猶太人領袖的代表。[110] 然而，假如猶太人領袖發現他將耶穌埋葬在墓穴之中，而非罪犯的公共墓地，他作為耶穌門徒的身分就會暴露。因此，假如約瑟真的愛「自己的榮譽過於神的榮譽」，他就不會冒此風險了。

約翰就亞利馬太人約瑟留下的資訊不多，相反，他從一開始就向受眾介紹尼哥德慕是個法利賽人和猶太人領袖（約 3:1）。然而，敘述中卻沒有點明尼哥德慕是否有相信耶穌，或是否耶穌的門徒。尼哥德慕在夜間首次見耶穌，或許是為了避免被人看為與耶穌有關聯，尤其是耶穌剛於不久前跟猶太人領袖在聖殿發生衝突（約 2:13~25）。其中也可能涉及某種保密的意圖。當猶太人領袖在住棚節反對耶穌，尼哥德慕就提醒他們，在未有聆訊下，不應當譴責耶穌。為此原故，法利賽人嘲笑他（約 7:45~52）。此外，在尼哥德慕和亞利馬太人約瑟埋葬耶穌時，他就擔負起與耶穌有聯繫的風險（約 19:39~42）。假如尼哥德慕愛自己的榮譽多過神的榮譽，他就不會為耶穌說話，也不會冒這風險。

---

[110] William J. Lyons, 'Joseph of Arimathea: One of "the Jews," but with a Fearful Secret!', in Steven A. Hunt, D. F. Tolmie and Ruben Zimmermann (eds.), *Character Studies in the Fourth Gospel: Narrative Approaches to Seventy Figures in John*, WUNT 314 (Tübingen: Mohr Siebeck, 2013), p. 652; Bennema, *Encountering Jesus*, p. 344.

雖然約翰把瞎子描繪成正面角色，但其父母和信主的猶太人領袖卻害怕公開承認而成了負面角色，而對亞利馬太人約瑟和尼哥德慕的人物刻畫卻似乎故意模棱兩可。[111] 他沒有正面或負面評論約瑟、尼哥德慕或閉門聚集的門徒。正如科斯特所指，這也許正是約翰描寫「人生複雜多變」的手法。[112] 因此，約翰並沒一刀切地表示，公開宣認相信耶穌就是面對逼迫的理想回應。這也許是約翰的取向：既包容保密的情況，又沒有正面肯定。

在第一章中，我們提到猶太人和外族人同樣尊敬羅馬皇帝，方法是為他及帝國的福祉向他們的神／眾神獻上禱告和祭品。筆者也於早前指出彼得前書教導信徒順服當權者和尊敬皇帝，只是並未說明如何具體執行。[113]

值得注意的是，羅馬書十三章 1~7 節緊貼在保羅勸勉信徒如何面對逼迫之後（羅 12:14~21），故此可理解為在回應敵意時行「善」（*agathos*；羅 12:21,

---

[111] Lee, 'Facing Persecution', p. 198.

[112] Craig R. Koester, 'Theological Complexity and the Characterization of Nicodemus in John's Gospel', in Christopher W. Skinner (ed.), *Characters and Characterization in the Gospel of John*, LNTS 461 (London: Bloomsbury T&T Clark, 2013), p. 169.

[113] 見上文第 141 頁。

13:3)的其中一個層面。[114] 在這方面，羅馬書十三章1~7節跟彼得前書相仿，都勸勉信徒順服當權者和預備行「善事」，以此回應逼迫。[115] 基於當權者是神施行公義的代理人，羅馬書十三章1~7節不單提到順服當權者乃是義務，保羅還以此為理據教導眾人交稅和尊敬統治者（羅 13:6~7）。[116] 這是對耶穌的教訓「凱撒的應當歸給凱撒，神的應當歸給神」（可 12:17 // 太 22:21 // 路 20:25）的強力迴響。[117] 正如保羅將交稅和尊敬並列，並稱其為欠當權者的「債」（羅 13:7），交稅也可被看成向當權者表示敬意的方式。鑒於革老丟此前的驅逐令涉及猶太人的動盪情況（很可能是由於他們有關基督的爭論），唐納（Towner）認為保羅在這章節中有關交稅和行善的教導，可能是

---

[114] 就認為羅馬書十二章 14~21 節與羅馬書十三章 1~8 節之間有連繫的學者，見 James D. G. Dunn, *The Theology of Paul the Apostle* (Grand Rapids: Eerdmans, 1998), pp. 674–680; Harrison, *Paul and the Imperial Authorities*, p. 309; Frank Thielman, *Romans*, ZECNT (Grand Rapids: Zondervan, 2018), p. 601。

[115] 雖然提多書三章 1~2 節跟羅馬書十三章 1~7 節及彼得前書相仿，都教導信徒服從當權者和行善，但前者的直接上下文並非針對逼迫的問題。

[116] 見羅馬書十三章 5 節中的 *dio*，及羅馬書十三章 6 節的 *dia touto*，二者都可理解為「為此原故」。

[117] 另見 Joseph A. Fitzmyer, *Romans: A New Translation with Introduction and Commentary*, AB 33 (New York: Doubleday, 1993), p. 670; Moo, *Romans*, p. 822。

試圖運用現存的社會習俗，好能維持社會穩定及為教會贏得好名聲。[118]

筆者早前討論到彼得前書提倡以善行作為對逼迫的回應，與及「善行」於希羅及猶太基督世界觀的含意。[119] 我們在此處需要再探討一下這課題。杜圖特（Du Toit）指出「在古代世界，做有益他人的事很普遍，並且被認為是一項美德」。[120] 一些學者認為公共慈善可能是羅馬書十三章 3~4 節和彼得前書二章 14~15 節所稱的「善行」的一部分，因為這兩段經文都提到當權者讚許善行，而公共慈善家通常會被公開讚揚。[121]

---

[118] Philip H. Towner, 'Romans 13:1–7 and Paul's Missiological Perspective: A Call to Political Quietism or Transformation?', in Sven K. Soderlund and N. T. Wright (eds.), *Romans and the People of God* (Grand Rapids: Eerdmans, 1999), pp. 160–169. 唐納（Towner）補充道，這種穩定也有利羅馬教會支持他前赴西班牙的宣教行程。

[119] 見上文第 141 頁。

[120] Du Toit, 'Negotiating Hostility', p. 223.

[121] 見例子如 Bruce W. Winter, *Seek the Welfare of the City: Christians as Benefactors and Citizens*, FCCGRW (Grand Rapids: Eerdmans, 1994), pp. 25–40; Towner, 'Romans 13:1–7', pp. 165–166。正如威廉斯所定義的，「希羅世界中的公共慈善（或公益主義）是一種禮物的交換行動，地方或省級精英的成員利用他（或她）的個人財富或權力造福城市、其中的市民或某一群市民，而這人所收到的回報，則是對他這貢獻作為善舉的認可。」Williams, *Good Works in 1 Peter*, p. 69.

其他人懷疑這種說法，因為許多基督徒沒有經濟能力進行公共慈善活動。[122] 然而，杜圖特指出，慈善活動範圍廣闊，可能包括個人（例如為某人還清債務）或團體（例如協會為公共目的而捐獻）為他人利益所作的行為。[123] 因此，雖然這兩個文本似乎都包含更廣泛形式的「善行」，但沒有必要將此類善行僅限於公共慈善。[124] 根據彼得前書的觀點，這種（公開承認的）善行證明基督徒可以造福社會，而非危害社會。

提摩太前書二章 1~2 節勸告信徒「**為萬人、君王和一切有權位的**懇求、禱告、代求和感恩，好讓我們可以敬虔莊重地過平靜安穩的日子。」這與我們之前看到的，即同時期猶太人尊崇皇帝及為他祈禱，以此作為一種帝王崇拜形式的傳統非常相似。[125] 這也符合猶太人為外族統治者和國家祈禱的傳統（參耶 29:7;

---

[122] 見例子如 Achtemeier, *1 Peter*, p. 184, n. 64; Williams, *Good Works in 1 Peter*, pp. 68–104。

[123] 就一手史料的例子，見 du Toit, 'Negotiating Hostility', pp. 222–225。

[124] 見例子如 Moo, *Romans*, p. 817, n. 313; Jobes, *1 Peter*, pp. 175–176。

[125] 見上文第 50–51 頁，及 I. Howard Marshall and Philip H. Towner, *A Critical and Exegetical Commentary on the Pastoral Epistles*, ICC (London: T&T Clark International, 2004), p. 422。「猶太傳統」是指代代相傳的猶太人信仰和習俗——主要由他們對猶太經書的理解所塑造。猶太人的著作、銘文和文物均反映他們同時代的猶太傳統。

《巴錄一書》1.11；《馬加比一書》7:33）。無論如何，提摩太前書二章 5 節清晰表明「神只有一位，在神和人中間也只有一位中保，就是降世為人的基督耶穌」，跟羅馬皇帝被視為 *pontifex maximus*——眾神明與國民之間的「大祭司」這異教概念對比。[126]

我們從以上觀察到，保羅書信和彼得前書如何提倡信徒通過採納當前習俗去應對逼迫，例如通過納稅來尊崇皇帝，為皇帝向神祈禱和感恩，以及行善（施予個人或公共的慈善舉動）履行他們作為好公民的社會和公民責任，同時又不損害自己對基督的忠誠。這些回應試圖證明基督徒不會對社會福祉構成威脅，即便教外人普遍有此看法。[127]

神學觀點概要

從新約文本中，我們觀察到各種形式的逼迫，反映當時存在官方和非官方兩方面的逼迫。在最初期，除了希律亞基帕一世之外，所有官方逼迫都源自猶大地區猶太當權者反對耶穌門徒的行為。雖然猶太人和

---

[126] 見上文第 41 頁。
[127] 見上文第 83-99 頁。

異教徒的非官方逼迫從一開始就存在於猶太人散居之地，但直到將近一世紀末，官方的異教徒逼迫才開始變得更明顯。使徒行傳和保羅書信反映了前者，啟示錄主要反映了後者，而希伯來書和彼得前書很可能同時反映了二者。同樣值得注意的是，官方形式的懲罰不能過早被確定為官方逼迫，因為前者可能僅反映了異教徒官員的行動，只是在於個別猶太人或異教徒反對者指控基督徒時行使權力去解決社會動盪。

路加在使徒行傳中的敘事技巧非常出色，我們可以從中推斷出他面對逼迫的神學。[128] 雖然路加描繪了猶太和異教徒反對者使用類似策略對付早期的基督徒（例如煽動群眾，以原初的宗教或經濟衝突為幌子，向當局提出政治指控），但他也描述一些猶太反對者曾使用卑鄙的手段，例如假證人和行兇殺人的計畫。儘管如此，路加同時還誠實公正地描述了其他沒有逼迫門徒的猶太反對者（如徒28章中的羅馬猶太人）。

總體來說，路加以非常正面的畫面描繪了早期基督徒對逼迫的回應。門徒及其領袖（彼得、司提反和

---

[128] 筆者提到路加為了說服受眾在面對逼迫害時堅守信仰而細心編寫敘事，但這並不表示路加曾以任何方式捏造了任何部分的敘事。相反的，筆者肯定使徒行傳的歷史性，同時也承認所有對歷史事件的敘述都自然而然是主觀的，即使他們一直顯示出客觀性和準確性，都仍是反映着敘述者的觀點。

保羅）回應逼迫的方式，與耶穌就門徒當如何面對逼迫的教導相一致。（1）他們認為，為基督受苦是門徒身分不可或缺的一部分，因此藉著聖靈所賦予的能力，他們以喜樂、勇氣和毅力面對逼迫。司提反按照耶穌的教導為逼迫他的人祈禱。（2）每次在掌權者面前受審，教會領袖都會抓住機會為基督作見證，通過聖靈的工作表現出基督所應許的非凡智慧。（3）雖然他們逃離逼迫所在，但無論到達何處，他們都繼續傳揚福音。（4）他們訴諸聖經權威，不僅要證明耶穌就是應許中的彌賽亞，更要表明耶穌被拒絕和隨之從神而來的審判均早已被聖經所預言。路加還描繪了保羅以各種方式（例如逃跑或留守）來應對逼迫的風險，而這取決於當時環境和他直接從主得到的確信。儘管如此，從我們當代的角度來看，保羅在使徒行傳中有可能以相當冒犯的言論回應一些反對者。然而，路加並沒有負面評論保羅的行為。這些在使徒行傳中的描述表現出路加的神學，具體闡明（1）他的見解——信徒在面對逼迫時應有的模範與理想的回應；及（2）他的目的——表明門徒確實能夠按照耶穌在福音傳統中就應該如何面對逼迫的教導而活。

這積極的景象也反映和被證實於下列書卷之中：保羅書信（有關保羅本人和他發信的教會：帖撒羅尼迦人、腓立比人）、彼得前書（信徒放棄以往的生活方式時遭遇逼迫）、希伯來書（好些信徒失去財產並

被監禁）和啟示錄（在寫給七個教會的書信和各個異象中，均描述到某些忠心的聖徒甚至在死亡面前堅持見證和受苦）。尤其是保羅，他總是樂於公開分享自己的情緒——在遭受逼迫時的喜樂、恐懼和痛苦。保羅堅毅不屈的動力根源，乃是他堅信神呼召他，以及他經歷了神的信實與神所賜予的能力和拯救。保羅認定自己為基督受苦是值得的，因為這（1）將福音和救恩帶給那些聆聽他信息的人；（2）是其他門徒仿效的榜樣和動力；（3）生出品德和盼望；及（4）讓他有份於基督的苦難，並且是他的榮幸。這些價值取向激勵他堅持不懈。

相比之下，新約其他著作與使徒行傳不同，並不總是正面地描繪信徒忍受逼迫時的回應。害怕受逼迫及其後果（例如失去名譽和經濟利益，有時甚至是死亡的威脅）導致基督徒以各種方式回應：保密、否認、文化方面的同化或叛教。希伯來書作者描繪了受眾面臨叛教的威脅，但他沒有指出其中任何人確實叛教。鑒於耶穌在撒種比喻中提到的多石淺土，即使新約作者很少提及叛教，但真有這類實例也毫不為奇。[129] 使徒行傳和希伯來書中的這些取向可能有修辭目的，我們將在第三章中探討這一點。在這方面，其他新約作者似乎更實在地反映了不同的基督徒回應。保羅書信

---

[129] 見上文註 82。

（如加拉太書和哥林多前書）和啟示錄反映出，在其受眾的群體中，一些人已經因同化而在對基督的忠誠上妥協了——他們採納了猶太或異教現有的習俗，作為他們基督徒生活的一部分（例如，明知故犯地吃祭偶之物、接受割禮和遵循妥拉）。他們這樣做是為了避免衝突、經濟不利和逼迫，而保羅和約翰將這些都看作是違反了福音的真理。

四福音書都描述了彼得因害怕受逼迫而不認耶穌的反面例子。儘管如此，他們的敘述也包容了軟弱但悔改的門徒。約翰福音進一步將眾人對逼迫的恐懼，描述為耶穌門徒所面對的問題。雖然約翰清楚地描繪出應當效法的正面例子（瞎子），及需要遠離的負面例子（其父母和那些相信但不敢承認的猶太人領袖），但他也模棱兩可地描繪了其他人物（亞利馬太人約瑟和尼哥德慕），沒有顯示出他認可與否的任何跡象。除非是不守道德誠信的情況，約翰不希望將每個保密個案都簡單地以二元類別（對／錯、好／壞）歸類，這也許正是他用以表達接納的方式。

除了在面對逼迫時展現堅毅不屈和拒絕妥協之外，保羅書信（羅 13:1~7；提前 2:1~2）和彼得前書二章 13 節至三章 7 節也建議信徒在某些現有文化習俗上作出調適，如順服、行善、為在位當權者禱告，以此作為回應，然而不可因此影響對基督的忠誠。使用猶太經典去證實耶穌乃應許中彌賽亞的身分和以上

的調適，這兩方面很有可能是護教舉動，向教外人表明基督徒並非危害社會之人。使徒引用猶太經典旨在向猶太反對者表明，基督信仰非但不違背經典，反是圓滿成就。對現有的文化習俗作出調適是為了表明基督徒是善良和受人尊重的公民，他們不會顛覆社會（參教外人認為對傳統價值觀的威脅、對社會安全的威脅、誹謗反對者的傳聞）。我們觀察到的這些回應並未全面響應教外人的觀點，卻表明了在這方面的一些嘗試。由於本文是對新約作者神學觀點的描述性研究，我們不會評估這些回應是否有效。

上面的總結清楚地表明，新約中的信徒對逼迫有不同回應。即使在相近情況下，保羅也被描寫為會按具體環境採用不同策略（例如，會否逃離逼迫，何時行使羅馬公民的權利）。在使徒行傳中，彼得和司提反在公會面前的辯護演說具有挑釁性，因為他們反過來指控提控方。他們似乎並未有在法庭上平息糾紛的意思。相反，保羅在羅馬法庭上的辯護大多沒有類似的反控告。雖然使徒行傳第四、第七兩章描繪了彼得和司提反在受審時採用非和解進路反控對手，但彼得前書三章15~16節和提摩太前書二章25~26節卻似乎在提倡一種更平和、更溫文的方法。

不但如此，就是各新約作者本身也可能對同一問題有不同的看法（例如面對逼迫的恐懼、吃祭偶之物）。有一些猶太領袖因害怕受辱而不敢公開承認信仰耶穌

（約 12:42~43），約翰在評價此事時雖然跟馬可福音八章 38 節和路加福音九章 26 節相似，但他似乎刻意在對其中兩位猶太領袖——亞利馬太人約瑟和尼哥德慕——的評價上模稜兩可。保羅（林前 8、10 章）、使徒行傳十五章 20 節和啟示錄二章 14、20 節都反對吃祭偶之物，但只有保羅（林前 10:23~33）就不知情下進食寫下守則。各新約作者都堅持相同的底線——忠於基督——但他們的觀點和回應並不總是相同的。然而，他們意見不同卻不相互衝突，而是反映了對同一問題的多元觀點。

第3章
如何至終站立得穩：勸說與賦予能力以堅持不懈

　　現代人一般認為情緒是非理性的，而情緒的運用則是操控人的手段。這在第一世紀的希羅文化中可有不同？在本章中，我們將勾畫出各新約作者如何勸說受眾在逼迫下仍要堅守信仰，由此不僅剖析其邏輯推論，也會探討情緒本身及其運用於勸說上佔有何等重要的位置。

文化背景：勸說的技巧

　　我們大多數人都會同意，各新約作者運用了同時期的文學和口述常規工具去傳遞教導；例如：書信、傳記、演講、詩歌和天啟（apocalyptic）著述。歷史

上許多基督徒也宣稱，神使用人類作者於其情境中揭示他的真理。因此，我們將從新約作者勸說的常規工具出發，檢視他們的文學及文化氛圍。

修辭慣例

我們大部分人對新約採用的勸說方式，如訓誨、供效法的榜樣和邏輯論證（logos）都不會陌生。這些都是希羅修辭學中一些常見的勸說技巧。[1] 這些技巧也普遍地用於許多不同（包括我們的）文化之中。第一世紀的希羅文化中，傳訊溝通主要依靠聽覺，甚至信件和其他文學作品也會向受眾大聲朗讀。[2] 因此，

---

[1] 見例子如 Abraham J. Malherbe, *Moral Exhortation: A Greco-Roman Sourcebook*, LEC 4 (Philadelphia: Westminster, 1986), pp. 121–134; Mario M. DiCicco, *Paul's Use of Ethos, Pathos, and Logos in 2 Corinthians 10–13*, MBPS 31 (Lewiston: Mellen Biblical Press, 1995), pp. 188–259; Bryan R. Dyer, *Suffering in the Face of Death: The Epistle to the Hebrews and Its Context of Situation*, LNTS 568 (London: Bloomsbury, 2017), pp. 132–174。

[2] 個人默讀的做法十分少見，即使當事人通文識字也是如此。他們的習慣是大聲朗讀。見 Pieter J. J. Botha, 'The Verbal Art of the Pauline Letters: Rhetoric, Performance and Presence', in Stanley E. Porter and Thomas H. Olbricht (eds.), *Rhetoric and the New Testament: Essays from the 1992 Heidelberg Conference*, JSNTSup 90 (Sheffield: Sheffield Ac-

演講中使用的勸說技巧也經常用於寫作中，以期達至仿如大聲朗讀所產生的效果。[3]

在希羅修辭學中，演說者經常使用三種勸說手法來支持他的主要觀點：[4]（1）*ethos*——向聽眾證明演說者及信息值得信賴；（2）*logos*——以邏輯論證說服聽眾；及（3）*pathos*——挑動聽眾某些情緒，引導他們朝演說者所冀望的行動方向發展。[5] 保羅為

---

ademic Press, 1993), p. 414; Ben Witherington III, *New Testament Rhetoric: An Introductory Guide to the Art of Persuasion in and of the New Testament* (Eugene: Cascade, 2009), pp. 1–3。

[3] 參 Witherington, *New Testament Rhetoric*, p. 20。帕森斯（Parsons）和馬田（Martin）於較近期的研究中表明，希臘的高等教育——甚或早在中學教育，使用了 *progymnasmata*（撰寫演講稿的初步練習）來訓練寫作，這可以合理地解釋新約作者或文書助理為何會在寫作中使用好些修辭技巧。Mikeal C. Parsons and Michael W. Martin, *Ancient Rhetoric and the New Testament: The Influence of Elementary Greek Composition* (Waco: Baylor University Press, 2018), pp. 1–9, 275–281.

[4] Witherington, *New Testament Rhetoric*, pp. 15–16; Chee-Chiew Lee, 'The Use of Scriptures and the Rhetoric of Fear in Hebrews', *BBR* 31.2 (2021), p. 192. 上述的過程稱為 *inventio*（構思）。

[5] 就 *ethos* 見例子如 Aristotle, *Rhetoric* 2.1.3, 2.1.5; *Rhetorica ad Herennium* 1.7。就 *logos* 所運用的不同論證形式，見例子如 *Rhetoric to Alexander* 1429–1430。就 *pathos* 見例子如 Aristotle, *Rhetoric* 2.2–2.11; Quintilian, *Institutio oratoria* 6.1.7–6.1.11。

其使徒身分和信息的真確性辯護（加 1:1，11~12），正是建立 ethos（可信度）的典型例子。[6] 除了訴諸 logos（邏輯論證）之外，希伯來書作者經常運用 pathos（情緒挑動）——激發諸如恐懼、信心、同理心、榮譽和羞恥等情緒，[7] 而這些都將於下文探討。

雖然使徒保羅直白地聲稱自己在傳道中沒有使用高言大智（hyperochē logou）或智慧的話（peithoi sophias logoi）[8]（林前 2:1、4），而他也沒受訓成為專業的演說家（林後 11:6），[9] 但眾學者毫不懷疑保羅書信存在可識別的修辭手法。[10] 相反，保羅所指的更有可能是：（1）在哥林多前書二章 1~4 節，他希

---

[6] DeSilva, *Galatians*, p. 139.

[7] 另見 H. Gorman, 'Persuading Through Pathos: Appeals to the Emotions in Hebrews', *ResQ* 54.2 (2012), pp. 77–90。

[8] 此處有一個異文，不同讀文的抄本證據可主要畫分為兩類：（1）帶有 *anthrōpinos*（人的）這形容詞，用以修飾 *sophia*（智慧）的（如 ℵ² A C 1 42 131）；及（2）沒有形容詞的（如 𝔓⁴⁶ ℵ* B D 33）。較早期的抄本支持（2）。

[9] 哥林多後書十一章 6 節是第一類的條件句，即為了論證的緣故，假設前子句「即使我未受過口語訓練」為真。這不一定等同於事實。因此，我們不應該憑前子句推斷出保羅沒有受過修辭方面的訓練。就第一類條件句的細微差別，見 Daniel B. Wallace, *Greek Grammar Beyond the Basics: An Exegetical Syntax of the New Testament* (Grand Rapids: Zondervan, 1996), pp. 690–694。

[10] 見例子如 Thrall, *Second Epistle of the Corinthians*, pp. 677–678; Guthrie, *2 Corinthians*, pp. 517–518。

望強調神透過聖靈動工，過於單靠人的力量；及（2）在哥林多後書十一章5~6節，他雖不及其他「超級使徒」般能言善道，但他的學識不比對方少。[11]

除了保羅書信和希伯來書，新約其他書卷也明顯運用了不同修辭技巧。[12] 筆者將於下文闡釋這些新約作者如何及為何在其勸說中結合各修辭技巧。他們當中常見的技巧，是採用猶太經書。一如同時代的猶太人，他們相信這些經書是神所默示的，因而具有權威地位（參提後3:16；彼後1:21）。[13] 與此同時，一如同時代的希臘羅馬人，猶太和基督徒作者也採用權威傳統作為修辭手法。[14] 值得注意的是，他們不僅勸

---

[11] Matera, *II Corinthians*, p. 248.

[12] 新約作者的教育水平不盡相同，聘用文書助理十分常見；後者也可能具有不同水平的文學技能。希伯來書作者在修辭方面格外嫺熟，其他作者則有所不及。由於修辭學會在中學教育內教授，因此保羅很可能在大數受過一些初級培訓。此外，在地中海城市中，演講經常在市民聚集聆聽的公共廣場（*agora*）舉行。因此，新約作者或其文書助理也可能由此掌握了一些常用的修辭技巧。參 Witherington, *New Testament Rhetoric,* p. 11。

[13] E. Earle Ellis, *The Old Testament in Early Christianity: Canon and Interpretation in the Light of Modern Research* (Eugene: Wipf & Stock, 2003), pp. 3–5.

[14] Dennis L. Stamps, 'The Use of the OT in the NT as a Rhetorical Device: A Methodological Proposal', in *Hearing the Old Testament in the New Testament*, MNTS (Grand Rapids: Eerdmans, 2006), pp. 9–37; Christopher D. Stanley, 'The Rhet-

說受眾在面臨逼迫下仍要堅守信仰，更完全確信神能賦予他子民堅持不懈的能力（例如約 17:11~12；帖後 2:16~17；來 7:25；彼前 5:10；啟 7:3）。

榮譽與羞恥

希羅文化中另一個值得關注的重要特徵是「榮譽與恥辱」。在那文化中，眾人非常渴望榮譽又非常厭惡羞恥（恥辱）。因此，榮辱成為調節社交行為的強大力量。德席爾瓦（deSilva）清晰解說了「予以榮譽和羞恥［如何］成為主要手段，催使各人踐行那些並未立法的價值觀，並加強那些成文法所涵蓋的價值觀」，而筆者則會嘗試於下文概述。[15]

首先，筆者已於上文提到公開羞辱（如辱罵、毆打、遭群體排斥、沒收財產、監禁）乃是主流文化（如猶太和外族反對者）採用的手段，逼使偏離者（通常是少數群體；如基督徒）順從主流社群的價值觀（如割禮是人被接納為神子民的唯一途徑；參與異教崇拜

---

oric of Quotations: An Essay on Method', in Craig A. Evans and James A. Sanders (eds.), *Early Christian Interpretation of the Scriptures of Israel: Investigations and Proposals*, JSNTSup 148 (Sheffield: Sheffield Academic Press, 1997), pp. 54–56.

[15] DeSilva, *Honor, Patronage, Kinship and Purity*, pp. 36, 35–42.

對維持 pax deorum 至關重要）並嚇阻其他人（例如旁觀者）偏離。[16] 基督徒抵受不住羞辱就會妥協，一如我們在上一章所見。故此，是什麼使其他基督徒忍受羞辱、堅毅不屈呢？

其次，少數群體文化力圖重新為自己定義何謂榮譽和羞恥。正如德席爾瓦指出的，這策略可見於猶太、外族和基督徒著作。[17] 筆者就曾於上文提到一個矛盾說法：「因為基督而受辱是一種榮幸。」[18] 這正是個例子，將多數族群文化認為「不光彩的」（被地方政府鞭打；參徒 5:40~41）重新定義為少數群体文化的「榮耀」（為基督受苦）。這觀點的另一個表述方式是，關鍵在於是否確信從神而來的榮耀比從人而來的更重要。[19]

雖然各新約作者都與其文化氛圍相近，也會運用催逼和重新定義這兩個策略，[20] 但於某些方面卻有所

---

[16] 見上文第 115 頁。就此社會行為機制，另見 Timothy MacBride, 'Aliens and Strangers: Minority Group Rhetoric in the Later New Testament Writings', in Mark Harding and Alanna Nobbs (eds.), *Into All the World: Emergent Christianity in Its Jewish and Greco-Roman Context* (Grand Rapids: Eerdmans, 2017), p. 303。

[17] 就一手史料，見 deSilva, *Honor, Patronage, Kinship and Purity*, pp. 39–40 中第 40 頁註 17。

[18] 見上文第 121 頁。

[19] 另見 Te-Li Lau, *Defending Shame: Its Formative Power in Paul's Letters* (Grand Rapids: Baker Academic, 2020), p. 172。

[20] MacBride, 'Aliens and Strangers', p. 305.

不同。最近，劉氏（Lau）也完成一項重要的研究，探討保羅如何於其書信中運用羞恥感。劉氏提出保羅於以下方面與同時代的希羅道德家相近：（1）把羞恥感理解為大眾察覺自己的行為有違其道德規範時所經驗的情緒（換言之，罪行導致羞恥）；及（2）把羞恥感用作「教學工具」，去勸阻不光彩的行為（按基督信仰的神學和觀點重新定義）並激勵悔改。[21] 因此，劉氏總結認為，保羅「讓人自感羞愧的修辭手法不是破壞，而是救贖；不是瓦解，而是重整」。[22] 儘管如此，劉氏仍表明，保羅與他同時代的人不同之處在於他堅信，若無聖靈「轉化和賦予能力的作為」，這種羞辱式的技巧將會毫無果效。[23] 筆者將於下文檢視新約作者如何把榮譽與羞恥結合為修辭策略，用以勸說受眾堅守基督信仰。

勸說受眾堅持不懈

有關耶穌的言論和故事在被保存在四福音內以先，都以某種形式的口述和成文福音傳統流傳開來。

---

[21] Lau, *Defending Shame*, pp. 151–166.
[22] 同上，p. 172。
[23] 同上，pp. 167–172。

在本節中，我們將檢視不同新約作者如何在其教導中發展和應用這些福音傳統，以勸說耶穌的跟隨者在逼迫中仍堅守信仰。由於前文已檢視過四位福音書作者如何透過人物刻畫教導受眾面對逼迫，[24] 筆者就不在這裡重複。

馬可福音

馬可以種子落在四種土壤的比喻開啟對門徒面臨逼迫的討論（可 4:1~20）。如上文所述，與路加較為籠統的描述不同，馬可將落在石地淺土被太陽烤灼枯萎的種子，與那些因逼迫而離開的人聯繫起來（可 4:5~6、16~17；參路 8:13）。[25] 這是他首次警告部分門徒會因逼迫而放棄信仰。

學者注意到馬可在耶穌就他受苦、死亡和復活的三個預言中，使用了三重式的文學手法和相應的循環模式（表 3.1 僅列出了不同之處）。[26]

---

[24] 見上文第二章中「神學觀點概要」。
[25] 見上文第二章 143–144 頁。
[26] 就三重式手法的運用，見 Mark L. Strauss, *Mark*, ZECNT (Grand Rapids: Zondervan, 2014), p. 48。就循環模式，見 R. T. France, *The Gospel of Mark: A Commentary on the Greek Text*, NIGTC (Grand Rapids: Eerdmans, 2002), p. 320; Robert H. Stein, *Mark*, BECNT (Grand Rapids: Baker

預言他的受苦、受死和復活		
第一次預言：受苦和被棄絕（8:31）	**第二次預言：**被交在人的手裡（9:30~32）	**第三次預言：**被交給祭司長和經學家、受到凌辱（10:32~34）
門徒的錯誤反應		
彼得責怪耶穌（8:32）	門徒爭論誰為大（追求榮耀）（9:33~34）	雅各和約翰請求坐在耶穌的左右（追求榮耀）（10:35~37）
耶穌的更正教導		
以榮耀與羞恥計算作門徒的代價（8:34~38）	真正的偉大以謙卑和僕人的形態展現（9:35~37）	雅各和約翰將接受耶穌的洗禮並喝他的杯。真正的偉大由神賜予，並會以僕人形態出現，正如耶穌的榜樣（10:38~45）。

表 3.1
馬可福音八章31節至十章45節的循環敘事模式

Academic, 2008), p. 386; Strauss, *Mark*, p. 403。雖然馬太和路加也記載了耶穌受難的三次預言，但其中沒有馬可所運用的模式。

第 3 章 如何至終站立得穩：勸說與賦予能力以堅持不懈 183

我們在此需要注意的是，通過這文學手法帶來的神學信息，如何與面對逼迫相連起來。我們觀察到每個循環都擴展了前一個。在第一循環（可 8:34~38）中，耶穌嚴肅宣告說，跟隨他就不可避免要受苦（「背起十字架」），這顯然與為耶穌和福音受苦（即受逼迫），甚至達到喪命的程度（「拯救和失去生命」）有關。假如門徒害怕蒙羞受辱（即以耶穌和他的道為恥），他們看似憑着否認耶穌救回自己的生命。[27] 然而，在末世耶穌榮耀再臨時，他也會以他們為恥，而他們就將喪掉自己的生命了。

在第二和第三個循環中，門徒們追求榮耀：想要成為最大的（可 9:33~34），並在彌賽亞君王旁邊佔據尊貴的席位（可 10:35~37）。[28] 在這兩個循環中，耶穌清楚表明，真正的偉大會在謙卑和僕人身分上展現出來。在第三個循環中，這概念以耶穌自己的例子為擴展（可 10:45）。耶穌以「杯」和「洗禮」的比喻描繪他的受苦（參可 14:36；路 12:50；約 18:11）。[29] 雅各和約翰將要分享耶穌的杯和參與他的洗禮（可 10:39），並由此有份於耶穌的苦難。相比之下，賜尊位給雅各和約翰的權柄卻不屬耶穌（10:40）。

---

[27] 就以耶穌及他的道為恥，並由此否認耶穌，另見 Stein, *Mark*, p. 410。

[28] 另見 Strauss, *Mark*, p. 454。

[29] France, *Mark*, p. 416; Strauss, *Mark*, p. 455.

通過這三個循環，其中的神學信息就清晰地呈現。首先，作為門徒，他們的份只會是為基督和他的福音受辱，而非因權勢地位而得榮耀。第二，那些現在試圖避免為基督受苦而蒙羞的人，最終將會在末世承受恥辱。哪一個更為重要呢？是暫時被迫害者羞辱，還是在最後審判時被榮耀的耶穌所恥呢？我們在此看到羞恥和榮譽（光榮）所發揮的調節功能，明白這可激發信徒對基督的堅毅和忠誠。

最後，在橄欖山講論中（可 13:9~13），耶穌再次警告門徒，他們將因他的名而遭受仇恨和逼迫。迫害者將向地方和區域政府起訴門徒，令後者受到懲罰。即便如此，門徒也必須在法庭上作見證，並且必須先向萬民傳福音。[30] 然而，馬可也描繪耶穌向門徒保證會藉著聖靈賜予的智慧來引導他們。逼迫將首先來自各人的家庭成員，甚至會被他們殺死。然而，堅持到底的人必然得救。

---

[30] 有些學者認為 *prōtos*（首先）指的是在聖殿被毀前福音傳到萬國。見例子如 France, *Mark*, p. 516; Stein, *Mark*, p. 600; Strauss, *Mark*, p. 575。然而，按直接上下文中將「首先」理解為門徒在向君王和總督面前作見證之前，先向萬國宣講福音可能更好，原因如下：首先，此乃馬可在法庭上作見證這篇章中所加插的部分（參太 10:17~20 // 路 12:11~12），可能表明他打算將此與上下文聯繫起來。其次，使徒行傳中的敘述證實了這一點：保羅在法庭上作見證是因他向猶太人和外族人傳道而受逼迫的結果。

馬可在其福音書中，用以下方式陳明耶穌的教導，來勸說受眾堅持不懈：(1) 預早發出逼迫的警告：決定跟隨耶穌的人應該知道自己正向什麼委身。(2) 已表明面對逼迫的理想回應：不以為耶穌受苦為恥，即使遭反對仍要繼續為耶穌作見證，堅持不懈。(3) 耶穌的應許起了堅固信心的作用：聖靈的同在和智慧消除焦慮，救恩的確切盼望激勵眾人堅持不懈。

馬太福音

馬太福音有五段主要的講論，穿插在相關的敘述之中。[31] 在部分講論中，馬太以對應該講論主題的方式，處理了面對逼迫的問題。

第一組講論（太 5:1~7:29）聚焦於耶穌為律法的成全（太 5:17~19）——他是律法與之實踐的權威詮釋者（太 5:21~7:29）。根據猶太傳統，門徒遵守律

---

[31] France, *Matthew*, p. 8; Turner, *Matthew*, p. 9. 這五組講論都以相同的短語作結束 *kai egeneto hote etelesen ho Iēsous*，「耶穌說完了這一切話」（7:28, 11:1, 13:53, 19:1, 26:1），而這些講論分別是 (1) 耶穌和律法的成全（太 5:1~7:29）；(2) 宣教與敵對反應（太 10:5~11:1）；(3) 天國的比喻（太 13:1~52）；(4) 門徒之間的關係（太 18:1~35）；及 (5) 即將到來的審判（太 24:3~25:46）。

法就是義（太 5:20, 6:1；參申 6:25）。[32] 因此，耶穌不出意料地宣稱那些為義受逼迫的人是「有福的」（*makarios*）（太 5:10）。這 *makarios* 是八福中的最後一個（太 5:3~10），是馬太福音對下一個 *makarios* 的引介 —— 出現在雙重傳統中為耶穌受苦遭遇逼迫的祝福（太 5:11~12 // 路 6:22~23）。[33] 馬太同時在兩個 *makarioi* 中標注了動詞 *diōkō*（迫害），以強調他對逼迫的關注。[34] 雖然內容與路加的措辭非常相近（粗體），但與後者仍有所不同（見表 3.2）

---

[32] 就第二聖殿文獻中將義與遵守律法聯繫的例子，見 Steven M. Bryan, *Jesus and Israel's Traditions of Judgement and Restoration*, SNTSMS 117 (Cambridge: Cambridge University Press, 2002), pp. 57–68。這裡的義不單僅僅是「良好行為」（如 Gundry, Turner），而是更具體地指「遵守律法」。Gundry, *Matthew*, p. 73; Turner, *Matthew*, p. 143. 門徒在遵守律法上必須超過文士和法利賽人（太 5:20），其方式反映於後續段落中耶穌對律法的詮釋及應用（太 5:21~48）。這些超出了他們的傳統理解，正如重複短語「你們聽過有這樣的吩咐……可是我告訴你們」所強調的。

[33] 馬太福音五章 3~10 節中首八個 *makarioi* 使用了第三人稱複數（以「天國是他們的」作為首尾呼應），而馬太福音五章 11~12 章則使用了第二人稱複數。

[34] 另見 Gundry, *Matthew*, pp. 73–74。

馬太福音五章 11~12 節	路加福音六章 22~23 節
人若因我的緣故辱罵你們，迫害你們，並且捏造各樣壞話毀謗你們，**你們就有福了。你們應該歡喜快樂，因為你們在天上的賞賜是大的**；在你們以前的**先知**，他們也曾這樣迫害。	世人為人子的緣故憎恨你們、排斥你們、**辱罵你們**、棄絕你們的名好像棄絕惡物，**你們就有福了**。那時你們應該歡喜跳躍，因為**你們在天上的賞賜是大的**，他們的祖先對待**先知**也是這樣。

表3.2
馬太福音五章11~12節和路加福音六章22~23節的文本比較

有些時候，耶穌對律法（及其他部分的猶太經書）的詮釋，與猶太領袖所接受的同時代詮釋截然不同，而門徒將因遵守前者而面臨逼迫。[35] 這些解釋很可能不僅

---

[35] 一方面，筆者同意黑爾的觀點，「那些因為正義行為而受到逼迫的人，實際上是因為他們與耶穌的關係而受到逼迫，耶穌是他們獨特生活方式的源頭和原因」。另一方面，筆者不同意黑爾認為的這義「不大可能的」跟遵守妥拉或耶穌對「妥拉的正確解釋」之爭有關。見 Hare, *Jewish Persecution of Christians*, p. 132. 事實上，黑爾認為基督徒對耶穌的崇高主張可能會導致猶太人的逼迫之論點（p. 137），反而更傾向支持這些主張源於對妥拉（例如耶穌是安息日的主）和彌賽亞詩篇的解釋。儘管如此，馬太福音五章21~48節不是關於「錯誤的」傳統解釋，而是關於以超越文士和法利賽人教導的方式成全律法（太 5:20）。

限於本段講論的內容，還包括其他諸如耶穌將自己詮釋為安息日的主（太 11:28~12:21）和被拒絕的彌賽亞等（太 21:42；參詩 118:22~23；另見太 26:62~66）。³⁶ 因信耶穌而受逼迫的門徒是有福的，因為他們屬於神的國，並且在天上的賞賜是大的（太 5:10、12）。他們遭受這樣的逼迫證明了他們作為天國子民的身分，而他們的獎賞則很可能是指他們將要承受天國。³⁷

雖然耶穌有關不報復的教導（太 5:38~42）並不直接提及門徒該如何回應其逼迫者，但卻可以應用到這類處境。³⁸ 正如特納（Turner）所指出的，「在受

---

³⁶ 就耶穌對安息日的理解與馬太福音十二章 15~21 節中以賽亞書引文的關係，見 Chee-Chiew Lee, 'Scripture as God's Word', in Roland Chia (ed.), *Dei Verbum: The Bible in Church and Society* (Singapore: Sower, 2020), pp. 8–11。就詩篇一一八篇於第二聖殿時期的彌賽亞詮釋，見 Craig L. Blomberg, 'Matthew', in G. K. Beale and D. A. Carson (eds.), *Commentary on the New Testament Use of the Old Testament* (Grand Rapids: Baker Academic, 2007), p. 74。

³⁷ 就印證門徒的身分，見 Kelhoffer, *Persecution, Persuasion, and Power*, pp. 237–238；就以承受天國為賞賜，見歌羅西書三章 24 節；Osborne, *Matthew*, p. 170。

³⁸ 甘德里（Gundry）和特納（Turner）都認為鹽與光的教導（太 5:13~16）與逼迫相關。Gundry, *Matthew*, p. 75; Turner, *Matthew*, p. 154. 甘德里認為門徒的見證是逼迫的原由，而特納則理解作在逼迫中門徒的見證。雖然這些教導可以應用到這類處境，但筆者卻並未將之包括在內，因為文本本身並不清晰顯示其與逼迫相關。

到更強大者壓迫時，門徒不僅要以非報復的反應來遠離邪惡，他更應以慷慨恩慈的態度回應弱勢群體，好鼓勵善行。」[39] 然而，就下一則有關愛仇敵的教導中（5:43~48），馬太用上 *diōkō*（逼迫）這動詞，並連繫到門徒應如何面對逼迫 —— 為其逼迫者禱告（參路 6:27~28）。這教導在路加福音中則較為廣泛，並可應用到各類別的仇敵，不限於因為門徒信仰耶穌而反對他們的人。與路加福音相比，馬太福音中的教導則較為扼要（相似之處於表 3.3 中以粗體標示）。

馬太福音五章 44~45 節	路加福音六章 27~28 節
可是我告訴你們，當愛你們的仇敵，為迫害你們的祈禱	只是我告訴你們聽道的人：**當愛你們的仇敵**，善待恨你們的人。咒詛你們的，要為他們祝福，凌辱你們的，**要為他們禱告**。

表3.3
馬太福音五章44~45節
和路加福音六章27~28節的文本比較

---

[39] Turner, *Matthew*, p. 175.

背後的理念是他們應當反映與天父相同的本性（「兒子」），正如天父是完全的，好人和惡人他都善待；因此，他們應該比非信徒（「外族人」）做得更多（太5:45~48）。[40]

早期基督徒的做法，是證明耶穌就是聖經所應許的彌賽亞；[41] 馬太福音的主旨同樣是表明耶穌圓滿成就了聖經（律法書、先知書和聖卷）。[42] 因此，這首篇講論很可能是護教舉動，表明耶穌（以至基督信仰）並不違反律法，而是成全了律法。此舉的對象不僅是猶太反對者，也在於勸說眾門徒他們正在為著正確而有價值的目的而受苦。

第二組講論著重於宣教與敵對反應。這段講論中的大部分內容都反映在雙重和三重傳統中，包括馬可福音十三章9~13節中的資料，筆者就不在此重複，[43] 只會強調馬太在呈現這些內容時的**獨特**之處（見下文粗體）。第一，正如黑爾（Hare）提到的，馬太福音十章5~15節跟馬可福音六章7~13節和路加福音九

---

[40] 就神的兒女（*huioi*，「眾兒子」；太5:45）反映神品格的本質，見 France, *Matthew*, p. 226; Osborne, *Matthew*, p. 213。*Ethnikoi*，「外族人」（太5:47），在此指的是門徒群體之外的人；見 France, *Matthew*, p. 227。

[41] 見上文第123頁有關使徒行傳的分析。

[42] France, *Matthew*, pp. 10–14; Osborne, *Matthew*, pp. 31–32, 38–40.

[43] 見上文第184頁。

章 1~6 節不同之處，**在於將逼迫與拒絕福音信息聯繫在一起**（太 10:6~33）。⁴⁴ 第二，逼迫者如狼群一樣危險，**但門徒卻要以智慧和溫柔回應**（太 10:16；參路 10:3）。⁴⁵ 第三，門徒要於法庭上在統治者和**外族人**兩者面前為耶穌作見證（太 10:18；參可 13:9~10）。第四, 假如門徒在某城受逼迫, **他們就逃到別的城去**（太 10:23）。第五，由於門徒不能勝過老師，反倒要跟後者相似，**他們因此將會面對逼迫，就和耶穌一樣**（太 10:24~25；參路 6:40）。⁴⁶

第六，門徒不應害怕逼迫（太 10:26~28），而理由有三方面：（1）**沒有什麼祕密是人不知道的**（太 10:26b）。這可意指（a）逼迫者在暗中加害他們的作為將會被揭露，或（b）門徒應當公開地宣揚耶穌私下告訴他們的。⁴⁷（2）人更應畏懼神，因為他能同時

---

⁴⁴ Hare, *Jewish Persecution* of Christians, pp. 98–100. 一如前文提到的（見上文第 18 頁），除非涉及不公對待，拒絕福音或反對宣教士的信息並不一定構成逼迫。

⁴⁵ 在路加福音十章 3 節中，狼群中之羊的比喻似乎更側重講述宣教的風險，而在馬太福音的上下文中（太 10:17~23），狼群明確指向逼迫者。與此同時，蛇和鴿子的比喻都記載於馬太福音，並不在路加福音的記述之中。

⁴⁶ 與馬太福音不同，路加福音六章 40 節沒有將這教導應用於逼迫的情境上。

⁴⁷ 馬可福音四章 22 節和路加福音十二章 2 節都沒有將這句關於「隱藏的秘密將被揭露」的教導與逼迫聯繫起來（參太 10:26）。此外，對於緊接其後的「聽見的耳

毀滅身體和靈魂，而相比之下，逼迫者只能毀滅身體（太 10:28）。(3) 神尚且看顧價值不高的麻雀，必然會加倍看顧他們（太 10:29~31）。第三個理由還採用了 *a minore ad maius*（由小至大，或者希伯來文的 *qal wāḥômer*）這修辭技巧。在這三個理由中，第一個是馬太福音所獨有的，其餘兩個則同樣見於路加福音十二章 4~5 節。

第七，既然門徒已獲保證為何不應害怕（太 10:26~31），**馬太就繼而推論**（*oun*，「因此」；太 10:32）門徒不應害怕在人前承認基督，而他鼓勵受眾如此行的方法則是點明其結果：「凡在人面前承認我的，我在我天父面前也要承認他；在人面前不認我的，我在我天父面前也要不認他」（太 10:32~33）。[48]

第八，通過使用一些見於雙重傳統中的其他教導，

語，要在房頂上宣揚」，馬太把耶穌描繪成暗中教導的人，門徒則是公開傳揚的人；對比之下，路加將其界定為聽眾暗地裡說的話將被公開（參太 10:27；路 12:3）。就上述兩種可能的含意，見 Turner, *Matthew*, p. 278; Osborne, *Matthew*, pp. 396–397。

[48] 這一系列關於不害怕逼迫者的教導，以及承認和否認耶穌的後果出現在雙重傳統之中（太 10:26~33 // 路 12:2~9）。從概念而言，雖然否認耶穌的後果（太 10:32~33 // 路 12:8~9）及以耶穌和他的話為恥（可 8:38 // 路 9:26）類似，但這兩項教導其實出現在不同的上下文中：就前者可見本註；就後者則可見下文註 49。

馬太**再次強調逼迫將來自各人的家庭**：⁴⁹（1）耶穌在家人之間帶來分裂和張力，而非和平（太 10:34~39；參 10:21；路 12:51~53）；（2）耶穌的門徒需要願意受苦（「背起十架」）和愛他過於自己家人（太 10:37~38；參路 14:26~27）；及（3）犧牲生命會得著生命和反之亦然的悖論（太 10:39；參路 17:33）。

最後，馬太以有關接待與獎賞的教導總結這組講論：（1）接待神的使者（耶穌、眾先知、義人；太 10:40~41）的，及（2）把涼水給微不足道的人的必蒙賞賜。雖然這些可能與面對逼迫沒有直接關係，卻可能帶有支持那些受逼迫之人的含義。接待一個微不足道的門徒所得的獎賞（太 10:42）可能與綿羊及山羊（真假門徒）的比喻有關；耶穌於其中把給予或拒絕接待

---

⁴⁹ 「背起十架」和「得到／失去生命的悖論」的教導以兩個形式出現：一個見於三重傳統，另一見於雙重傳統。三重傳統（可 8:34~9:1 // 太 16:24~28 // 路 9:23~27）把這些教導放在耶穌第一次預言自己受難之後，但馬太福音十六章 27 節跟馬可福音八章 38 節及路加福音九章 26 節有所不同，省略了關於以耶穌和他的話為恥的教導，卻以更一般性的判斷方式，即依據各人的作為，取而代之。雙重傳統（太 10:37~39 // 路 14:26~27）則將這些教導放在耶穌要求門徒愛他勝過愛家人的上下文之中。「人的仇敵就是自己的家人」（10:36）是馬太福音所獨有的。跟馬太福音十章 37~39 節不同，路加福音十四章 26~27 節和十七章 33 節中的教導與逼迫並無連繫。

有需要的人，等同於如何對待他（太 25:31~46）。⁵⁰
由於其中涉及很可能與逼迫相關的監禁，這會激勵門
徒援助有需要的人，包括那些遭遇逼迫的人。⁵¹

馬太將耶穌關於逼迫的大部分教導整合到這第二
組講論，其中包括（1）預言門徒將如何受到逼迫，
以及被誰逼迫；（2）他們該如何回應；及（3）面對
逼迫時耶穌的保證和應許。在第三組講論中有一系列
有關天國的比喻。馬太把撒種在石地淺土上的比喻納
入其中，指的是那些在面對逼迫時放棄信仰的人。不
過，與馬可相比，他並沒有做額外的評論。

第五組講論的上文提及文士和法利賽人的七禍（太
23:13~36）。最後的禍責備他們拒絕和殺害耶穌派來
的使者（先知、智者和文士），就像他們祖先對待以
前的先知一樣（太 23:29~36 // 路 11:47~51）。當中涉
及並預言不信的猶太領袖要逼迫耶穌的門徒，儘管重
點似乎放在那些宣揚耶穌國度信息的人之上。⁵² 他們

---

⁵⁰ 另見 France, *Matthew*, p. 965; Gundry, *Matthew*, p. 514。
馬太福音十章 42 節中的「這些微不足道的人中的一個」(*hena tōn mikrōn toutōn*)，跟馬太福音二十五章 40、45 節中「一個最小的」(*heni toutōn tōn elachistōn*) 的語意相近。

⁵¹ 在下文第 225–226 頁，我們將看到希伯來書作者如何發展這個福音傳統。

⁵² 根據黑爾（Hare, *Jewish Persecution of Christians*, pp. 106, 113, 125），馬太將猶太人的逼迫描述為主要針對基督徒宣教者而非一般基督徒。雖然，在馬太強調基督徒宣

逼迫耶穌使者的方式（殺害、釘十字架、在會堂裡鞭打、從一座城市迫害到另一座）暗指了關於福音使命的第二組講論（太 10:17~18、23）和第五組講論（太 24:9）。因為流義人的血（太 23:35；參 5:10），他們將面臨神的審判並被判罰進地獄（太 23:33）。這下地獄的刑罰是馬太所獨有的。對於正受到逼迫的門徒來說，神必會審判逼迫他們的人的確據是一份鼓勵，因為神會為他公義的子民（即那些遵守耶穌所詮釋之律法的人）復仇並昭雪。

最後，在有關未來審判的第五組講論，馬太再次描述耶穌重申門徒將受到逼迫，被列國（外族人）憎恨，甚至被處死（太 24:9；參 10:21）。耶穌再一次警告，許多人會背棄他們的信仰（太 24:10 上；參 13:21），[53] 而門徒群體中的一些人將會由於逼迫的壓力而彼此背叛和憎恨（太 24:10 下；參 10:22）。

從馬太對其資料來源的編輯可觀察到，他專注於向受眾講述來自猶太反對者的逼迫。[54] 雖然在馬太及／

教者遭受猶太反對者的逼迫上（參太 13:16~19, 23:34）黑爾是正確的，但我們應該注意到馬太福音五章 10~12 節、十章 34~39 節和二十四章 9~10 節等章節也可以更廣義地指到一般基督徒。

[53] 就這些經節（太 13:21, 24:11）的上下文而言，*skandalizō* 的意思是否認自己信仰耶穌（參太 26:31、33）。見 *BDAG*, p. 926, 1b。

[54] 另見 Gundry, *Matthew*, pp. 5–10; Hare, *Jewish Persecution of Christians*, pp. 125–129。

或路加傳統中，耶穌的一些言論沒有直接提到逼迫，馬太卻以類比方式將其應用於面臨逼迫的情境之上。他不僅陳述了耶穌就門徒應如何面對逼迫的教導，而且經常提供這樣做的理由（訴諸 *logos*［邏輯論證］）。馬太福音的文學特色之一是真假門徒的對比。[55] 正如甘德里（Gundry）指出的，那些經得起逼迫的才是真門徒，而假門徒則是那些為了逃避逼迫而否認與耶穌有關係，甚至將其他門徒出賣給逼迫者的人。[56] 這種對比真假門徒的特徵及結局的文學特色，提醒馬太福音的受眾要自行辨別身屬哪一方。

路加福音—使徒行傳

在路加福音中，幾乎所有關於耶穌就逼迫教導的描述都可以在三重和雙重傳統中找到。那些見於三重傳統的內容包括：(1) 種子落在淺土石地上的比喻（路 8:13）；(2) 背起十字架跟從耶穌和以耶穌為恥的結局（路 9:23~27）；(3) 在地方和區域政府面前受到指控，以此作為作見證的機會，並從聖靈得智慧的應許（路 21:12~15；參 12:11~12）；及 (4) 來自所屬

---

[55] 例子如太 7:21~23，13:1~9、18~23、18~30、36~43，22:11~14，24:45~51，25:1~46。

[56] Gundry, *Matthew*, p. 6.

群體的逼迫和被所有人憎恨（路 21:16~17）。然而，路加在「背起他的十字架」前加上「天天」一詞（路 9:23；參可 8:34 // 太 16:24），強調了捨己的持續性，即使這意味著死亡。相比之下，馬可福音和馬太福音中的這句話可以更具體地指一次性承諾，以應對因逼迫而來的即時死亡威脅。[57]

那些見於雙重傳統的內容包括：（1）就面對逼迫和為此歡喜而有福的兩個 *makarioi*（「有福的人」[複數]；路 6:22~23）；（2）愛仇敵和不報復（路 6:27~36）；（3）懼怕神多於逼迫者，因為前者有權柄把人扔進地獄，而後者僅能殺人身體（路 12:4~5）；（4）看顧麻雀的神將更看顧受逼迫的門徒（路 12:6~7）；及（5）在逼迫者前承認或否認耶穌的結局（路 12:8~9）。

這些教導所處的上下文，通常在三重傳統中與馬可福音的相近，而在雙重傳統中則與馬太福音的相近。因此，在上下文類近之處，這些教導也以近似馬可福音和馬太福音的方式發揮作用，由此鼓勵信徒堅持不懈。

然而，路加在這些傳統中嵌入好些獨特的材料：來自群體的逼迫，從直系親屬擴大至親戚和朋友

---

[57] Richard B. Vinson, *Luke*, SHBC (Macon: Smyth & Helwys, 2008), p. 285; Garland, *Luke*, p. 390; James R. Edwards, *The Gospel According to Luke*, PNTC (Grand Rapids: Eerdmans, 2015), p. 276.

（路 21:16），及「連你們的一根頭髮，也必不失落」的應許（路 21:18）。同樣地，如上文所指的，[58] 第一，相比於馬太福音，路加福音中好些教導都放在較為廣泛的情境中（例如：愛仇敵、撒種在淺土石地），但是其廣闊度足以應用在面對逼迫的情況中。[59] 第二，儘管與馬可福音和馬太福音相比下，路加福音在鋪陳耶穌關於逼迫的教導上並沒有明顯的區別，[60] 使徒行

---

[58] 見本節「路加福音 — 使徒行傳」之前，「馬太福音」與「馬可福音」的部分。

[59] 這並不意味著路加的受眾所面對的逼迫，比馬可或馬太的受眾較為輕。而是說，路加似乎傾向於更廣闊地陳述這些教導，以涵蓋其他類型的不公對待。

[60] 甘寧翰（Cunningham, *Through Many Tribulations*, pp. 295–327）將路加福音 — 使徒行傳中的逼迫神學總結為六項「功能」：（1）逼迫是神計劃的一部分；（2）逼迫是神的代表被那些本來應是神子民的人拒絕；（3）受逼迫的神子民與神的先知是一脈相承的；（4）逼迫是跟隨耶穌不可或缺的後果；（5）逼迫是基督徒堅忍的契機；及（6）逼迫是神得勝的契機。雖然筆者大體同意甘寧翰的總結，但仍想指出以下幾點。第一，這六點在對觀福音書中有很多共同之處，但與馬太福音相比，在路加福音 — 使徒行傳中更全面發展第三點。第二，套用甘寧翰本人的話（p. 297），筆者建議將第一點改寫為「逼迫總是發生在神的旨意中」，因為「神計畫的一部分」可能給人一種印象，即逼迫者這些不公對待源於神，而不是罪的結果。第三，筆者還會將第二點改寫為「逼迫源自拒絕神的代表」。如前所述，拒絕並不一定意味著逼迫。此外，雖然「那些本

傳中的敘述卻將門徒描繪成能夠以符合耶穌教導的方式面對逼迫,因此是對逼迫的模範回應。除了在使徒行傳中對門徒的正面人物刻畫外,[61] 路加在使徒行傳的敘述中,還試圖通過展示門徒如何經歷在福音傳統中耶穌所應許的拯救,以鼓勵受眾在逼迫中堅持信仰(路 21:19;參太 10:29~31;路 12:6~7):(1)使徒奇蹟地脫獄(徒 5:19, 12:6~17, 16:25~26);及(2)反對保羅的陰謀遭到挫敗(徒 9:23~25, 14:5~6, 20:3, 23:12~23)。因此,路加展示了耶穌關於面對逼迫的教導及其拯救應許如何通過聖靈的能力,在早期門徒的模範和經驗中實現,並以此試圖鼓勵受眾堅持信仰。

約翰福音

在上一章中,我們看到約翰如何通過人物刻畫,他對某些人物的正面或負面評價,以及對部分人物模

來應是神的子民」(即不信的猶太人)在路加福音中被描繪成逼迫門徒的人,但他們不是使徒行傳中唯一的逼迫者——還有異教徒的逼迫者。

[61] 即使路加提到馬可在旁非利亞「離棄」保羅和巴拿巴(徒 15:38),他也沒有具體說明離棄的原因。因此,馬可是否因遭受逼迫而離棄了他們仍不清晰。這支持了筆者的觀點,即路加在使徒行傳中只描述了信徒面對逼迫的積極回應。

棱兩可的描述,來處理在約翰福音中信徒面對逼迫的恐懼。在本節中,我們將重點關注約翰如何使用二元的用語和約翰福音中耶穌的講論,來處理這份對逼迫的恐懼。[62]

除了約翰福音十二章 24~26 節外,耶穌針對面對逼迫的大部分教導都可以在臨別講論中找到(約 13~17 章;參 15:18~23, 16:1~4a, 32~33, 17:11~18)。乍看之下,耶穌在約翰福音十二章 24~26 節的教導似乎與逼迫沒有直接關係:

> 我實實在在告訴你們,一粒麥子若不落在地裡死了,仍舊是一粒;如果死了,就結出許多果實來。愛惜自己生命的,就喪掉生命;在這世上恨惡自己生命的,必會保全生命到永遠。如果有人服事我,就應當跟從我;我在哪裡,服事我的人也會在哪裡;如果有人服事我,我父必尊重他。

然而,約翰福音十二章23~28、33~34節和約翰福音二十一章18~19節之間的許多文學關聯,卻將前者與逼迫連繫一起(表3.4)。[63]

---

[62] 本節主要摘自筆者的專文 'Facing Persecution', pp. 189–204。然而,筆者於本節將只會總結其中要點。

[63] 同上, pp. 192–193; 另見 Gilbert van Belle (ed.), 'Peter

「如果有人服事我,就應當跟從我」(12:26a)	耶穌差派彼得牧養他的羊,以此服侍他(21:15~17),並吩咐彼得跟隨他(21:19)
「我在哪裡,服事我的人也會在哪裡」(12:26b)	耶穌死於反對他之人的手裡。同樣地,彼得也將要殉道(21:18)
耶穌的死使神得榮耀(12:23、27~28)	彼得的死使神得榮耀(21:19)
「他〔耶穌〕說這話,是指著自己將要怎樣死說的」(12:33~34)	「耶穌說這話,是指明彼得將怎樣死,來榮耀神」(21:18~19)

表3.4
約翰福音十二章23~28、33~34及
二十一章18~19節的文學關聯

此外,「愛」和「榮譽／光榮」將約翰福音十二章25~26節與十二章42~43節聯繫起來。[64] 不承認耶

---

as Martyr in the Fourth Gospel', in *Martyrdom and Persecution in Late Antique Christianity: Festschrift Boudewijn Dehandschutter* (Leuven: Uitgeverij Peeters, 2010), pp. 281–309, 特別是 p. 287; Köstenberger, *John*, p. 380。

[64] 就約翰福音十二章43節希臘文句法的釋經細節,見上文第二章註106。*timaō*(尊榮)與 *doxa*,(榮耀)也有語義重疊之處;見 L&N, §§87.4, 87.8。

穌為基督是因為看重「自己的榮譽過於神的榮譽」,而「愛來自人的榮譽,過於愛來自神的榮譽」則很可能是「愛惜自己性命」的例證。相比之下,「那些恨惡自己生命的人,因承認基督並忍受被定罪、被逐出群體的恥辱,實際上會從神那裡得到永生和榮耀」。[65] 從約翰描述耶穌和彼得所要面對的死亡來看(約 12:23、27~28、33,21:18~19),殉道會使神得榮耀。

對觀福音書中的類似說法不如約翰福音中的兩極對立(參可 8:35 // 太 16:25 // 路 9:24)。因此,約翰似乎故意使用二元用詞「愛、恨」及「生、死」(約 12:25~26),並且將對立詞彙間的距離拉至最遠,[66] 從而加劇了永生是通過死亡獲得的悖論。撒種比喻中死後結果更多(約 12:24)正好闡明這概念。我們也看到約翰試圖將主流文化視為恥辱的(為耶穌受逼迫),重新定義為在神眼中真正的榮耀。

約翰在十五章 19 節描述耶穌將門徒與其他人截然區分開來:「你們若**屬於這世界**,世人必定**愛**屬自己的;但因為你們**不屬於世界**,而是我從世界中揀選

---

[65] Lee, 'Facing Persecution', p. 193.
[66] James L. Resseguie, 'A Narrative-Critical Approach to the Fourth Gospel', in Christopher W. Skinner (ed.), *Characters and Characterization in the Gospel of John*, LNTS 461 (London: Bloomsbury T&T Clark, 2013), p. 6.

了你們，所以世人就**恨**你們。」這種二元表述叫人不可能採取中立或被雙方認同：[67] 不可能既屬於耶穌，又被世界所愛。這迫使受眾作出選擇，並自行評估自己身屬何方。

另一個類似的二元表述出現在約翰福音十六章 33 節：「你們**在我裡面**有**平安**。**在世上**你們有**患難**」。這形成了鮮明的對比，也是各人在遭受世人所致的苦難時仍可從耶穌那裡得到平安的保證。耶穌告誡門徒要鼓起勇氣，因為他戰勝世界的事實是「門徒能有勇氣和經歷平安的基礎」（約 16:33）。[68] 這是在約翰福音內的唯一記載，講述耶穌指導門徒如何面對逼迫 —— 以勇氣面對！這不足為怪，因為約翰一貫將門徒害怕受到猶太掌權者的逼迫視為敘述中的重要母題。

在約翰福音十七章 11~19 節，耶穌為門徒們將要面對的逼迫禱告。我們在這個禱告中觀察到許多平行特徵（見表 3.5）。

---

[67] Lee, 'Facing Persecution', p. 200.
[68] 同上，p. 201。

「在世上」 (17:11~13)	「屬／離世」[69] (17:14~16)	「到世上」 (17:17~19)
當子懇求父以他的名保守他們時，子也以父的名保守他們。就像耶穌和他的父一樣，門徒要成為「一」。	子懇求父使他們遠離惡者，而不是將他們帶離世界。像耶穌一樣，門徒不屬世界。	當子懇求父使門徒成聖時，子也藉著自己成聖而使他們成聖。就像父差遣耶穌到世上一樣，耶穌也差遣門徒到世上。

表3.5
約翰福音十七章11~19節中耶穌禱文的平行特徵

此處非常強調神的護佑和與基督的聯合。父和子同時（1）奉父的名保守門徒不失足後退（17:11~12）；及（2）用父的話使門徒成聖（17:17、19），使他們可以在世上為耶穌作見證（17:20；參15:27）。正如湯普森解釋道：「『奉你的名』被保守意味著屬於父的人會受到保護和看守，也因此按父的名被識別或標

---

[69] 在本節中，相同的介詞片語 *ek tou kosmou* 必須用不同的中英文詞彙來翻譯，以反映其細微差別：（1）門徒「不屬於這世界」；及（2）耶穌懇求天父不要「使他們離開世界」。

記。」[70] 對耶穌來說，幫助門徒面對逼迫的解決方案，不是將他們帶離世界以減輕其壓力，而是讓天父保護他們免受惡者的侵害。[71] 在這禱告中，約翰強調的不是門徒在面對逼迫時可作什麼防止自己失足後退，而是神的護佑；正如耶穌說道：「離開了我，你們就不能作什麼」（約15:5b）。這概念成為了信徒蒙神賜予能力的確據，得以在面對逼迫時堅持不懈。

耶穌三次用「我把這些事告訴了你們」這句話預先警告門徒逼迫近在眉睫，然後接上警告的目的：（1）使他們不致失足後退（約16:1）；（2）使他們可以想起他說過的話（約16:4）；及（3）使他們有平安（約16:33）。約翰福音十六章2~3節中逼迫的形式（逐出猶太會堂和殺害）和理由（逼迫者認為他們這樣做是在事奉神），由以上第一和第二點組成「首尾呼應」的一對（*inclusio*；約16:1、4），[72] 而當耶穌被捕時，

---

[70] Thompson, *John*, p. 352.

[71] 雖然 *ek tou ponērou*（約17:5）的意思可能是「邪惡的」或「惡者」，但在這裡更可能指後者，因為約翰將撒但描述為「這世界的王」（約12:31, 14:30, 16:11）。另見 Andrew T. Lincoln, *The Gospel According to Saint John*, BNTC 4 (Peabody: Hendrickson, 2005), p. 437; Klink, *John*, p. 721。

[72] Craig S. Keener, *The Gospel of John: A Commentary*, 2 vols. (Peabody: Hendrickson, 2003), vol. 2, p. 1025; Lincoln, *Gospel According to Saint John*, p. 413; Klink, *John*, p. 672.

門徒會背棄他的預言（約16:32）則出現在第三點之前。

這些預警如何達成其目的呢？雖然直接的上下文沒有詳細說明這一點，但我們可以從更廣的脈絡推論出聖靈會幫助門徒回想起耶穌所說的話（約14:26）。他們將因此意識到耶穌論及逼迫的預言是真實的，因此有勇氣相信他的應許也同樣真實，例如（1）他們將通過為耶穌而死而獲得永生（約12:24~26）；（2）耶穌已經勝過世界，因此他們即使在逼迫中也可從他那裡體驗到平安（約16:33）；及（3）神會保存他們，使他們不致失足後退（約17:11~12）。

雖然對觀福音清楚地將面對逼迫和在審訊時為耶穌作見證聯繫起來（可13:9 // 太10:18 // 路21:12~13），但約翰福音卻沒有那麼直接——門徒總要為耶穌作見證（約15:26~27，19:35，21:24），無論他們是否面臨逼迫（約4:39~42，9:10~33）。

> 對約翰來說，在個人道德操守上妥協來應對逼迫下的恐懼絕對不可接受。克服恐懼逼迫的方法不是否認恐懼的真實存在，而是基於耶穌的得勝和神的護佑，從而勇敢地面對這恐懼。[73]

---

[73] Lee, 'Facing Persecution', p. 204.

保羅書信

保羅主要使用勸勉、他自己作為榜樣和邏輯推論，鼓勵受眾在面對逼迫時堅持不懈。他的許多勸告與福音傳統相似，例如（1）對逼迫的預警和神的護佑（例如路 12:6~7; 約 16:1~4）；（2）在逼迫中喜樂（太 5:12; 路 6:23），不害怕（例如太 10:26~31; 路 12:4）和體驗平安（例如約 14:27, 16:33）；（3）不報復和愛自己的仇敵（太 5:43~44；路 6:27~28）；及（4）終末的恥辱和榮耀（例如可 8:38）。

第一，保羅開始在帖撒羅尼迦傳道之時，就預先警告信徒逼迫近在眉睫（帖前 3:4）。[74] 與各福音書一樣，保羅毫不猶豫地讓信徒知道那些跟隨耶穌的人命定要受逼迫（腓 1:29；帖前 3:3；提後 3:12；參約 15:18~20）。在提摩太後書四章 15 節，他甚至指明反對者的名字（銅匠亞歷山大），以便提摩太提防對方和他可能造成的傷害。

第二，他勸告信徒要喜樂和禱告（羅 12:12；腓 2:18~19, 4:4~6；帖前 5:16~17）。雖然腓立比書四章 4 節和帖撒羅尼迦前書五章 16 節的直接上下文沒有提

---

[74] 帖撒羅尼迦前書三章 4 節的「我們」最有可能包括保羅、提多和帖撒羅尼迦信徒。見 Shogren, *1 and 2 Thessalonians*, p. 137; Weima, *1–2 Thessalonians*, p. 214。

到逼迫，但這兩封信更寬廣的脈絡都提到收信者所遭受的逼迫（腓 1:29~30；帖前 2:14）。在寫給腓立比人的信中，保羅告誡他們不要害怕反對者（腓 1:28），並進一步鼓勵他們，指禱告可讓他們體驗神超然的平安（腓 4:7）。保羅似乎將信徒忍受的苦難視為他們在基督裡真正身分的確證。這是神（1）拯救他們（腓 1:28）及（2）他們作為神選民的身分（帖後 1:4~6）的確證。[75] 這鼓勵了信徒要在目前為信仰而受苦之中堅持與喜樂。

第三，保羅強調不報復和以善行回應敵意的重要性（羅 12:17~21；帖前 5:15）。他勸告受眾：「迫害你們的，要為他們祝福」（羅 12:14），顯然會讓人想起馬太福音五章 44 節和路加福音六章 27 節。[76] 然而，相比耶穌於雙重傳統中的教導，保羅以不同的方向發展了以善報惡的基礎。耶穌強調天父的榜樣（太 5:45~48；路 6:35~36），而保羅則引用兩段經文解釋其基礎：（1）神的子民不報仇，因為神將會為他們

---

[75] Kelhoffer, *Persecution, Persuasion, and Power*, pp. 92–93.

[76] 羅馬書十二章 14 節上：「迫害你們的，要為他們祝福」，似乎是合併了馬太福音五章 44 節「愛你們的仇敵，為迫害你們的祈禱」和路加福音六章 28 節「咒詛你們的，要為他們祝福，凌辱你們的，要為他們禱告」。另見 Fitzmyer, *Romans*, p. 655; Moo, *Romans*, p. 667。

伸冤報仇（申32:35）。[77] 這種神學理解在猶太傳統中十分常見（例如箴20:22;《迦得遺訓》6.7）。[78] （2）善待敵人的效果如同「把炭火堆在他［們］的頭上」（箴25:21~22）。這個隱喻的意思並不十分清楚，但足以說明保羅在這裡提出以善行替代報復。[79] 雖然我們不清楚保羅是否在羅馬書十二章17~21節描述恩慈的正面結果，但他卻清楚地勸告提多在其教導上「要純全，要莊重，言詞要純正，無可指摘」，以致反對者「因

---

[77] 與LXX（*en hēmera ekdikēseōs antapodōsō*, 「在伸冤之日，我必報應」）相比之下，保羅在此的引文（*emoi ekdikēsis, egō antapodōsō*, 「伸冤在我，我必報應」）更接近MT（*lî nāqom wěšillēm*, 「於我是伸冤和報應」）；筆者譯。LXX有很強烈的終末審判意味，而MT則不一定傳遞這份對終末論的側重。另見Mark Seifrid, 'Romans', in G. K. Beale and D. A. Carson (eds.), *Commentary on the New Testament Use of the Old Testament* (Grand Rapids: Baker Academic, 2007), p. 680; Fitzmyer, *Romans*, p. 657。

[78] Gordon M. Zerbe, *Non-Retaliation in Early Jewish and New Testament Texts: Ethical Themes in Social Contexts*, BAC (London: Bloomsbury Academic, 2015), p. 167; Thielman, *Romans*, p. 595.

[79] Thielman, *Romans*, p. 596; James D. G. Dunn, *Romans 9–16*, WBC 38B (Dallas: Word, 1988), pp. 750–751. 見其中多名學者提出的各種不同涵義（正或負面的涵義）。眾學者認為在這上下文中不太可能有負面涵義（例如導致對手內疚或經歷神的審判），因為這與保羅強調的不報復相悖。而正面涵義（例如引導對手悔改）是可能的，但這隱喻意思的同時代文化證據卻很薄弱。

為無從毀謗,就自覺慚愧」(多 2:7~8)。[80] 正如孟恩思(Mounce)所指出的,這並不意味著反對者會相信基督徒的良善,而是他們不能對後者提出「合理的指控」。[81]

第四,在描述了他如何在遭受逼迫下堅持不懈(提後 2:8~10)之後,保羅引用了這「可信的」話,反映了早期教會的天啟末世觀以及與之相關的榮辱觀:

> 我們若與基督同死,就必與他同活;
> 我們若能堅忍,就必與他一同作王;
> 我們若不認他,他必不認我們;
> 我們縱然不信,他仍然是信實的,
> 因為他不能否定自己。
>
> (提後2:11~13)

保羅很可能引用這首讚美詩作為自己和提摩太的推動力:如果他們現在忍受逼迫並與基督同死(被主流文

---

[80] 提多書中反對者的身分並不明確。他們可以包括教內或教外人士(1:9~16)。見 Mounce, *Pastoral Epistles*, p. 414。提多書二章八節中的「反對的人」是單數,但單數卻很可能是泛指而非個別指稱。見 Jon Laansma, 'Titus', in Philip W. Comfort (ed.), *1–2 Timothy, Titus, Hebrews*, CBC (Carol Stream: Tyndale House, 2009), p. 257。

[81] Mounce, *Pastoral Epistles*, p. 414; 另見 Collins, *1 & 2 Timothy and Titus*, p. 345。

化視為可恥),最終他們將與他一起活並作王(被神和其子民視為榮譽);如果他們現在不認他以逃避羞辱(試圖保存自己的榮譽),耶穌就會不認他們,而他們最終則會感到羞恥(這會導致失去榮譽)。保羅給帖撒羅尼迦人的鼓勵也反映了天啟末世觀的另一方面:神將會為義人昭雪,方法是:(1)算他們配得,並使他們脫離壓迫;及(2)懲罰逼迫他們的人(1:5~9;參腓1:28)。他們的堅毅要使神的榮耀,神也要使他們得榮耀(即領受由神而來的榮譽)(帖後1:10~12)。

筆者在上文已提到,哥林多的一些信徒可能已作出妥協,為他們吃祭偶之物的做法辯解,在文化方面同化,從而避免衝突。[82] 保羅警告哥林多人,這種行為會招致神的審判,一如聖經歷史所表明的,而他們正活於末世(林前 10:11)。[83] 末世的獎賞和審判是一體兩面的,由此給予神的子民繼續忠於神的動力,即使其間困難重重。因此,保羅警告哥林多人不要自滿,並提醒他們神信實的護佑。神會提供方法去勝過妥協的誘惑——信徒不應聲稱自己難以抗拒

---

[82] 見上文第 149–150 頁。

[83] 另見 Paul Gardner, *1 Corinthians*, ZECNT (Grand Rapids: Zondervan, 2018), p. 437; Anthony C. Thiselton, *The First Epistle to the Corinthians*, NIGTC (Grand Rapids: Eerdmans, 2000), p. 744。

（林前 10:12~13）。然而，保羅也承認，有些信徒在為信仰受苦時可能會軟弱；因此他勸告帖撒羅尼迦人「勉勵灰心喪志的人，扶助軟弱無力的人，也要容忍所有的人。」（帖前 5:14）。事實上，保羅正是如此。他差派提摩太去鼓勵現正受苦的帖撒羅尼迦人（帖前 3:2~5）和搖擺不定的哥林多人（林前 4:17, 16:10）。

為了鼓勵信徒堅持不懈，並與他對神信實護佑的信念保持一致，保羅告訴他們自己正為對方代禱，祈求：(1) 神使他們成聖，得以在末世審判時無可指摘（林前 1:8；帖前 5:23）；(2) 慈愛和充滿恩典的神會在一切「善行善言」中激勵和堅定他們（帖後 2:16~17）；[84] 及 (3) 神會保護他們不受惡者的侵害（帖後 3:3）。[85] 相應地，保羅請求信徒也同樣為他禱告，又與對方分享神拯救自己的經歷，作為神信實護佑的見證（林後 1:8~11；參提後 3:10~11）。

---

[84] 「行［ergon］與言［logos］」這慣用語主要是指一個人在與他人互動時所做和所說的一切（參路 24:19；徒 7:22；羅 15:18；西 3:17）(Shogren, *1 and 2 Thessalonians*, p. 307)。對帖撒羅尼迦人來說，這會包括堅定他們的信仰，並堅守他們所領受的教導（帖後 2:15）。

[85] 在語法上，*apo tou ponērou* 可以表示「脫離那惡者」或「脫離邪惡」(Fee, *Corinthians*, p. 319; Shogren, *1 and 2 Thessalonians*, pp. 314–316)。鑒於帖撒羅尼迦後書的末世暗指，筆者將這個短語按前者翻譯。

保羅還重新定義了基督信徒的榮與辱。為基督受苦是一份榮耀，而非恥辱（羅 5:3；提後 1:12）。因此，他邀請提摩太和其他信徒效法並聯同他一起為基督受苦（林後 1:6~7；帖前 1:6；提後 1:8, 2:3；參林前 4:16），好叫他們可以像他一樣體驗神的安慰，而這安慰能夠使他們堅忍（林後 1:6）。當反對者試圖以逼迫羞辱信徒時，保羅則嘗試通過讚美他們忍受羞辱來使受苦的信徒得尊榮。因此，他稱讚帖撒羅尼迦人能在逼迫下忍耐（帖後 1:3~5），並表示他相信腓立比人即使面臨逼迫仍會具備堅定站穩的勇氣（腓 1:27~28）。[86] 在羅馬書五章 3~5 節（參羅 8:28），保羅敦促信徒將他們為基督受苦視為榮耀，並指出這種受苦對品格塑造的益處。[87] 因著神的愛，懷著這份對末世榮耀盼望的信徒將不會蒙羞，而這份愛是聖靈放在信徒內心的（羅 5:2、5）。保羅認定信徒目前的苦難與末世的榮耀無法相比（羅 8:18）。而信徒在苦難中感到軟弱時，聖靈和基督耶穌都為他們代求（羅 8:26、34），叫信徒在遭受逼迫時能夠得勝有餘，並且任何敵對勢力也

---

[86] 另見 Weima, *1–2 Thessalonians*, pp. 75–76；魏瑪（Weima）注意到保羅將讚美用作一種勸說的方式：這不僅訴諸 *ethos*（可信度）與收信人建立起關係，也「隱含對收信人不辜負讚美的挑戰」。

[87] 就羅馬書五章 1~5 節中「苦難」所指涉的乃是因被逼迫而受苦，見上文第 139–140 頁。

不能使他們與神的愛隔絕（羅 8:31~39）。保羅藉此向信徒保證，神會在苦難中護佑看顧他們。這些勸勉不僅訴諸 logos（邏輯論證），還訴諸 pathos（情緒挑動）（例如讚美以喚起榮譽感）和 ethos（可信度）（例如保羅自己為基督受苦以證實他的使徒身分，由此建立起可信度，以及他對收信人的愛，由此建立起善意）。[88]

希伯來書

不少學者曾論及希伯來書作者（以下簡稱「作者」）使用 logos（邏輯論證）勸說受眾（他們很可能有猶太背景）即使面臨逼迫，仍要堅守對耶穌的信仰。[89]

---

[88] 就保羅訴諸 logos、pathos 和 ethos 的詳細討論，見 Troy W. Martin, 'Invention and Arrangement in Recent Pauline Rhetorical Studies: A Survey of the Practices and the Problems', and Duane F. Watson, 'The Role of Style in the Pauline Epistles: From Ornamentation to Argumentative Strategies', in *Paul and Rhetoric* (London: T&T Clark, 2010), pp. 103–110, 134–135; Thomas H. Olbricht and Jerry L. Sumney (eds.), *Paul and Pathos*, SBLSymS 16 (Atlanta: SBL, 2001)。

[89] 值得注意的是，具有「猶太背景」的信徒不僅包括猶太人，還包括皈依或敬畏神的外族人。寇軻芮（Cockerill）更進一步包括那些在皈依基督後，由於與猶太信徒互動而融入了猶太宗教傳統的外族人。正如寇軻芮指出的，種族不是希伯來書的焦點，因為作者沒有提到猶太人或外族人，也沒有將他們區分。見 Cockerill, *Epistle to the Hebrews*, p. 20, 及上文第二章註 83。

作者幾乎沒有建立自己的 *ethos*（可信度），只以神對子的終極啟示確立其信息的權威，而子則具有與父相同的神性（來 1:1~3a）。然而，作者在信中經常訴諸 *pathos*（情緒挑動），在試圖喚起懼怕和感同身受的情緒方面尤為明顯。在本節中，我們將研究作者如何在其勸說中結合 *pathos* 和 *logos*，以及這些安排可能對受眾產生什麼影響。[90] 使用聖經中的典故和引文作為訴諸 *pathos* 和 *logos* 的例證比比皆是。希伯來書也因使用聖經中的模範而聞名；他們的數量多得「像雲彩」，見證了神的歷代忠心子民如何在無法目睹信心所指的情況下仍堅持不懈（來 11:1~12:3）。

正如我們之前提到的，受逼迫的基督徒被帶到在掌權者前，不是因為反對者指控他們，就是由於遭反對所引起的騷亂。受眾因而經歷公開羞辱、監禁和個人財產損失；後者很可能源於暴徒搶劫或當局的懲處（來 10:33~34）。[91] 即使當時還沒有任何殉道的案例（參來 2:15, 12:4），他們仍可能面臨真正的死亡威脅。[92]

---

[90] 本節資料主要取材自筆者的兩篇專文：'The Rhetoric of Empathy in Hebrews', *NovT* 62.2 (2020), pp. 201–218; 'Use of Scriptures', pp. 191–210。對希伯來書修辭學的詳細描述可獨立成為一部註釋書，因而大大超出本書範圍。所以，筆者在本節中只能總結為幾個主要進路。

[91] 見上文第 114–115 頁。

[92] Dyer, *Suffering in the Face of Death*, pp. 77–130.

因此，筆者接下來將研究作者如何對應信徒對掌權者、死亡和經濟損失的恐懼。我們還將了解作者在警告受眾後如何勉勵他們，及如何訴諸同理心激勵受眾互相支持以堅守信仰。

(1) 對應面對掌權者的恐懼

作者在承認受眾曾為其信仰忍受苦難和屈辱之際（來 10:32~33），也提醒對方需要敬畏那位具更大權威的神，神必審判違約者，即那些無視他兒子耶穌所成就之救恩的人。關於前者，作者提醒受眾在為基督忍受苦難上所取得的成就，是訴諸 *pathos*（情緒挑動）的做法，可以產生以下修辭效果：喚起對方可以再次成功的信心，及若未能堅守就會失去榮譽的危機感。[93]

關於後者，作者通過在希伯來書中反覆使用「從小見大」這常見的修辭論證，以訴諸 *logos*（邏輯論證）：[94] (1) 若不服從天使的信息已會導致懲罰，何況是比天使還大的聖子的信息（來 2:1~3）；(2) 若違背前約（犯罪及拒絕耶和華）已會招致神的報應，何況違背更勝前者的新約（犯罪及拒絕耶穌）（來

---

[93] David A. deSilva, *Perseverance in Gratitude: A Socio-Rhetorical Commentary on the Epistle 'to the Hebrews'* (Grand Rapids: Eerdmans, 2000), p. 356.

[94] Oropeza, *Churches Under Siege*, pp. 52, 56. 參來 10:27~31, 12:18~29。

10:26~31；參申 32:36）；及（3）若人拒絕從世間西奈山警告的神已必不能逃脫神的復仇，人拒絕從天上錫安山警告的神就更不可能逃脫（來 12:22~25）。

除此之外，作者還以摩西及其父母作為有信心、不懼怕掌權者的榜樣。憑著信心，摩西的父母不懼怕法老所頒下殺死所有新生男嬰的法令，而是讓摩西活下來（來 11:23）。憑著信心，摩西不懼怕法老並離開了埃及，因為他看到了看不見的神（來 11:27）。[95]

除了 logos（邏輯論證）之外，作者還訴諸 pathos（情緒挑動），而方法則是縷述（1）可畏的神和他可怕、熾烈的審判（來 10:26、30~31，12:18~21、29）；（2）神的話是一把利劍，能穿透人的思想和態度，使一切別有用心的人在審判時都顯露出來（來 4:12~13）；及（3）那些故意拒絕神賜下聖子的人將沒有「第二次機會」（來 6:4~8，10:26~27，12:16~17）。[96] 因為

---

[95] 儘管希伯來書的作者描繪摩西為無畏無懼，但出埃及記二章 14~15 節卻提到摩西因為害怕，在殺死一個埃及人後逃跑了。然而，正如格雷（Gray）指出的，作者於希伯來書十一章 25~26 節指的，可能是摩西無視自己與法老的家族關係所帶來的財富和榮譽，而不是殺死埃及人的事件。Patrick Gray, *Godly Fear: The Epistle to the Hebrews and Greco-Roman Critiques of Superstition*, SBLAcBib 16 (Atlanta: Society of Biblical Literature, 2003), pp. 171–175.

[96] 由於本章的重點是勸說，因此筆者不會在此討論希伯來書作者是否暗示信徒會失去在基督裡的救恩。就這方面的不同觀點，見例子如 Herbert W. Bateman (ed.), *Four*

這些任意妄為的人既然經歷了神的恩惠，卻忘恩負義地拒絕他兒子的恩賜，從而羞辱了他，所以就「不可能」使他們重新悔改（來6:4~8）。[97] 那些繼續故意犯罪的人，「再沒有留下贖罪的祭品」給他們，因為他們「踐踏神的兒子，把那使他成聖的立約的血當作俗物，又侮辱施恩的聖靈」（來10:26、29）。[98] 以掃正是「沒有第二次機會」的反面例子，因為他無法扭轉曾拒絕神賜予他長子名份的後果，即使他後來對此深感後悔（來12:16~17）。這些例子旨在警告和引發希伯來書受眾的戒懼，好引導他們忠於神。[99]

(2) 對應面對死亡與受苦的恐懼

雖然一般人都普遍恐懼死亡，但有證據顯示希伯來書作者特別針對的，是受眾因為逼迫帶來的死亡威

Views on the Warning Passages in Hebrews (Grand Rapids: Kregel, 2007); Oropeza, *Churches Under Siege*, pp. 37–41; Smith, 'Hebrews', pp. 191–200。

[97] 在古代的施恩主—受恩人和榮辱文化中，接收禮物者有義務以感激之情報答。不這樣做就相當於「不公義」和「褻瀆」，會令施恩主受羞辱，為受恩人帶來羞恥。就其中細節，見 deSilva, *Perseverance in Gratitude*, pp. 223–224。

[98] 就希伯來書十章26~29節的舊約聖經背景細節，及以掃的範例如何與希伯來書六章4~6節和十章35節相連，見 Lee, 'Use of Scriptures', pp. 198–203。

[99] Oropeza, *Churches Under Siege*, p. 53.

脅而感到的恐懼。在猶太傳統中，魔鬼引誘第一對人類不相信和違背神的話，導致死亡臨到他們（創 3:1~7;《所羅門智訓》2.23~24；參啟 12:9）。儘管神應許了拯救和勝利，但由於對死亡的恐懼，人經常被誘惑不相信和不服從神。曠野的一代和希伯來書受眾也正是如此。

作者以詩篇九十五篇 7b~11 節為聖經證據，表示不相信神有能力從仇敵手中拯救他們出來的人，將失去神的應許，無法進入他的安息（來 3:7~4:11）。詩篇九十五篇 7b~11 節暗指民數記十三至十四章。後者記述曠野的一代害怕死亡（民 14:2~3、9），並且拒絕相信神能夠實現征服迦南敵人的應許，將他們帶進應許之地。筆者在別處已經表明：(1) 詩篇九十五篇 11 節中的「安息」指的是戰勝敵人的安息（申 12:10, 25:19；書 23:1）——「在戰事中戰勝敵人所帶來的平安」；及 (2) 希伯來書四章 9~11 節中的「安息」指的是耶穌通過自我犧牲的死亡戰勝了魔鬼，從而瓦解了魔鬼在死亡上的權勢（參來 1:13, 2:8~9、14~15, 10:13）。[100] 同樣地，因害怕受到逼迫和相關死亡的威脅，受眾也面臨放棄信仰的誘惑。如果他們

---

[100] Lee, 'Use of Scriptures', pp. 195–198; 'Rest and Victory in Revelation 14:13', *JSNT* 41.3 (2019), pp. 348–349, esp. n. 12; 陳梓宜，〈創世神學中的得勝與安息: 希伯來書對「安息」的重新詮釋〉（神學碩士論文，新加坡神學院，2016）。

放棄，就會像曠野的一代那樣：(1)不相信神戰勝死亡和從敵人（即逼迫者）手中得救的應許；及(2)違背了神要他們進入安息的命令。因此，作者警告受眾不要懷疑，並告誡他們要服從神，又「要竭力進入那安息」（來 3:12, 4:11）。他們絕不應該害怕死亡，反要害怕喪失所應許的安息（來 4:1; *phobēthōmen*,「我們就應該戰戰兢兢」）。

那麼受眾如何才能克服誘惑呢？答案是向神尋求幫助，因為他是有恩典的，信徒有信心在需要時能得到他的憐憫和恩惠去克服誘惑（來 4:16）。這份信心的基礎是什麼？作者一再強調，耶穌能夠體諒信徒對死亡的恐懼和違背神的誘惑。耶穌成為完全的人，因此他可以在各種試探中充分體驗人性的軟弱和痛苦（來 2:10~18）。儘管受過試探，耶穌並沒有犯罪，因此能夠幫助那些同樣受試探的人（來 4:15）。

作者非常生動地描繪了耶穌的試探和苦難：在面臨迫在眉睫的十架苦難時，耶穌曾**流淚大聲懇求**「能救他脫離死亡」的天父（來 5:7）。這反映了耶穌正與死亡的恐懼和避免遭受被釘十架這強烈屈辱與痛苦的誘惑爭戰。然而，他順服並聽從神的旨意，從而「成了所有順從他的人得到永遠救恩的根源」（來 5:9）。當大祭司代表神的子民獻上贖罪祭時，都意識到自己對罪惡的軟弱，因此能夠「溫和地對待那些無知和迷誤的人」（來 5:1~2）。同樣地，耶穌是仁慈而信實

的大祭司，在他們面臨逼迫時，可以完全理解他們對死亡和痛苦的恐懼（來 2:17，4:15）。因此，曾經軟弱和受誘惑犯罪的信徒可以坦然無懼地向神和耶穌尋求幫助，因為耶穌會溫柔對待他們，絕不會大發雷霆。[101] 唯有依靠神的幫助，受眾才能在逼迫中堅守信仰。因此，通過強調耶穌的同理心和溫柔，作者試圖向受眾注入信心，並激發他們尋求神的幫助。

除上述之外，作者更將耶穌描述為高於見證人雲彩的卓越者。耶穌是榜樣中的極致，他無視最可恥的恥辱，忍受罪人的十字架和敵意，卻最終被提升為最尊貴的一位——坐在神的右邊。掙扎中的信徒要仰望耶穌，因為他是各人信心的奠基者，也是能使其信心達到完全的那一位（*archēgon kai teleiōtēn*，「創造者和完成者」；來 12:2）。只要這樣做，他們就不會疲倦灰心（來 12:1~3）。在第一世紀的文化中，以願意為耶穌受苦來回報從他得到的恩惠是恰當的。[102] 因此，在這封信接近尾聲時，作者勸告受眾為耶穌受苦，「擔當他的凌辱」，以此作為他們恰當的回應（來 13:13）。

---

[101] Lee, 'Rhetoric of Empathy', p. 211, n. 50. 筆者留意到希伯來書五章 2 節中，*metriopatheō*（溫柔對待）「有調節其情緒的含意，與情緒的爆發（如憤怒、悲傷）或冷漠形成對比」。見 See BDAG, p. 643.

[102] DeSilva, *Perseverance in Gratitude*, p. 501.

(3) 對應面對經濟損失的恐懼

在收到信件前，受眾在受逼迫時曾欣然接受財產損失（來 10:34）。作者將這喜樂歸因於他們擁有得到「更美長存的家業」的盼望（來 10:34）。由於受眾有信心藉著耶穌的血來到神的面前（來 10:19），作者勸告他們不要「丟棄」信心，因為如果他們堅持不懈，最終就會得到應許的賞賜（來 10:35）。他繼而引用以賽亞書二十六章 20 節和哈巴谷書二章 3~4 節為聖經依據。這兩段經文的上下文講述神即將到來的報應，要懲罰壓迫他子民的人和不忠的人，又要獎賞忠心忍耐的子民。[103] 同樣地，受眾要等候神的末世審判（來 10:37；參賽 26:10）和「因信而活」，因為神拒絕「後退」的人（來 10:38；參哈 2:3~4 LXX）。[104]

---

[103] 另見 John N. Oswalt, *The Book of Isaiah: Chapters 1–39*, NICOT (Grand Rapids: Eerdmans, 1986), pp. 469, 489; Gary V. Smith, *Isaiah 1–39*, NAC 15A (Nashville: B&H, 2007), pp. 440–441; Ralph L. Smith, *Micah–Malachi*, WBC 32 (Waco: Word, 1984), pp. 96–97; George H. Guthrie, 'Hebrews', in G. K. Beale and D. A. Carson (eds.), *Commentary on the New Testament Use of the Old Testament* (Grand Rapids: Baker Academic, 2007), p. 982。

[104] 就作者如何改編和援用以賽亞書二十六章 20 及哈巴谷書二章 3~4 節的細節，見例子如 Guthrie, 'Hebrews', pp. 981–984; Johnson, *Hebrews*, p. 273; Cockerill, *Epistle to the Hebrews*, pp. 492–493, 507–512。正如麥基（Mackie）指出的，「末世可怕而緊逼的臨近不容許人以任何方式退出群體」。Scott D. Mackie, *Eschatology and Exhortation*

第 3 章 如何至終站立得穩：勸說與賦予能力以堅持不懈

接下來是為人熟悉的歷代忠心之人的名單，儘管他們無法看到信心的對象，仍將希望寄託於神（來 11:1~40）。他們一部分人忍受艱辛、壓迫甚至死亡，作者論及是「這世界不配有的人」（來 11:38）。他們一部分人「沒有得著所應許的」，而是「從遠處看見，就表示歡迎」，並渴望神為他們準備的天上之「城」（來 11:13~16）。同樣地，作者於其後提醒受眾要期待「那將要來的城」（來 13:14）。

作者使用這些模範鼓勵受眾效仿前者的信心和忍耐。他描述摩西認定「為著基督受的凌辱，比埃及的財物更寶貴，因為他注視將來的賞賜」（來 11:26）。這反映了精確的人物刻畫，以對應由於逼迫造成的經濟損失，因為摩西所期待的這「賞賜」（misthapodosia），與受眾之前滿懷信心地期待的賞賜相同（來 10:35）。[105] 正如科斯特指出的，作者可能在這裡採用了「從較大到較小的論證」——假如摩西能夠為基督放棄如此巨大的財富和榮譽，受眾也就應該能夠忍受財產的損失，因為與摩西相比，他們所失去的較少。[106]

---

in the Epistle to the Hebrews, WUNT 2.223 (Tübingen: Mohr Siebeck, 2007), p. 231.

[105] 另見 Harold W. Attridge, *The Epistle to the Hebrews: A Commentary on the Epistle to the Hebrews*, Hermeneia (Philadelphia: Fortress, 1989), p. 342, n. 63。

[106] Koester, Hebrews, p. 509.

接近這封信的結尾時，作者勸告他的受眾「不要貪愛錢財，要以現在所有的為滿足」（來 13:5a）。雖然其中可能指涉甚廣，但也有可能與對因逼迫出現經濟損失的恐懼相關。然後作者引用申命記三十一章 6 節和詩篇一一八篇 6~7 節為這勸誡的基礎。神不會離棄他們，即使他們有經濟困難（來 13:5b；參申 31:6）。因此，他們可以有信心，主既是他們的幫助者，就不必害怕世人會對他們作什麼（例如逼迫）（來 13:6；詩 118:6~7）。

（4）同理心為群體堅持不懈的催化劑

眾所周知，希羅修辭學家和猶太作家會喚起受眾對有需要人士的同理心，從而激發受眾提供幫助。[107] 這符合現代心理學的發現，即同理心通常會在利他行為之前。[108] 同樣地，作者訴諸 *pathos*（情緒挑動），喚起受眾對那些因信仰受苦之人的同情，激發眾人伸出援手，從而締造群體的支持。他還採用同理心的典範供受眾效法。我們在上文看到，作者強調耶穌能夠對受眾的經歷深有體會，也有能力幫助他們，以此來鼓勵對方在軟弱和受試探要放棄之際，不用害怕向

---

[107] Lee, 'Rhetoric of Empathy', pp. 205–209.
[108] 同上，pp. 217–218。

耶穌求助。除了耶穌以外，作者還將摩西描述為同理心的典範——他寧願與神的子民交往並與他們一同承受不公對待，而不再被視為法老女兒的兒子（來11:24~25）。雖然希伯來書的文本並沒有直接提及，但受眾可能早已曉得摩西看到同胞被苦待後如何幫助他們出埃及的故事（出2~14章）。

首先，作者提醒受眾他們以往曾如何以同理心對待那些因信仰承受不公和被監禁的人（來10:33~34）。筆者在上文提到這些提醒如何能夠激發受眾再次做相同的事。其次，在信的結尾，他勸告受眾以同理心對待那些因信仰受逼迫的人：「你們要記念那些被囚禁的人，**好像跟他們一起被囚禁**；也要記念那些受虐待的人，**好像你們也親自受過**。」（來13:3）。在此之前，作者勸告受眾要像兄弟姐妹般彼此相愛（*philadelphia*，「兄弟般的愛」），並且要熱情款待別人（來13:1~2），就絕非偶然了。[109] 這是由

---

[109] 地中海的好客文化（*philoxenia*）經常涉及接待陌生人（因此反映在 NIV、NLT、ESV 之中），並與陌生人建立「客人的友誼」。見 Joshua W. Jipp, *Divine Visitations and Hospitality to Strangers in Luke–Acts: An Interpretation of the Malta Episode in Acts 28:1–10*, NovTSup 153 (Leiden: Brill, 2013), p. 72。然而，這文化特質在羅馬書十二章13節和彼得前書四章9節的提述中，則包括將款待之情遍及廣大信徒，不論他們是否已經彼此認識。

於幫助他們需要愛心和款待：探望對方、向對方供應飲食衣物，甚至設法讓對方被釋放出獄。這些表現有可能會令他們由於跟對方聯繫而蒙羞，也會為此需要犧牲財物。在這方面，回顧摩西的榜樣將會激勵他們也如此行。[110]

雖然熱情款待這習俗在希羅世界十分普遍，但這對因信仰受苦者予以援助的強調，與馬太福音二十五章31~46節中反映的傳統有相似之處。在後者中，耶穌認為熱情款待有需要的人（飲食、衣物和探望在監牢裡的人）就是款待他，並且會得到恰如其分的嘉獎。[111] 這共同傳統可以解釋為何作者勸告他們（1）「我們又應該彼此關心，激發愛心，勉勵行善。我們不可放棄聚會……卻要互相勸勉」，並將他們以前堅持不懈和富同理心的行為與末世的獎賞聯繫起來（來10:24~25、33~36）；及（2）要努力實踐熱情款待，因為有可能在不知不覺中接待了天使（來13:2；參創18章；士6:11~22, 13:1~22）。

(5) 其他形式的鼓勵

在本節中，我們將探討希伯來書作者在嘗試激發

---

[110] Cockerill, *Epistle to the Hebrews*, p. 502, 尤其註26; Koester, *Hebrews*, p. 460。

[111] 另見 William L. Lane, *Hebrews 9–13*, WBC 47B (Nashville: Thomas Nelson, 1991), p. 511。

各人堅持不懈時採用的其他方法：（1）與受眾認同；（2）羞恥與信心的平衡；及（3）苦難作為管教。我們還將考慮希伯來書中可有反帝國的言論。

希伯來書的作者在警告受眾時經常使用第一人稱複數代詞（「我們」）來表明自己與受眾認同（例如，2:1、3, 3:6、14, 4:11、13, 12:1、25）。眾學者指出，這是一種「建立融洽關係」和「表現團結」的方式，即他本人也未能倖免於叛教的危險。[112] 這種不分彼此的態度將有助於獲得受眾的傾聽。

儘管作者警告受眾叛教的可怕後果，卻隨即表達了對他們的信心。在令受眾自愧信仰不成熟（來5:11~14），並警告那些在經歷了神恩惠後故意拒絕神兒子的人沒有第二次機會（來6:4~8）之後，作者卻為對方於事奉其他信徒上的行為和愛心，表達了對受眾的信心（來6:9~10）。作者接著指出，昔日的以色列不忠於神：（1）他們不相信福音，因此沒能進入神所應許的安息；及（2）沒有因信而活反倒後退。作者以前者為類比，運用不分彼此的「我們」來表達他的信心，指他和受眾不會像以色列人那樣不信或退縮以致滅亡（來4:2~3, 10:38~39）。通過以上做法，作者平衡了消極和積極的進路，讓受眾不至於過度沮

---

[112] Oropeza, *Churches Under Siege*, p. 13.

喪或氣餒。在當時，這進路是另一種修辭手法。[113]

值得注意的是，作者將忍受苦難描述為神管教的形式之一（來 12:5~11）。鑒於此處上下文中運動員的比喻（參來 12:1、11~12），這裡的管教很可能是非懲罰性的（即信徒不是因他們的罪受逼迫），並且要生出忍耐。[114] 遭受逼迫證實了他們作為神真正子女的身分（來 12:8；參箴 3:11~12），且會塑造人的品格——雖然令人不快，卻生出了「公義與和平」（來 12:10~11）。[115] 在希羅和猶太傳統中也可以找到將苦難視為來自神的管教的思想。[116] 雖然希伯來書作者在新約作者中對管

---

[113] *Rhetorica ad Herennium* 4.37.49. 另見 Gorman, 'Persuading Through *Pathos*', pp. 82–84; Oropeza, *Churches Under Siege*, p. 56。

[114] DeSilva, *Perseverance in Gratitude*, pp. 447–448; Koester, *Hebrews*, p. 526.

[115] 作者於此引用了箴言三章 11~12 節作為神兒女真實身分的證據，但他將箴言上下文中的懲罰性管教，轉變為非懲罰性管教。見 deSilva, *Perseverance in Gratitude*, pp. 448–449; N. Clayton Croy, *Endurance in Suffering: Hebrews 12:1–13 in Its Rhetorical, Religious, and Philosophical Context*, SNTSMS 98 (Cambridge: Cambridge University Press, 1998), pp. 217–218。

[116] 就這方面的希羅及猶太一手史料，見 Croy, *Endurance in Suffering*, pp. 83–161; Matthew Thiessen, 'Hebrews 12.5–13, the Wilderness Period, and Israel's Discipline', *NTS* 55.3 (2009), pp. 369–373。德席爾瓦（deSilva, *Perseverance in Gratitude*, p. 449）指出，希伯來書反映了塞涅卡（Seneca）於 *De providentia*, 1.6, 2.5, 4.11–12 中相似的概念。

教的描述獨一無二，但將遭受逼迫作為基督徒身分佐證和塑造品格的想法，在新約聖經中卻十分普遍。

在第一章，我們注意到早期基督徒給耶穌冠上了羅馬皇帝也使用的稱號，比如神的兒子或大祭司，以致叛國的誤解和衝突很容易浮現。[117] 這兩個稱號在希伯來書中都非常重要，作者詳細闡述了耶穌作為神的兒子和大祭司的含義。問題是作者是否單純根據猶太傳統來解釋這些稱號？還是他在解釋神的兒子和大祭司真正是誰時，也暗藏了反帝國的言論？無可否認，我們無法完全確定作者的意圖，儘管我們可以通過對其文本的解讀去嘗試如此。但我們也必須充分承認，我們在這個過程中存在不可避免的預設和主觀臆測。在筆者看來，沒有明顯跡象表明作者正進行如此對比。相反，作者的解說顯然沉浸在猶太傳統的聖約用語之中。受眾或後來讀者，若對帝國用語敏感，就可能會聯想到這樣的對比，但我們無法確定作者是否有這樣的意圖。依希伯來書文本的證據看來，作者多番護教辯解的重點，不大可能為了在羅馬帝國背景下捍衛耶穌作為神的兒子和大祭司的身分，並以此方式勸說受

---

[117] 見上文第 41 頁。

眾堅守信仰。[118] 這與啟示錄（見下文）不同，後者所用的隱喻明顯指向對羅馬帝國的評論。

彼得前書

彼得前書運用強烈的末世觀點激勵讀者堅守信仰。像其他新約作者一樣，他使用聖經作為證據，以模範為效仿，並發展福音傳統中耶穌的教導。套用現代社會學術語，為了讓邊緣化群體得以生存，通過建立群體的共同經歷來增強社會凝聚力是非常重要的。根據塔伯特（Talbert）的分析，彼得前書採取的方法是藉各人在基督裡的救恩與苦難的共同經歷，締造出基督徒的社會凝聚力。[119]

---

[118] Jason A. Whitlark, *Resisting Empire: Rethinking the Purpose of the Letter to 'the Hebrews'*, LNTS 484 (London: Bloomsbury, 2014), p. 189. 威特拉克（Whitlark）試圖表明希伯來書的作者使用比喻（一種常見的修辭策略）暗中批評羅馬帝國文化，以激勵以外族人為主的讀者抵抗放棄信仰耶穌的誘惑。儘管威特拉克（同上，p. 117 頁）一開始將其方法表述為「與作者［當時］的讀者一起閱讀」，但他最終將讀者的感知等同於作者有意如此。但後者可能並不總是等同於前者。由於作者意圖始終是隱晦的，這仍然只是一種可能性，因為很難確定作者是否故意為之。

[119] Charles H. Talbert, 'Once Again: The Plan of 1 Peter', in Charles H. Talbert (ed.), *Perspectives on First Peter*, NAB-PRSSS 9 (Macon: Mercer University Press, 1986), p. 146.

彼得向讀者保證，他們是神的選民（彼前 1:1，2:9~10），已藉著在耶穌裡的信得享救恩和永恆的產業（彼前 1:3~4、9）。他們由於神的護佑，可以確信這項保證：（1）聖靈要使他們成聖，使他們可以順服基督（彼前 1:2）；[120]（2）神的大能護衛他們的救恩，直到終末（彼前 1:5）；及（3）當他們受苦時，神會使他們復原和堅固他們（彼前 5:10）。他們因「各種試煉」而來的悲傷和苦難，證實了其信仰真實無偽（彼前 1:6）。雖然「各種試煉」的範圍很廣，但這封信主要是針對讀者因信仰而面臨的逼迫。對彼得來說，忠心忍受逼迫是他們在基督裡真實身分的確認（彼前 1:7）。他們純正的信心比黃金更有價值，並將因而獲得末世永恆的「基業」和「稱讚、榮耀和尊貴」（彼前 1:4、7）。與永恆相比，他還將他們目前的苦難描述為「短暫」（彼前 1:6，5:10）。通過以上種種，彼得試圖說服其讀者，現時為信仰受苦是值得的。他進一步鼓勵他們不要把為基督受苦看為羞恥，反而要歡喜，好叫在基督的榮耀顯現時，他們也會歡喜快樂（彼前 4:12~13、16）。

依循猶太的傳統，彼得將末世的獎賞和懲罰描述為銅板的兩面。由於他的讀者知道天父會公正地判斷

---

[120] 就介詞 *eis* 作為目的的含意，見 Jobes, *1 Peter*, p. 67; Dubis, *1 Peter*, p. 3。

每個人的行為（彼前 1:17；參 4:17），他們必須藉著遵守真理和虔誠過活來遠離邪惡（彼前 1:13~22；參 2:1、11~12）。即使他們受到不公對待，也不會以惡報惡，而是以祝福回應惡行（彼前 2:19~20, 3:9）。這概念是從福音傳統中耶穌的教導發展開來的（參太 5:10~11、44~45 // 路 6:22~23、27~28）。[121]

彼得引用詩篇三十二篇 12~16 節為經文基礎，其中強調主看顧義人，懲罰作惡的人（彼前 3:10~12）。[122] 他勸告受眾效法基督的榜樣，基督是不公受苦卻不報復的榜樣，反將自己交託給神，因為神會公正地審判（彼前 2:21~23）。儘管基督受苦受死，但他卻復活並被高舉到神的右邊，以至於所有掌權者（天上和地上的）都服從他（彼前 3:18~22）。因此，既然基督為信徒的罪而死，他們就要「以同樣的心志裝備自己」去戰勝罪惡（彼前 4:1）。即使他們因為成了基督徒蒙受苦難，也應該繼續行善並將自己交託給神，因為審判將從神的家開始（彼前 4:14~19）。這種末世審判的觀念激勵讀者即使在面對逼迫時，也會藉著行善

---

[121] 另見 France, *Matthew*, p. 170。

[122] 另見 D. A. Carson, '1 Peter', in G. K. Beale and D. A. Carson (eds.), *Commentary on the New Testament Use of the Old Testament* (Grand Rapids: Baker Academic, 2007), pp. 1036–1037。

避惡來堅守其信仰。[123] 對彼得來說，善行不僅是對逼迫者的回應，也是堅持不懈的動力，因為他們的善行可以改變一些反對者的看法，從而間接地推進基督徒的使命（彼前 2:12, 3:1~2）。[124]

由於萬物的終局近了，讀者需要有清醒的頭腦，方能以堅定的信心去禱告和抵擋魔鬼（彼前 4:7, 5:8~9）。知道世界各地的其他信徒也像自己一樣受苦，有助於他們理解各人並不孤單（彼前 5:9b）。彼得在這封信的結尾總結了寫信的目的——他要鼓勵他們，並為「神真正的恩典」作見證，好叫他們「站立得住」（彼前 5:12）。[125]

---

[123] 另見 Oropeza, *Churches Under Siege*, p. 130。

[124] 好些學者注意到彼得前書描述反對者「頌讚神」（彼前 2:12）和「受到感動」（彼前 3:1~2），認為彼得顯然「過於樂觀」，因為他沒有提及這些反對者有不被說服的可能性。見例子如 David G. Horrell, *The Epistles of Peter and Jude*, EC (London: Epworth, 1998), pp. 47–48; Kelhoffer, *Persecution, Persuasion, and Power*, pp. 125–126。儘管凱鶴華認為彼得前書的想法「天真」，但我們必須注意（1）彼得其實意識到反對者儘管目睹了各人的好行為，仍會頑固不改（參彼前 3:13~17, 4:4），及（2）在筆者有限的經驗中，儘管為數不多，確曾遇過這反對者皈依的見證。

[125] 另見 Jobes, *1 Peter*, pp. 232–324。

啟示錄

　　作為以勸說讀者堅守信仰為主旨的天啟文學，啟示錄在敘事上極具戲劇性，使用了豐富的意象和文學手法，特別是訴諸 *pathos*（情緒挑動），同時又不乏 *ethos*（可信度）和 *logos*（邏輯論證）。[126] 在末世審判和獎賞的框架內，文學和修辭手法與敘事情節緊密結合，創造了強而有力的信息去勸說受眾，不要為了避免因信仰耶穌而遭受逼迫及／或社會經濟損失而妥協。[127] 約翰使用二元對立的用語和對比，傳達出榮譽與羞恥等正反動機，達到修辭目的。整個啟示錄充滿了對猶太經書的暗引，尤其是對先知書的暗引。[128] 這

---

[126] 見德席爾瓦（deSilva, *Seeing Things John's Way*）就約翰如何在啟示錄中訴諸 *ethos*（pp. 117–145）、*pathos*（pp. 175–228）和 *logos*（pp. 229–312）的細節。

[127] 由於本章重點是了解新約作者如何激勵讀者在面臨逼迫下堅定信仰，筆者不會討論約翰異象中的事件是否對應歷史進程中的特定事件，無論就歷史而言（當時派、歷史派、將來派）或類比而言（理想派）。這些詮釋進路的考量，是探討文本的信息如何與後來的讀者相關，或對其有何重要意義。就筆者提出在當代世界理解啟示錄可採用之詮釋進路的討論，見 Chee-Chiew Lee, ' "Fire from Their Mouths": The Power of Witnessing in the Face of Hostility and Suffering (Rev 11:3–13)', *CTTSJ* 4 (2013), pp. 210–214。

[128] 學術界有許多專論和研究，探討約翰在啟示錄中如何援用不同的先知書，實在毫不奇怪。見例子如 Jan Fekkes, *Isaiah and Prophetic Traditions in the Book of Revela-*

強化了約翰作為先知的身分（啟 1:1~3, 22:6~9），並表明他的信息與眾先知所期待的一致，並藉由彌賽亞在末後的日子達至圓滿。[129] 一如過往神的先知，他的職責是呼籲神犯錯的子民悔改，並鼓勵神忠心的子民堅持下去。約翰指出自己見證的信息直接來自耶穌基督的啟示來確立 ethos（可信度）（啟 1:1）。[130] 為了取得受眾的關注，他還與對方認同，在耶穌裡與他們共同承受患難、國度和忍耐（啟 1:9）。

因此，基督與其追隨者的「忠心」是啟示錄中的重要母題（例如啟 2:10、13、19，13:10，14:12，17:14）。「得勝」（nikaō）是另一重要的母題。在寫給七教會的信中，忠心的聖徒經常被稱為「得勝的

---

tion: Visionary Antecedents and Their Development, JSNTSup 93 (Sheffield: JSOT Press, 1994); Matthew A. Dudreck, 'The Use of Jeremiah in the Book of Revelation', PhD diss., Westminster Theological Seminary, 2018; Jean-Pierre Ruiz, *Ezekiel in the Apocalypse: The Transformation of Prophetic Language in Revelation 16,17–19,10*, EUS 23 (Frankfurt: Peter Lang, 1989); Beate Kowalsk, 'Transformation of Ezekiel in John's Revelation', in William A. Tooman and Michael A. Lyons (eds.), *Transforming Visions: Transformations of Text, Tradition, and Theology in Ezekiel* (Cambridge: James Clarke, 2010), pp. 279–307; Marko Jauhiainen, *The Use of Zechariah in Revelation*, WUNT 2.199 (Tübingen: Mohr Siebeck, 2005)。

[129] 另見 deSilva, *Seeing Things John's Way*, pp. 158–174；他顯示了約翰在主要神學母題上與猶太經書的連續性。

[130] 另見同上 pp. 117–137。

人」（例如，啟 2:7、11、17、26，3:5、12、21），並將於神和基督面前得到新天新地中的末世產業（啟 15:2, 21:7）。儘管聖徒最初似乎被對手打敗（啟 6:2, 11:7, 13:7），但他們最終會戰勝對手（啟 12:11, 15:2），因為基督已經戰勝了（啟 3:21, 5:5）並將得勝到底（啟 17:14）。[131]

由於結構本身也傳達意義，所以在這裡簡單介紹一下啟示錄的結構，將有助於我們在下文討論中跟上敘述的情節。啟示錄一章 1~8 節構成了序言，其中亞細亞的七教會是主要的受眾，要領受耶穌對迫在眉睫的未來的啟示（啟 1:3）。[132] 約翰在異象中看到基督，吩咐他寫信給七教會，總結他們目前的挑戰，呼籲他們悔改和堅持，並發出末世審判和獎賞的警告和應

---

[131] 雖然筆者同意默隆尼（Moloney）的觀點，即過分強調基督末世勝利的啟示錄解經家很容易忽略這場勝利是早已取得的觀點，但默隆尼不恰當地將「耶穌的死和復活的長期拯救效果」（即早已取得勝利的結果）和「戰勝邪惡的末世決定性勝利」二分化。見 Francis J. Moloney, *The Apocalypse of John: A Commentary* (Grand Rapids: Baker Academic, 2020), pp. 21, 24–25。

[132] 雖然這七教會存在於約翰寫作之時，但也可能代表早期教會在羅馬帝國其他地區面臨的典型挑戰。這一點可從每封信的結尾明顯看出——儘管每封信是寫給特定城市的教會，但總有一項呼籲，要人注意「聖靈向眾教會所說的話」（啟 2:7、11、17、29，3:6、13、22）。另見 John C. Thomas and Frank D. Macchia, *Revelation*, THNTC (Grand Rapids: Eerdmans, 2016), p. 18。

許（啟 1:9~3:22）。啟示錄四至十六章以三個系列的審判和三段插曲這格式構成了主要中心部分。啟示錄十七至二十二章則通過比較和對比兩組人的最終結果作總結：（1）不悔改的人，他們認同大淫婦和大城巴比倫；及（2）得勝的人，他們被認作是新婦和新耶路撒冷。而這將兩個實體並列作比較和對比的手法稱為 *synkrisis*，通常用於顯示兩者中哪個相對較好或較差。[133]

附錄一：插曲

眾學者注意到，啟示錄中的數段插曲具有神學意義，與所「打斷」的系列相關。[134] 在七印和七號的系列中，有兩段插曲分別「打斷」了第六和第七個印章與號角。印章之間的插曲強調神對受苦聖徒的護佑（啟 7~8 章），而號角之間的插曲則強調聖徒在受苦中的責任（啟 10~11 章）。[135] 同樣地，四

---

[133] Parsons and Martin, *Ancient Rhetoric*, pp. 231–274; deSilva, *Seeing Things John's Way*, pp. 24–25.

[134] James L. Resseguie, *The Revelation of John: A Narrative Commentary* (Grand Rapids: Baker Academic, 2009), p. 53; Thomas and Macchia, *Revelation*, p. 3.

[135] 科斯特（Koester, Revelation, p. 113）解釋了插曲的作用，分別在最後第七印和第七號之前提供了「遲延的原因」：「提供時間讓人得拯救」（啟 7:1~7）及作見證（啟 10:1~11:14）。另見 Richard Bauckham, *The Climax of Prophecy: Studies on the Book of Revelation* (Edinburgh:

個「七」系列之間的平行結構表明啟示錄四至五章和十二至十四章也可能是插曲（見表3.6）。[136]

七信（1:9~3:22）	七號（8:2~11:19）
插曲：	插曲
天上寶座室（4:1~5:14） 解釋羔羊為何配得施行審判	三個天上記號（12:1~15:4） 解釋羔羊與巨蛇／獸的戰爭背後的宇宙和屬靈勢力
七印（6:1~8:1）	七碗（15:5~16:21）

表3.6 啟示錄中四個「七」系列的平行結構

T&T Clark, 1993), pp. 12–13; Peter S. Perry, *The Rhetoric of Digressions: Revelation 7:1–17 and 10:1–11:13 and Ancient Communication,* WUNT 2.268 (Tübingen: Mohr Siebeck, 2009), pp. 209–241。

[136] 雖然雷塞吉（Resseguie）、湯瑪斯（Thomas）和馬齊亞（Macchia）均注意到（1）四個系列的七；及（2）啟示錄十二至十四章是前兩個（印和號）和最後（碗）系列審判之間的插曲，但他們並沒有提出啟示錄四至五章也是插曲。見 James L. Resseguie, *Revelation Unsealed: A Narrative Critical Approach to John's Apocalypse,* BIS 32 (Leiden: Brill, 1998), p. 162; Thomas and Macchia, *Revelation,* p. 3。其他學者則留意到其他插曲；見例子如 Ernst R. Wendland, 'The Hermeneutical Significance of Literary Structure in Revelation', *Neot* 48.2 (2014), p. 450; Koester, *Revelation,* p. 642。不過，這一系列的「七」卻有清晰的平行結構。

第一段插曲（啟4~5章）描述天上寶座室的景象。約翰描述神和羔羊坐在寶座上，神作為世界的創造者統治著世界，而羔羊則配得開啟七印的審判，因為他首先通過自己犧牲的死為祭物，將眾人從世界救贖出來（啟4:3、11，5:6、11）。這個場景構成第一系列審判（七印）的引介（啟6:1~8:1）。第二系列的審判（七號）接續第七印（啟8:2~11:19）。[137] 第二段插曲（啟12~14章）是敘述的中心部分，解釋地上聖徒受逼害背後的屬靈和宇宙戰爭（啟12~13章），以及讓受眾預覽雙方與各自追隨者的結局——最終獸被擊敗而羔羊得勝利（啟14:1~15:4）。[138] 第三系列的審判（七碗）則緊接於啟示錄十五章5節至十六章21節。

附錄二：兩個女人及兩座城

其餘敘述在啟示錄十七至二十二章中闡明了前面一至十六章中提到的各個母題。首先，耶洗

---

[137] 需要強調的是，筆者在此講述的是審判的敘述順序，而不是這些審判如何在歷史年代順序中發生。
[138] 啟示錄十四章中的母題在稍後的敘述中進一步闡述，包括在末世戰爭中踐踏葡萄（啟14:19~20，19:15），獸的追隨者在燒著硫磺的火湖中受苦（14:10，21:8）等等。

別和大淫婦之間有專題聯繫：(1) 兩者都使人陷入性方面的不道德（猶太作品中常見的隱喻，表達膜拜其他神明的偶像而對真神不忠）；及 (2) 兩者最終被毀滅，其中包括那些與耶洗別結盟而成為她「兒女」的人（啟 2:22~23；參 17:2、5，18:21~24，19:3）。其次，在較前段的敘述中，讓受眾預覽了與獸和巨蛇的末世戰爭及最後審判，在後段的敘述中則全盤托出（啟 9:13~18，14:9~11、20，16:12~16；參 19:11~21，20:7~15）。[139] 結構上，末世戰爭（啟 19:11~20:15）夾在兩個片段之間：大淫婦的毀滅（啟 17:1~19:10）和新婦嫁予羔羊的婚禮（啟 21~22 章）。[140] 這種夾心餅結構突出了巨蛇和獸以及所有與牠們結盟的人最終的失敗，並將之與神和羔羊以及神忠心的子民（那些得勝者）的最終勝利互相對比。約翰使用相似的片語（一種常見的猶太文學手法）來勾畫這兩個片段（見表 3.7）。[141]

---

[139] 另見 Resseguie, *Revelation Unsealed*, pp. 103–104, 136–144；雷塞吉（Resseguie）已經表明 [啟示錄十二章的] 母親和新婦如何與大淫婦和耶洗別構成對比；同上 p. 103。

[140] 另見 Bauckham, *Climax of Prophecy*, p. 5；包衡（Bauckham）將這一節視為「過渡」，描述了「介於巴比倫傾倒和新耶路撒冷降臨之間的事件」。

[141] 就描述大淫婦和新娘的文學平行，見上文第一章註 88。

第 3 章 如何至終站立得穩：勸說與賦予能力以堅持不懈

作為大巴比倫的大淫婦（啟 17:1~3, 19:9~10）	作為新耶路撒冷的新娘（啟 21:9~10, 22:6、8~9）
拿著七碗的七位天使中，有一位來對我說：「你來，我要把〔那大淫婦〕指示你……」我在靈裡被天使帶到曠野去，〔大巴比倫大淫婦的異象〕……	拿著七個盛滿著末後七災的碗的七位天使中，有一位走來對我說：「你來！我要把新娘，就是羊羔的妻子，指示你。」我在靈裡被那天使帶到一座高大的山上，〔新耶路撒冷新娘的異象〕……
天使對我說……「這都是　神真實的話。」我就俯伏在天使腳前要拜他。但他對我說：「千萬不可以這樣！我和你……都是同作僕人的。」	天使對我說：「這些話是可信的、真實的！」……我聽見又看見了之後，就俯伏在指示我這些事的天使腳前要拜他。他對我說：「千萬不可以這樣！我和你……都是同作僕人的。」

表3.7　啟示錄中大淫婦與新娘的對比

在約翰使用的各種文學手法中，筆者希望強調其中兩種——對比和插曲。約翰運用這些文學形式，試圖藉以下方式勸服其受眾：（1）通過提供終局在望之際的警告和應許；（2）通過比較和對比，引導受眾作出明智的選擇；（3）向他們保證神會護佑忠

心履行責任的受苦聖徒；及（4）向他們保證神的信實和公義，會懲罰惡人和不悔改的人，又要獎賞義人，為他遭受不當逼迫的忠心聖徒進行報復。

（1）終局在望之際的初步警告及應許

在寫給七教會的信中（啟 2~3 章），就教會在現世生活的表現，基督讚許教會的忠心是一份榮耀，而責備教會的妥協則是一種恥辱。對得勝者的獎賞和對不悔改者的懲罰分別是末世的榮辱。值得注意的是，啟示錄二至三章中對教會的賞賜應許和懲罰警告，在其後的敘述中被描述為已經實現（如下，見表3.8）。

	應許／警告	應驗
樂園裡的生命樹	2:7	22:1~2、14、19
不被第二次死亡傷害	2:11	21:7~8
嗎哪和新名字[142]	2:17	19:12，22:4

---

[142] 在猶太傳統中，在末世將再次賜下嗎哪（《巴錄二書》29.8）。鑒於耶穌與「來自天上的嗎哪」的關聯（約 6:31~32），啟示錄二章 17 節中的「隱藏的嗎哪」和「沒有人知道的名字」很可能指向耶穌（參啟 19:12）。因此，得勝的有份於並屬於耶穌。另見 Buist M. Fanning, *Revelation*, ZECNT (Grand Rapids: Zondervan, 2020), pp. 141–142。

統治萬國的權柄,並賜予晨星	2:26~28	4:10, 19:15, 20:4, 22:5下、16
白衣(長袍／細麻布)	3:5	6:11, 7:9、13, 19:8, 14, 21:2, 22:14
名字記在生命冊上	3:5	13:8, 20:12、15, 21:27
神殿中的柱子,上面寫著耶穌的名字	3:12	21:22~23, 22:4
用基督口中的劍與不悔改的人作戰	2:16	19:15
不悔改的人與那引誘人行淫的女人,都會承受相同的懲罰;每個人都會根據自己的行為得報應	2:21~23	18:1~4, 20:12~13
不「覺醒」聽勸的人將在耶穌「像賊」一般再來時面臨審判	3:2~3	16:15

表3.8
啟示錄二至三章的應許與警告於其後敘述中應驗

　　審判的警告起著嚇阻的作用,同時也通常伴隨著督責和悔改的呼籲(例如啟 2:4~5、15~16, 3:2~3)。同樣值得注意的是,如果那些被責備和警告的人不悔改,耶穌的審判必然會臨到他們(啟 2:21~23)。

每封信的結尾標誌著「凡有耳的」（啟 2:7、11、17、29，3:6、13、22），呼應了耶穌在福音傳統中教導結束時的標誌性短語（太 11:15，13:9、43；可 4:9、23；路 8:8，14:35）。這短語再次出現在啟示錄十三章 9 節，勸告信徒在遭受獸的逼迫時要堅持不懈。此外，描述耶穌「像賊」一般來臨的短語也是福音傳統中所使用的比喻（太 24:43 // 路 12:39）。值得注意的是，啟示錄中這兩個短語的上下文與那在福音傳統中的十分相似。[143] 第一，種子落在四種土壤中的比喻提到不結果子的，就是因逼迫或被財富迷惑而後退的人（可 4:17~19；太 13:21~22 // 路 8:13~14），而這顯然是七教會面臨的挑戰。第二，神的子民聽到施洗約翰（那位比先知更大的人）的信息後拒絕悔改，將遭受審判（太 11:7~24）。在七教會中，那些拒絕聽從耶穌先知式呼籲悔改的人將面臨相同的後果。第三，雖然麥子稗子長在一起，但天使會在末日收割時將二者分開，保留麥粒並燒掉稗子（即代表屬於惡者的人）。相反，「義人在他們父的國中，要像太陽一樣的照耀」（太

---

[143] 筆者不同意科斯特（Koester, *Revelation*, p. 264）的見解，他認為這首個短語「在啟示錄中沒有對觀福音情境的痕跡」。無論約翰是否曉得成文的福音書或其他形式的口述和成文傳統，鑒於這同一單元段落在對觀福音中的多次出現的引證，耶穌這句話很可能隨帶著某形式的情境一同流傳。

13:24~30、36~43)。兩者的上下文明顯相似，因為約翰後來在啟示錄十四章 4~16 節中讓人瞥見這末日收割。第四，耶穌警告在末世審判他再臨時，不「警醒」的人會大吃一驚。不忠心的人會被當場抓獲並受到相應的懲罰，而忠心的人則會得到獎賞（太 24:36~51 // 路 12:35~48）。同樣地，約翰在描述因傾倒第六碗引發的末世戰爭時，重複了耶穌「像賊」一般來臨的警告（啟 16:15）。啟示錄十一章 18 節和二十二章 12 節清楚地表明一個概念，即耶穌要獎賞忠信者和懲罰惡人，並按照各人所行的報應他們。

假如受眾能夠從福音傳統中意識到約翰對這兩個短語的暗引，並回憶起這些短語原本的語境，就很可能會在心中產生共鳴和更深的理解，從而將他們導向悔改。[144] 耶穌在地上所警告和應許的，已經在約翰近在眉睫的天啟異象中實現了──這些事情即將發生（啟 1:1, 22:6）。

(2) 作出抉擇：妥協或堅守

約翰使用對比的文學手法來說明誰才是真正的世界之主（神或獸），以及選擇跟隨不同的主，最終會有怎樣的結果。如前所述，對比和二元用語的使用不

---

[144] 就文本互涉的共鳴效果及其增進理解的作用，見 Moyise, *Old Testament*, pp. 108–110。

允許人「中立觀望」。[145] 此外，如第一章所述，羅馬皇帝被授予「全世界之主」的稱號。[146] 但神是真正的「全世界之主」，因為他是維持生命的創造者（啟 4:11）。對比之下，海獸之所以能夠統治地上所有居民並受敬拜，只因「有權柄給了」牠如此行事（啟 13:4、7~8）。但所有受造物都自發敬拜羔羊，因為他甘願犧牲自己的生命，救贖來自全地的人（啟 5:9、13）。對比之下，地獸用神蹟奇事欺騙和強迫地上居民敬拜海獸，並以經濟剝奪和死亡威脅他們（啟 13:17）。

那些受獸印記（在額頭或右手上）的人可能暫時免於逼害和壓迫，但最終會在硫磺火湖中與獸一起被毀滅（啟 13:16~17, 14:9~11）。他們的苦難永不止息（啟 14:11）。燃燒中的硫磺這景象生動逼真，受眾幾乎可以「嗅」到氣味。[147] 對比之下，那些拒絕接受獸印的人會被殺死（啟 13:15），他們的額上則會刻上羔羊和他天父的名字（啟 14:1；參 6:3~8）。他們最終於（天上的）錫安山上站在寶座前，唱著摩西的勝利之歌（啟 14:1~5, 15:1~4）。這歡樂凱歌的意象也非常生動，

---

[145] 見上文第 203 頁，及 Lee, 'Facing Persecution', p. 200。

[146] 見上文第 86 頁。

[147] 見 deSilva, *Seeing Things John's Way*, pp. 84–85；德席爾瓦注意到啟示錄十四章 6~13 節的「感官審美結構」喚起了受眾多方面的感受，包括視覺、聽覺、嗅覺甚至觸覺。

第 3 章 如何至終站立得穩：勸說與賦予能力以堅持不懈 247

使受眾幾乎身臨其境。他們此時將脫離壓迫並獲得永恆的安息——他們的勞苦和堅拒妥協的忠誠曾導致經濟損失和死亡，但這份忍耐要得到回報，他們的作為也隨著他們（啟 14:13）。[148] 獸與聖徒作戰並在地上勝過他們（啟 13:7；參 11:7）。然而，信徒已經藉羔羊的血，因他們為耶穌所作的見證，並且不懼怕死亡，而戰勝了巨蛇和獸（啟 12:11）。眾聖徒在抵抗妥協中而死亡，不僅是從痛苦中被解脫（「脫離勞苦的壓迫而得安息」），更是積極地勝過壓迫者（「脫離敵人的壓迫而得安息」）。[149] 這是額外的動力，有助受苦的受眾堅持下去。

正如在人子駕雲降臨，收割地上莊稼和葡萄，並在神忿怒的大酒榨中踐踏葡萄的景象所描述的，末世審判肯定會到來（啟 14:14~20）。審判是如此嚴厲，以至於從酒榨中流出的血淹沒了「全地」（一千六百司他町；啟 14:20）。[150]

---

[148] 啟示錄十四章 12~13 節中的「忍耐」（*hypomonē*）、「勞苦」（*kopos*）和「作為」（*erga*）與啟示錄第二章有所關連；耶穌在這三個方面讚美以弗所教會，而推雅推拉教會則在第一和第三方面得到讚許。這個串連幫助我們理解「作為／行為」指的是教會忠心抵抗妥協。見 Lee, 'Rest and Victory', p. 535; Koester, *Revelation*, p. 211; Ian Boxall, *The Revelation of Saint John*, BNTC 18 (London: Continuum, 2006), p. 211。

[149] Lee, 'Rest and Victory', pp. 357–358.

[150] 就啟示錄中數字的象徵意義，見 Adela Yarbro Col-

約翰在此明顯訴諸 *pathos*（情緒挑動）：可怕的審判和得勝的盼望，以及對基督施行末世審判的信心。[151] 受眾不得不作出選擇：(1) 跟隨獸，現在避免痛苦，但要面臨在永恆中更大的痛苦；或 (2) 跟隨羔羊，現在受極大苦難，但在永恆中帶著更大的喜樂去經驗最終的勝利。在三個關鍵時刻，約翰挑戰受眾應當如何回應，每次都由 *hōde*（《環》譯作「既然這樣」；NIV 譯作 'this calls for'）一詞引入：(1) 俘虜和殉道不可避免，「既然這樣，聖徒就要堅忍和忠心！」（啟 13:9~10）；(2) 欺騙和妥協的誘惑如此強烈，「既然這樣，就要有智慧」和「悟性」來認清獸的印記所代表的（啟 13:14, 17~18）；[152] 及 (3)

---

lins, 'Numerical Symbolism in Jewish and Early Christian Apocalyptic Literature', in *Cosmology and Eschatology in Jewish and Christian Apocalypticism*, JSJSup 50 (Leiden: Brill, 1996), pp. 55–138; Resseguie, *Revelation of John*, pp. 28–32。簡而言之，數字「四」與「地球和創造」相關，「十」代表整體，而乘以平方或立方則象徵強度。因此，1,600=4×4×10×10，就很可能象徵全地（Resseguie, *Revelation of John*, p. 29; Thomas and Macchia, *Revelation*, p. 266）。

[151] 另見 Oropeza, *Churches Under Siege*, p. 3；奧羅佩薩（Oropeza）指出「恐懼」乃約翰引導受眾遠離不幸結局的整體修辭策略之一。

[152] 就獸印記（666）各種解釋的摘要，見 Koester, *Revelation*, pp. 596–599。對受眾來說，此處重點是他們必須有智慧辨別迫使他們妥協的「各種勢力」，這樣他們就不會陷入誘惑。

那些跟隨獸或羔羊的人，他們最終的結局是清楚的，「既然這樣，遵守神的命令，並堅持對耶穌忠心的眾聖徒，就要堅忍。」（啟 14:12）。第一個 hōde 對應第三個，而第二個 hōde 對應第四個，而後者出現在啟示錄十七章 9 節:「既然這樣，就要有智慧的心思。」受眾必須能夠辨認出誰是怪獸和大淫婦，以及領會拜獸和與大淫婦行淫的後果。他們絕不能屈服於死亡的威脅，也不能屈服於經濟利益的誘惑。

藉此「預覽」對比了雙方最終結局後，約翰通過另外兩個對比重申了同一觀點：（1）淫婦和新娘；及（2）與大城和怪獸認同，以及與新耶路撒冷和羔羊認同之人，在末世所承受的那「份」（產業）。大淫婦試圖把自己裝扮得很奢華（啟 17:4a），但約翰揭露了她的真面目——污穢和可憎（啟 17:4b），以及她與鬼魔和污靈潛在的聯繫（啟 18:2）。雖然她對君王、商人和地上的人施加了巨大影響，引導他們拜偶像（性方面的不道德）並給他們帶來龐大的經濟利益（啟 17:2, 18:3），但眾王最終還是背叛了她（啟 17:16）。她的罪孽深重，將受到相應的懲罰（啟 18:5~7a）。她高傲地以為自己的地位永久不變，卻要「在一日之內」失去一切並被摧毀（啟 18:7b~8）。在宣佈她即將毀滅的同時，來自天上的聲音呼喚道:

> **從那城出來吧，我的子民！**
>
> 免得在她的罪上有分，
>
> 受她所受的災難。
>
> （啟18:4）

假如神的子民妥協並與她保持聯繫，將不會免於相同的懲罰。約翰對她不潔和毀滅的描述很可能引起古代受眾的厭惡和恐懼。[153] 連同呼籲神的子民「從她［那城］出來」，約翰也訴諸 *pathos*（情緒挑動）和 *logos*（邏輯論證），將受眾引向他提供給對方的唯一明智選擇：從妥協中悔改並遠離誘人的大淫婦，否則你會跟她一起滅亡。[154] 琉璜火湖不僅是為巨蛇和獸所準備，[155] 也是為了牠們所有的追隨者——「那些膽怯的、不信的、可憎的、殺人的、淫亂的、行邪術的、拜偶像的和所有說謊的人」（啟20:10~15，21:8）。根

---

[153] 另見 deSilva, *Seeing Things John's Way*, pp. 219, 293–294。

[154] 先知書中的一個共同母題是呼籲神子民逃離巴比倫，這樣他們就不會跟其審判有份（例如賽 48:20~22, 52:11~12；耶 50:8~10, 51:6~10, 45~48）。呼籲神的子民從巴比倫「出來」（啟 18:4）很可能暗指耶利米書五十一章 45 節，並從這傳統發展開來。另見 Beale, *Revelation*, pp. 897–898。

[155] 於啟示錄十三章 11~16 節從地上興起的第二隻獸，後於啟示錄十九章 20 節和二十章 10 節中被確認為假先知。

據啟示錄的敘述情節，這些追隨者會包括那些因膽怯而在信仰上妥協的人（hoi apistoi，「不忠之人」）。[156]

在與大淫婦對比之下，新娘穿著細麻衣，既明亮又乾淨——這些都是她的義行（啟 19:8）。她是真正被華美裝飾的人——用貴重的金屬和寶石，反映出神的榮耀（啟 21:11、18~21）。儘管她為信仰受苦，但她對耶穌的忠心見證將地上的居民（「列國」和「君王」）引進神子民的群體中（參啟 21:24~26）。那時將不再有任何痛苦或死亡（啟 21:4），神的子民將永遠與他作王（啟 21:5, 22:6）。在這兩個片段中，約翰都重複了「忠信 [pistos] 和真實 [alēthinos]」這短語（啟 19:11, 21:5, 22:6；參 3:14, 19:9），強調耶穌的信實以及他所揭示的（預言性的話語）必定實現，從而鼓勵受眾繼續邁進。這是訴諸 pathos（情緒挑動），激發信心，引導受眾走向他提給對方唯一的明智選擇：堅守信仰是值得的，因為耶穌的應許將在末世實現。羔羊的追隨者，即那些得勝的，將承受新天新地（啟 21:7）。

(3) 神的護佑和神子民的責任

除了比較和對比之外，約翰還使用這些插曲來強調神對他受苦子民的護佑，以及他們於苦難中為耶

---

[156] 另見 Oropeza, *Churches Under Siege*, p. 192。

穌作見證的責任：(1) 144,000 人和一大群人（啟 7:1~17）；[157] (2) 約翰吃下書卷和兩個見證人（啟 10:1~11:14）；及 (3) 米迦勒和眾天使與巨大紅蛇和他兩隻獸之間的戰爭，及其對神子民的影響（啟 12~14 章）。

在第一段插曲中，有兩個片段：(1) 在四風肆虐全地（陸地、海洋和樹木）之前，一位天使蓋印了神的子民——他的僕人（啟 7:1~8）；及 (2) 一大群人從苦難中得救，進入神的寶座室（啟 7:9~17）。四風肆虐全地的意象暗指號和碗的審判，影響著陸地、海洋和樹木。[158] 神子民身上的印記可能暗指以西結書九章 1~6 節，象徵著當審判臨到不忠的人和他們的城市時，神要保護他忠心的子民。[159] 這額上的印記後來被確定為羔羊和他父的名字（啟 14:1）。因此，正如

---

[157] 144,000 很可能象徵神子民龐大而完整的數目（12×12×1,000），就如那一大群人的景象。筆者不同意奧羅佩薩的見解（Oropeza, *Churches Under Siege*, pp. 225–226），他認為前者指的是猶太信徒。觀乎啟示錄六章和十三至十四章，這十二個支派不太可能只指猶太基督徒，卻很明顯指的是神全體的忠心子民（不分種族）。猶太傳統中也有認為十二支派是末世時神的忠心子民（例如 *Pss Sol.* 17.26–28；1QM 3.13–14）。

[158] 全地的破壞在前三號和第二、三碗中更為明顯（參啟 8:7~10，16:3~4）。

[159] 另見 Beale, *Revelation*, pp. 409–413; Oropeza, *Churches Under Siege*, p. 226。

在古代世界用印記象徵所有權一樣，這印記標誌著神忠心的子民屬於他。這蓋印的行為可能暗示神要保護他的子民免受傷害（參結 9:5~6），但更可能指的是他保守其子民忠心不渝（參啟 14:3~5）。[160] 雖然審判並非針對神忠心的子民，但這並不意味著他們將完全免受審判的摧毀性影響。這明顯見於（1）以西結書九章 7~11 節（雖然免於屠殺，但為耶路撒冷人民的罪惡哀悼的忠心子民必須承受入侵的後果）；（2）啟示錄六章 1~11 節（神的子民不能免於邪惡和壓迫者的暴行［戰爭和逼迫］，也不能免於這些邪惡造成的飢荒和瘟疫）；及（3）啟示錄七章 14 節（既然這一大群人已經從大災難中出來，太陽和任何炎熱都不會再傷害他們，暗示他們很可能先前已經遭受其影響；啟 7:16；參 16:8）。**這是一個重要的神學觀點：神對他子民的保護並不意味著他們總會從所有傷害中被解救出來。**

第二個片段描繪了「一大群人，沒有人能數得過來，是從各邦國、各支派、各民族、各方言來的……**都站 [histēmi] 在寶座和羊羔面前**」（啟 7:9）。[161]

---

[160] 在猶太經書中，每當神的子民經歷耶和華的拯救並戰勝敵人時，就會唱一首「新歌」（詩 33:3, 40:3, 96:1, 98:1, 144:9, 149:1；賽 42:10）。見 Beale, *Revelation*, p. 736。這些忠心的人唱出一首新歌（啟 14:3；參 5:9），暗示他們也經歷了神的拯救並戰勝了敵人。

[161] 在整卷啟示錄中，「各邦國、各支派、各民族、

正如藍思歐（Lemcio）指出的，這場景讓人想起啟示錄四至五章中天上的寶座室（參啟 7:11），似乎回應了那些面對第六印審判之人的驚呼提問：「倒在我們身上吧！把我們藏起來，**躲避坐在寶座上那位的面，和羊羔的震怒！因為他們震怒的大日子來到了，誰能站立 [*histēmi*] 得住呢？**」（啟 6:16~17）[162] 他們身穿白袍，手拿棕櫚枝（啟 7:9）——這都是勝利的象徵。他們從大災難中得勝，袍子被羔羊的血洗淨潔白（啟 7:14；參 12:11, 22:14）。在啟示錄中，「衣袍」象徵著行為，「白色」則同時象徵著純潔和勝利。[163] 最後，

各方言來的」這短語重複數次卻略有不同，其聯繫如下：（1）羔羊從這群組中救贖了這一大群人（啟 5:9, 7:9），而這群組其餘的人則分別在獸和大淫婦的統治和影響下（啟 13:7, 17:15）；及（2）這同一群組是神的子民，要為耶穌作見證、宣告神即將到來的審判，並呼籲悔改的受眾（啟 10:11, 11:9, 14:6）。這角色類似於猶太經書中神的先知，就如（1）約翰的預言任務；（2）具有先知摩西和以利亞特徵的兩個見證人；及（3）由於即將到來的審判，天使（使者）呼籲眾人敬畏神並敬拜他，因為他是創造者。見 Bauckham, *Climax of Prophecy*, pp. 326–337.

[162] Eugene E. Lemcio, *Navigating Revelation: Charts for the Voyage, a Pedagogical Aid* (Eugene: Wipf & Stock, 2011), pp. 19–20.

[163] Lee, 'Rest and Victory', pp. 352–357. 因此，「白衣」表示義行，因此表示一個沒有玷污和得勝的人（啟 3:5；參 6:11, 19:8）；「玷污的衣服」表示被不義的行為玷污了，因此是污穢的（啟 3:4）；赤身露體表示沒有任何有價值

啟示錄七章 15~17 節中的意象暗指了新耶路撒冷的寶座室：(1) 基督賜給他們「生命水的泉源」，因此他們不再乾渴（啟 7:16~17; 參 21:6, 22:17）；及 (2)「神也必抹去他們的一切眼淚」（啟 7:17; 參 21:4）。[164]

這第一段插曲安慰神的子民，並向他們保證他會在苦難中看顧他們，並從大災難中把他們拯救出來。他們將能夠站立得穩，因為神保守他們的信心，讓他們最終會從苦難中得勝——這是他們在面對逼迫時忠心抵抗妥協的結果。他們將進入神聖殿的聖所（寶座室）——新耶路撒冷。

在第二段插曲中，也有兩個片段：(1) 天使吩咐約翰吃下小書卷，並向「許多民族、邦國、方言和君王」預言（啟 10:1~11）；(2) 兩位見證人受命向地上的居民——「各民族、各支派、各方言和各邦國」發出預言並施行審判（啟 11:1~14）。在第一個片段中，約翰看到一位大能的天使從天上下來，手裡拿著一個

的行為，因此是可恥的（啟 3:17~18, 16:15）。那些「用羊羔的血，把自己的衣袍洗潔白」的人就是那些被基督成為義並得勝的人（啟 7:14, 22:14）。

[164] 這些描述引自以賽亞書二十五章 8 節和四十九章 10 節，被形容為已在新耶路撒冷中獲得圓滿成就。另見 G. K. Beale and Sean M. McDonough, 'Revelation', in G. K. Beale and D. A. Carson (eds.), *Commentary on the New Testament Use of the Old Testament* (Grand Rapids: Baker Academic, 2007), pp. 1109–1110。

小書卷。他宣告神即將到來的審判——第七號即將吹響，不再延遲。約翰被指示接過小書卷並吃掉它，象徵著他的使命是將預言信息傳遞給「許多民族、邦國、方言和君王」（啟 10:11）。書卷先甜後酸的味道可能象徵著神呼召他作為先知的特權，以及先知因眾人拒絕信息而遭受的苦難。[165] 約翰的先知角色很可能代表神的子民，因為神也向「他的僕人眾先知」宣告了自己將要成就的事（啟 10:7），而這些先知經常與聖徒並列（參 11:18，16:6，18:20、24，22:9）。[166]

在第二個片段中，約翰被告知要測量神的聖所及其中的敬拜者。然而，不包括測量外院，因為「已經給了外族人」且「他們要踐踏聖城四十二個月」（啟 11:1~2）。這裡的「聖所」很可能是指神忠心的子民和神與他子民的同在，因為（1）在啟示錄中，「聖城」既是「新娘」又是「聖所」（啟 21:2、22，參 3:12）；

---

[165] 就各個不同的合理詮釋，見 Grant R. Osborne, *Revelation*, BECNT (Grand Rapids: Baker, 2002), pp. 403–404; Koester, *Revelation*, pp. 482–483。

[166] 「他的僕人眾先知」包括約翰和其他基督徒先知，他們與舊約先知具有相同的先知傳統（例如啟 1:1~3，22:6、9；孟恩思和科斯特也如是理解）。雖然先知可能是神忠心子民的一個子集，但在啟示錄中兩者並列，表明這兩個群體遭受相同命運，並得到相同的獎賞和昭雪。Robert H. Mounce, *The Book of Revelation*, rev. edn, NICNT (Grand Rapids: Eerdmans, 1998), p. 208; Koester, *Revelation*, p. 481.

及（2）其他新約作者也有類似的理解（參可 14:58；林前 3:16；彼前 2:4~5）。¹⁶⁷ 假如這理解正確，聖所中的祭壇及其崇拜者就象徵著為神子民所提供的避難所，但諷刺的是，他們本身也同時面對逼迫，一如聖城遭「踐踏」所暗示的。¹⁶⁸

四十二個月是與不信的（「外族」）逼迫者相關的時段（啟 11:2，13:5），而 1,260 日則與神的子民相關（啟 11:3，12:6）。¹⁶⁹ 兩者的持續時間大致相同，這可能暗示兩位見證人說預言的時間與逼迫持續的時間一樣長。對這兩個見證人的描述大量暗指猶太經書中的不同先知（啟 11:4~6；參出 7:17~19；王上 17:1；耶 5:14；亞 4:1~14），由此強調他們在先知傳統中的角色。¹⁷⁰ 獸與兩個見證人「交戰」（*poieō*

---

¹⁶⁷ Jauhiainen, *Use of Zechariah*, p. 92, n. 141. 學者之間對這些詞彙應按字面還是象徵意思去理解之分歧的詳細討論，已超出我們的研究範圍。更重要的問題是如何理解文本的神學含義，而這一點卻可能在以上兩種方法中相同，因為主要意見分歧在於文本的所指，而非其意義。見 Lee, 'Fire from Their Mouths', p. 212。畢竟我們研究的重點是新約作者如何勉勵其受眾，而不是判定其歷史上的所指。

¹⁶⁸ 在希臘羅馬時代，神廟為逃亡者提供庇護。就古代歷史中提及之處，見 Koester, *Revelation*, p. 483。

¹⁶⁹ 有些時候，早期教會使用「外族人」（*ethnoi*）這詞來指代與神子民相對的非信徒（參太 6:32；路 12:30；彼前 2:12，4:3）。

¹⁷⁰ 另見 Paul S. Minear, *I Saw a New Earth: An Introduc-*

polemon) 並「勝過」(*nikaō*) 他們（啟 11:7），而相同的表述也出現在啟示錄十三章 7 節，其中提到獸對神的忠心子民作出相同的事。[171] 鑒於以上的描述，這兩位先知很可能象徵著神忠心子民的見證。[172]

附錄三：啟示錄可有鼓勵暴力反擊？

兩個見證人被神賜予力量，以致

> 如果有人想要傷害他們，就有火從他們口中出來，吞滅他們的仇敵。凡是想要

---

tion to the Visions of the Apocalypse, repr. (Eugene: Wipf & Stock, 2003), p. 103；他指出這一個「超凡的模式……以眾多先知故事中的用語來描述他們共同的使命。」

[171] 兩個見證人（啟 11:1~13）和兩隻獸（啟 13:1~18）之間還有許多其他「用詞和概念上的相似之處」；見 A. K. W. Siew, *The War Between the Two Beasts and the Two Witnesses: A Chiastic Reading of Revelation 11.1–14.5*, LNTS 283 (London: T&T Clark, 2005), pp. 198–208。

[172] 就兩個見證人的不同詮釋，見 Koester, *Revelation*, pp. 496–497。無論這兩個見證人是按象徵意思（即他們體現了何謂忠心為神作見證）還是字面意思去理解（即他們是忠心作見證的範例），對受眾而言，其神學含意和文本的援用都很類近：即使面臨逼迫，神的子民也要忠心作見證（另見上文註 167）。

> 傷害他們的，都必這樣被殺。他們有權柄在他們傳道的日子叫天閉塞不下雨，又有權柄掌管眾水，使水變成血，並且有權柄可以隨時隨意用各樣災難擊打全地。
> （啟11:5~6）

啟示錄是否鼓勵用暴力向逼迫者報復？約翰可有如此鼓勵忠心的聖徒，表示他們可以通過報復來勝過對方？

筆者在別處曾論證過，「他們口中噴出火來吞噬敵人」的意象表示「宣揚悔改的信息和神即將到來的審判的非暴力行動」。[173] 這個意象暗引了耶利米書五章14節，其中神將他的話放在耶利米的口中，就像火一樣，要燒毀不悔改的以色列人和猶大人（耶5:1~13）。這個意象清楚地表明耶利米宣告了神即將到來的審判，這在巴比倫入侵期間實現了。《以斯拉四書》十三章1~11、21~38節中的類似用法進一步支持了這一點，其中天使說明：

> ［神的兒子］必面對面斥責他們的罪孽，並用酷刑來懲罰他們，這就是火焰

---

[173] Lee, 'Fire from Their Mouths', pp. 222–226, 237.

> 所象徵的意思。他不費吹灰之力便能藉律法毀滅他們，這就是烈火所象徵的意思。(《以斯拉四書》13:38)[174]

這讓人想起啟示錄十一章10節，其中提到兩位先知（即兩位見證人）「曾使〔住在地上的人〕受痛苦」。確實的，指出人們的罪惡，並警告他們如果不悔改就會被毀滅，以此呼籲悔改，對那些拒絕這信息的人來說會是「痛苦」的。然而，即使這樣也不應被視為言語暴力，因為信息並非惡意，而是為了聽眾的利益。

此外，啟示錄十一章6節中乾旱和瘟疫的意象，暗引了以利亞和摩西所行的神蹟，目的是將這兩位見證人與猶太先知傳統聯繫起來。[175] 因此，雖然這

---

[174] B. M. Metzger, 'The Fourth Book of Ezra', in James H. Charlesworth (ed.), *The Old Testament Pseudepigrapha*, 2 vols. (Garden City: Doubleday, 1983), vol. 1, p. 552. 中譯引自：王敏賢譯，《基督教典外文獻：舊約篇》5:445。

[175] 參出 7:17~19，王上 17:1。畢爾（Beale, *Revelation*, pp. 582–587）指出了支持以喻意理解乾旱和瘟疫的三個要點。首先，前文（11:1~5）很大可能採用了比喻手法，而早期的猶太文學也用喻意方式描述了出埃及記中的瘟疫。第二，兩個見證人帶來的乾旱和瘟疫與號角的審判有關（啟 8~9 章），並且都是由天使執行的。第三，耶穌禁止門徒學效神昔日藉以利亞所行的，用火毀滅他們的敵人（路 9:54~62）。

> 些圖象可能描繪了暴力報復，但其象徵意義恰恰相反——按照先知的傳統呼籲眾人悔改，以此非暴力的方式，忠心地作見證。[176]

值得注意的是，只有在兩位證人完成見證後，獸才會殺死他們（啟 11:7 上），而神通過使他們從死裡復活，並接他們升天來為他們昭雪（啟 11:11）。簡而言之，「這兩位見證人的故事鼓勵教會，儘管遭到強烈的反對和逼迫，他們仍能完成向世界作見證的任務，因為神會保護他們和賦予他們力量」。[177] 第二段插曲的信息很明確。約翰和兩位見證人作為先知的角色，很可能代表了神全體子民的角色。為耶穌作見證會帶來痛苦，因為向「民族、邦國、方言和君王／部族」

---

[176] 就其他也主張「積極和非暴力抵抗」的學者，見 Richard B. Hays, *The Moral Vision of the New Testament: A Contemporary Introduction to New Testament Ethics* (New York: HarperCollins, 1996), pp. 173–184; David L. Barr, 'Doing Violence: Moral Issues in Reading John's Apocalypse', in David L. Barr (ed.), *Reading the Book of Revelation: A Resource for Students*, RBS 44 (Atlanta: SBL, 2003), pp. 97–108; Sylvie T. Raquel, 'Blessed Are the Peacemakers: The Theology of Peace in the Book of Revelation', in Gerald L. Stevens (ed.), *Essays on Revelation: Appropriating Yesterday's Apocalypse in Today's World* (Eugene: Pickwick, 2010), pp. 50–71; Smith, 'Book of Revelation', pp. 334–371。

[177] Lee, 'Fire from Their Mouths', p. 221.

宣告悔改和即將到來的審判信息（啟 10:11，11:9），會招致拒絕信息的人反對甚至逼迫。然而，神會保護他們並賦予他們力量。羔羊將從這同一群人中救贖他的子民。因此，即使在痛苦的逼迫中，神子民的責任和召命是繼續為耶穌作見證，因為他們的見證對羔羊所救贖的人是有功效的。[178]

在第三段插曲中，約翰從天上看到了三個徵兆：(1) 一個穿著太陽、月亮和十二顆星星的婦人（啟 12:1）；(2) 一條巨大的紅蛇，有七個戴著冠冕的頭和十隻角（啟 12:3）；及 (3) 七位天使和最後的七災（啟 15:1；即七碗）。這個婦人很可能象徵著歷史上神的子民。[179] 這條巨蛇被確認為撒旦，它將「迷惑普天下的人」（啟 12:9）。巨蛇想方設法傷害婦人，但都徒勞無功，因為神一次又一次地保護婦人（啟 12:4~6、13~17）。當彌賽亞完成救贖並開啟神的國度時，巨蛇及其天使在與米迦勒及其天使的宇宙戰爭中敗北（啟 12:7~10）。巨蛇在狂怒中繼續與「女人其餘的子孫作戰，就是和那遵守神命令堅持耶穌見證的人作戰」（啟 12:17）。啟示錄十三章的兩隻獸，就是巨蛇作戰的手段。然而，神的子民能夠擊敗巨蛇的方法也清楚闡明——

---

[178] 另見 Bauckham, *Climax of Prophecy*, pp. 291–293; deSilva, *Seeing Things John's Way*, pp. 75–78。

[179] 就相關的詳細討論，見上文第一章註 109。

羔羊的血、他們為耶穌作的見證，以及不懼怕死亡（啟 12:11）。得勝的聖徒在寶座前所唱的拯救與讚美之歌證明，那些「遵守神的命令和耶穌的信仰」的聖徒，他們的「忍耐」是有效果的（啟 14:1~5、12~13, 15:1~4）。

第三段插曲解釋了（1）七印：罪惡的壓迫者給人類和神的創造帶來了苦難，包括殺害神的子民，因為巨蛇迷惑了這些壓迫者（參啟 12:9）；（2）七號：不悔改的人（那些「沒有神印記的人」）的審判，是環境破壞和戰爭背後的黑暗屬靈勢力所帶來的苦難，因為其中牽涉宇宙和屬靈的層面（參啟 12:7）；及（3）七碗：對獸的王國及人民（那些有「獸的印記」的人）的審判，是瘟疫、進一步的環境破壞、末世戰爭和大城巴比倫的毀滅所帶來的苦難，因為他們拜偶像（拜巨蛇和獸；啟 13:4、12~14）並逼迫神忠心的子民（啟 13:7、15~16, 16:5~6）。**在此展現的神學十分重要：**悔改並不是遭受審判所帶來的結果（啟 9:20, 16:9、11），而是來自積極回應有關耶穌的見證和將榮耀歸給神的呼召（啟 11:13, 14:6~7）。[180] 因此，神的子

---

[180] 正如包衡指出的，在啟示錄中的「敬畏」和「歸榮耀」都與敬拜神相關（啟 14:7, 15:4），而「悔改」也同樣與「歸榮耀」相關（啟 16:9）。就全面論證，見 Bauckham, *Climax of Prophecy*, pp. 273–283。畢爾和麥克尼科爾（McNicol）不同意包衡的見解，但筆者的反駁論證可見

民必須繼續為耶穌作見證。

第三段插曲的信息安慰了神忠心的子民。他們將一次又一次在逼迫者的手下受苦,但神會保護他們。他們可以藉著告知他們的「公式」去克服並取得勝利(啟12:11)。他們得以一睹得勝者在天上寶座室中慶祝勝利的光榮,以及接受獸印記的人所遭受的可怕後果。這激勵他們在遭受苦難的情況下堅守信仰。

總括而言,神的護佑和其子民堅守信仰並為耶穌作見證的責任,是連接三段插曲的母題。[181] 神會保護他的子民,保守他們的信心,並將他們從苦難中拯救出來,進入他榮耀的同在。神會賜給他們能力去履行為耶穌作忠心見證的責任。因此,儘管困難重重,他們仍然可以克服一切並且勝利而歸。這是訴諸 *pathos*(情緒挑動),激起了受眾的信心和勇氣。

於 Lee, 'Fire from Their Mouths', pp. 227–231。Beale, *Revelation*, pp. 603–605; Allan J. McNicol, *The Conversion of the Nations in Revelation*, LNTS 438 (London: T&T Clark, 2011), pp. 124–125, 129.

[181] 另見 Smith, *Book of Revelation*, pp. 355–371;他推斷,「在充滿敵意的世界中」,啟示錄將「教會的使命」描述為對真神的敬拜,是一種見證方式,以此宣告造物主維持世界和他通過基督帶來救贖;在耐心等待神通過基督在末世的終極勝利中圓滿實現他的國度之際,敬拜神和基督是所有受造物的天命。

(4) 公義的神為他忠心的子民伸冤

忠心聖徒呼喊:「聖潔真實的主啊!你不審判住在地上的人,給我們伸流血的冤,要到幾時呢?」(啟 6:10)他們由於「神的道,並且為了自己所作的見證」而被殺害(啟 6:9)。然而,他們得到了一件得勝者的白袍作為獎賞,以致他們可以「安息」(*anapauō*),直到同為弟兄的殉道者的人數湊滿(啟 6:11)。[182] 這「安息」不僅僅是指他們停止呼喊,還指向他們艱辛抵抗壓迫者中得勝的「安息」(參啟 14:13)。[183]

在七號的審判之前,一位天使用壇上的火盛滿香爐,然後扔到地上,導致「雷轟、響聲、閃電和地震」(啟 8:3~5)。由於焚香升起的煙霧象徵著聖徒的祈禱(啟 8:5;參詩 141:1~2;《巴錄四書》9.3–4),天使的行為很可能象徵著神回應眾聖們的祈禱和呼喊,彰顯了他公義的審判。[184] 接續的敘述進一步證實了這一點。

第一,得勝的聖徒讚美神,因為他的行徑(即他「公義作為」的顯明)「又公義又真實」(啟 15:3~4)。緊隨其後的是七碗審判。天使宣佈,倒第三碗的血災是對神聖民和先知流血的回應,天使和祭壇都讚美神,

---

[182] 就「白袍」乃是勝利的象徵,見上文第 254 頁。
[183] 見 Lee, 'Rest and Victory', pp. 350–357。
[184] Blount, *Revelation*, p. 184; Koester, *Revelation*, p. 434; Osborne, *Revelation*, p. 346.

他的判斷是「真實、公義」的（啟 16:4~6）。第二，在大淫婦的異象中，約翰形容她「喝聖徒的血，和那為耶穌作見證的人的血，喝醉了」（啟 17:6）。諸天、神的子民、使徒和先知都被告知要歡喜，因為神的審判在大淫婦的毀滅中臨到，因為

> 先知、聖徒和地上一切被殺的人的血，
> 都在這城裡找到了！
> （啟 18:20、24）

此後，約翰描繪了天上的群眾大聲呼喊，讚美神的「真實公義」的審判，因為他已經懲罰了大淫婦，並「為他的僕人向淫婦伸了流血的冤」（啟 19:2~3）。

此外，約翰似乎將古蛇的捆綁和得勝者的統治描述為神為他的子民伸冤的一種方式（啟 20:1~6）。正如科斯特指出的，巨蛇已將權柄賜給獸統治地上所有的居民，以至獸戰勝了忠心的聖徒，俘虜並殺死了他們（啟 13:7、10）。現在，巨蛇淪為那被俘虜並被鎖鏈束縛的（啟 20:1~3）。取而代之的是，「那些因為替耶穌作見證，並且因為神的道而被斬首的人」，約翰指他們是「沒有拜過獸或獸像，也沒有⋯⋯受過獸的記號」的人，他們復活了，與基督一同作王（啟 20:4）。獸只有「四十二個月」管轄和壓迫他們，但他們現在要作王「一千年」（啟 13:5，20:4）。他們

受苦的時間比他們作王的時間短得多。[185]

雖然遭受逼迫和殉道是痛苦和艱難的，但神的公義和他為忠心的聖徒伸冤的確實性，卻鼓勵他們堅持下去。最後，啟示錄的結語描繪耶穌向教會講話，重申前言的要點，表明他的來臨近在眉睫（啟 1:1, 22:6、20）。[186] 約翰最後以聖靈、新婦、聽見的人和約翰自己齊聲說「來！」（啟 22:17、20）結束啟示錄。[187] 他們表達了對基督再來要拯救他們脫離苦難壓迫的希望，基督要以摧毀和結束一切邪惡的方法為他們報仇，建立神有福且永恆的統治，並於其中獲得基督應許他們堅持（得勝）的獎賞。那些認同這盼望的受眾，即使受到逼迫，也將受到激勵而堅持下去。

神學觀點摘要

作為本章的研究框架，我們以探討一世紀希羅背景中的修辭慣例和同時代的榮辱文化為起點，並審視

---

[185] Koester, *Revelation*, p. 782.
[186] 另見 Thomas and Macchia, *Revelation*, p. 4。
[187] 「聽見的人」指的是那些聆聽和遵從啟示錄信息中預言（即呼召人悔改）的人（啟 1:3, 22:7）。在七信和啟示錄十三章 9 節中，還有另一處呼召人聆聽的內文互涉：「凡有耳的，就應當聽！」另見 Beale, *Revelation*, p. 1148。

其如何塑造新約作者的勸說方式，好叫受眾即使面臨妥協的壓力，仍然向基督保持忠心。現在，筆者將首先總結我們在這些作者中觀察到的慣例。然後，筆者將強調從以上研究中浮現出個別作者的獨特觀點。

對於新約作者來說，重新界定「榮辱」的定義顯然對形成受眾的信念和指導他們的行動起著關鍵作用。這在作者陳述現在與末世的苦難和榮耀的對比中最為明顯。在主流文化看來，因信基督而遭受屈辱、排斥和逼迫是可恥的。然而，這被重新定義為基督徒的榮耀。雖然受眾或許可以通過否認與基督的聯繫來逃避主流文化強加的恥辱，但這種逃避只是暫時而毫無價值的。這是因為他們將無法逃脫永恆的懲罰，並會在末世的審判中蒙羞。

相反地，當他們確認自己是基督的追隨者並堅守信仰，雖然當刻可能蒙受極大的恥辱，但這也只是暫時的，並且是值得的。這是因為他們將會得到末世的獎賞，就是神國度的榮耀基業，是世上任何財寶和尊榮都無法比擬的。除了盼望從神得到末世的榮耀之外，在當刻接受讚許也是重要的榮耀和激勵來源——保羅和耶穌（正如約翰在啟示錄中所呈現的那樣）讚許他們的受眾在苦難中對基督堅定不移。

福音書獨特地呈現出耶穌教導眾人失去生命（涉及羞恥和屈辱）才能獲取生命（將其與榮譽和光榮聯繫起來）的悖論。這教導的背景是被自己的人拒絕——

直系親屬（馬太和馬可）和自己的民族群體（約翰）。這個悖論處理了受眾在文化上的需要，因為家庭關係非常珍貴。這悖論在啟示錄中進一步發展，其中忠心的殉道聖徒將復活與基督一起作王。他們在地上似乎被壓迫者打敗，但實際上卻已經勝過了對方。

希伯來書和啟示錄的作者在激勵受眾上非常獨特，他們強調神會為他忠心的子民報仇，並在壓迫者面前為他們平反。[188] 這兩位作者都提到了末世的產業，但希伯來書卻針對因信耶穌而遭受的經濟損失，而直接將兩者作出對比。

福音書的作者描繪耶穌警告門徒，由於對他的信仰，他們將面臨近在眉睫的逼迫。他們要歡喜（因為他們有末世的獎賞）並繼續在逼迫者面前為他作見證。各作者更展示了耶穌對聖靈賜予能力的應許，表明即使受到逼迫，門徒仍得以放膽作見證。約翰在其福音書和啟示錄中繼續發展這些傳統之餘，更進一步提出了耶穌的應許，即神會保守門徒不失足後退。保羅在以下方面延續了這福音傳統：（1）重申人應該在逼迫中如何以喜樂和勇氣堅持不懈；及（2）每當他向新群體宣講福音，都會預先警告逼迫的出現，就如他

---

[188] 雖然保羅引用申命記三十二章 35 節，提到將報復留給神（羅 12:19），但重點不在於為聖徒平反昭雪，而是在於以善報惡。

在寫給腓立比人和帖撒羅尼迦人的信中所看到的。他還以身作則分享了為基督受苦的經歷。與保羅、希伯來書和啟示錄不同，路加在使徒行傳中沒有提到任何放棄信仰的例子，而只是將早期門徒描繪成對逼迫作出理想回應的模範——儘管受到逼迫，但仍遵守耶穌的教導，成為他忠心的見證人。通過這些模範，路加展示耶穌在路加福音中的應許如何在使徒行傳內實現。一如保羅和路加所描述的，在現實生活中經歷聖靈賜予能力和神拯救的見證，足以激勵他們的受眾相信：（1）耶穌的話是真實的；及（2）受眾自己也將會體驗到這些現實。

眾新約作者也提出為基督受苦乃是有價值的，以激勵信徒堅持不懈。第一，這是信徒與神有良好關係的明證。馬太描述耶穌宣告忍受逼迫是有福的，並且這是真門徒的標記。保羅聲稱任何過敬虔生活的人都會受到逼迫。第二，保羅和彼得前書都強調這些苦難能塑造正面的性格特質。雖然希伯來書作者表達了類似的概念，但他還別樹一幟地將逼迫與「非懲罰性」管教聯繫起來。除此之外，通過將自己界定為基督而一同受苦的人，保羅、希伯來書、彼得前書及啟示錄作者訴諸 *pathos*（情緒挑動），爭取受眾接納他們的勸誡。這在他們之間建立起社會凝聚力，並為苦難中的受眾帶來安慰。

幫助受眾克服對逼迫的恐懼是新約作者的重要課

題。除了藉著陳述耶穌類似的勸告，直接或間接地勸勉對方不要害怕之外，他們還說明如何能夠克服恐懼。如上所述，信徒可以通過對末世榮耀和獎賞的確實盼望克服對痛苦、羞恥和經濟損失的恐懼。對當局實施懲罰的恐懼，則可以通過相信神和耶穌是超越一切權柄的信念來克服──神比人類和反對者背後的邪惡靈界勢力更令人畏懼。此外，通過接近神、尋求他的恩典和幫助，神護佑與平安的應許將會保守他們的心靈，不至於害怕。然而，這份護佑更多是指保守他們的信仰，有時還包括人身保護和從侵害中獲得解救，但這絕不是保護免受所有傷害的應許。

在處理恐懼的問題上，約翰福音中暗地裡作門徒的觀點是獨一無二的。值得注意的是，約翰並不否認恐懼的現實，而且似乎對這恐懼感同身受。雖然他與對觀福音書的教導一致，即為了避免羞辱而否認耶穌是不可接受的（參約 12:42~43），但他留給那些不得不隱藏與耶穌關係的門徒更多轉圜餘地（例如尼哥德慕、亞利馬太人約瑟）。對於他是否同意這保密做法，他似乎模棱兩可，並沒有做出判斷。

相比之下，部分新約作者，例如保羅以及希伯來書和啟示錄的作者在使用修辭作為勸說的工具上，似乎更自然流暢和明顯。這些作者在訴諸 *logos*（邏輯論證；例如懲罰／獎賞、短暫／永恆、復仇／昭雪、苦難／解脫）和 *pathos*（情緒挑動；例如恥辱／榮譽、

恐懼／信心、同感／憤慨）時，他們使用這些對比的方式顯得相當平衡。舉例來說，喚起恐懼（例如對不忠心的末世懲罰）與信心（例如對忠心的末世獎賞）互相平衡，而引起羞恥的責備（例如只能喝奶而不能吃固體食物）與給予榮譽的讚許和確據互相平衡（例如，受眾比之前描述中雨後長出荊棘的土地更好）。這些論述經常伴隨著悔改的呼籲。這種修辭的使用表明了作者要在受眾中塑造正面品格的意圖，而非惡意貶低對方。

希伯來書在強調群體團結和互相鼓勵上與眾不同。雖然其他新約作者也將受眾視作一個群體，但他們的勸勉通常針對個人的毅力，在群體堅毅上則沒那麼明顯。[189] 然而，希伯來書作者試圖營造群體毅力，不僅通過直接的勸告，還通過喚起受眾對因信仰而受苦的聖徒肢體的同理心，從而藉著實踐款待與互相支持去激發「愛心和善行」。

啟示錄的信息具有強烈顛覆性，將基督描繪成萬王之王（17:14, 19:16），將在末世推翻所有與之對抗的世俗政治力量。啟示錄中沒有保羅書信和彼得前

---

[189] 雖然保羅在帖撒羅尼迦前書五章 14 節中勸告受眾「勉勵灰心喪志的人，扶助軟弱無力的人，也要容忍所有的人」時，也有一種支持他人的意味，但其中團結一致和同理心的意味並不像希伯來書那樣明顯。

書中「愛你的仇敵」和「安靜順服」掌權者的概念。此外，雖然啟示錄在反帝國修辭中最為明目張膽，但其他人如保羅、馬太、路加和希伯來書的作者，卻仍有間接暗示。[190] 雖然他們的受眾可能會將耶穌的某些稱號（例如大祭司、神的兒子）與反帝國聯繫起來，但我們在描述這些作者對於基督和凱撒之關係的神學觀點時，需要意識到作者意圖與受眾看法的差異，儘管實際上我們可能無法斷然區分兩者。正如我們將在後記中看到的，這種區別會影響我們當代的反思。

---

[190] 就新約中反帝國主義的詳細討論，見例子如 Harrison, *Paul and the Imperial Authorities*; Scot McKnight and Joseph B. Modica (eds.), *Jesus Is Lord, Caesar Is Not: Evaluating Empire in New Testament Studies* (Downers Grove: InterVarsity Press, 2013); Anders K. Petersen, 'Imperial Politics in Paul: Scholarly Phantom or Actual Textual Phenomenon?', in Michael Labahn and Outi Lehtipuu (eds.), *People Under Power: Early Jewish and Christian Responses to the Roman Empire* (Amsterdam: Amsterdam University Press, 2015)。

總結

在這最後一章，筆者將嘗試描繪新約作者面對逼迫的神學，其中不僅會整合共通的觀點，還會突出個別作者的獨特觀點。但對各獨特觀點更詳細和全面的描述，已記錄在上文各章末段的神學觀點摘要之內。

逼迫的原由

我們首先以確定逼迫的定義開始本研究，並指出關鍵在於不過度簡單地將所有反對、廣義的為基督受苦和社會壓力界定為逼迫。在第一章中，筆者探究了早期的基督徒為何會由於敬拜耶穌受到逼迫。筆者對歷史背景和新約文本的分析表明，「意識形態衝突、誤解、接受基督教信仰和生活方式的負面影響」的結

集導致了反對，有時更演變成逼迫。[1]

福音書保留了耶穌向門徒解釋他們將因與自己聯繫而受逼迫的傳統。從社會學角度而言，逼迫的根本原因在於反對有關耶穌的宣稱——他是所應許的彌賽亞及其相關神學。從宗教角度而言，將神性歸於耶穌這所應許的彌賽亞深深冒犯了猶太人，而一神論和單一崇拜則深深冒犯了異教徒。從政治角度而言，由於彌賽亞的主張帶有政治色彩，基督徒宣告耶穌是彌賽亞很容易被異教徒認為具煽動性。這些主張與整體社會所珍視的傳統價值觀有所衝突。從經濟角度而言，由於人們成為基督徒而造成他人的收入減少（例如，以前的施恩主不再向猶太會堂提供捐助，不再從市場購買祭肉）是真實存在的，並可能對某些人的生計構成威脅。在新約作者中，路加以他的獨到理解脫穎而出，揭露了使徒行傳中反對者隱藏的動機（例如嫉妒和自私的政治動機）。

對新約作者來說，他們認為這種反對背後有邪惡的屬靈勢力，而這獨特神學觀點是教外人從未明確提及的。啟示錄進一步將撒但描述為當權者逼迫信徒的幕後教唆者。雖然基督徒可能將反對者背後存在邪惡屬靈勢力視為神學真相，但他們的反對者卻認為這是誹謗。因此，考慮到上述所有角度，在猶太人和異教

---

[1] 見上文第 102 頁。

徒（教外人）的眼中，早期基督徒對社會穩定構成威脅就毫不為奇了。

對逼迫的回應

我們已經看到，不少由個別人士構成的群組自覺受到基督信仰運動的威脅，所以新約的早期基督徒大多面對來自這些人的逼迫。為了杜絕這場運動，這些反對者通常會向地方政府指控基督徒，有時更用上卑劣的手段。在其他時候，他們以暴徒行為反對基督徒。在路加看來，只有耶路撒冷的猶太地方政府曾系統地逼迫基督徒。對他來說，即使其他一些地方政府懲罰了基督徒，他們這樣做只是履行維護社會秩序的職責。但他們態度也不盡相同，可從樂於助人到漠不關心，甚至暴戾凌辱。約翰在他的福音書中也同樣將當地的猶太政府形容為逼迫者。但啟示錄卻將帝國和地方政府描繪成聖徒的逼迫者。這差異可能是由於他們所指的時間點略有不同，而不是神學觀點的分歧。[2]

早期基督徒以各種方式回應這些逼迫。對新約作者（教內人的觀點）而言，他們認為因信耶穌而遭受

---

[2] 見上文第 72–73 頁。

逼迫是一份榮耀。儘管如此，對逼迫的恐懼確實存在，基督徒則以不同方式應對這份恐懼。有些人表現出強韌和堅毅，另一些人則為了避免這些恥辱和痛苦而放棄信仰。還有一些人試圖不在信仰上妥協，只通過調整一些文化習俗來適應。

使徒行傳和啟示錄描繪忠心信徒在逼迫中勇敢地為耶穌作見證，甚至願意為主耶穌放棄生命。在使徒行傳中，聖靈所賦予的能力不僅讓人產生勇氣，也生出智慧。一方面，路加描繪門徒和保羅在逃離逼迫之時，仍沿途傳揚福音。另一方面，也有幾次保羅因耶穌的特別啟示而決意不逃避逼迫。在保羅的書信中，我們也可以從保羅本人和他發信的一些教會（例如腓立比人和帖撒羅尼迦人）看到這份繼續作見證和堅持不懈的強韌力量。他們深信這份堅持不懈將會帶來美好結局——通過傳講福音拯救眾人，以及建立受苦聖徒的品格。

雖然使徒行傳和啟示錄傾向描繪忠心信徒是由於勇敢而採取強硬立場，但馬太福音十章 16 節和彼得前書三章 4、16 節卻強調溫柔，而彼得前書則加上敬畏。我們還看到，彼得前書提倡以「善行」回應逼迫，由此可反映出作者留意到教外人將基督徒視為作惡者（不尊重和不服從當權者）的看法。

逼迫帶來的苦難肯定會導致部分基督徒放棄對基督的信仰。然而，還有其他人會通過文化上的同化為

自己的行為提供神學辯解，而非放棄信仰。而導致以文化上的同化回應猶太和外族反對者的主要爭議分別是：（1）遵守妥拉作為融入為神子民的途徑；及（2）參與異教祭祀活動（參加 6:12；林前 8~10 章）。這兩項爭議十分關鍵，因為這帶來了極大的社會和經濟壓力，又在當時的基督徒中引起衝突。對保羅來說，這兩方面的嘗試都不可接受，並且損害了基督信仰的核心，即藉著耶穌的救贖工作因信稱義和一神論。然而，值得注意的是，保羅雖然區分了有意識的（不可接受的）和無意識的（可接受的；參林前 10:25~28）吃祭偶之物，但使徒行傳（15:20）和啟示錄（2:14、20）卻沒有這樣的區分。

對逼迫的恐懼很容易導致否認耶穌。對觀福音清楚地指出，那些以耶穌為恥並否認他的門徒最終將在神面前被否認和蒙羞。然而，對於所有四卷福音書來說，彼得的不認主、悔改和復興乃是接納軟弱但悔改的門徒之典範。但值得注意的是，雖然約翰福音負面描述了某些害怕公開承認信仰的人物，但他對亞利馬太人約瑟和尼哥德慕的描述卻似乎故意模棱兩可。所以，約翰很可能以此方式接納那些沒有公開宣認信仰的例外情況。

保羅（羅 13:1~7）和彼得前書二章 13~17 節提倡尊重和順服掌權者。這可能是他們對基督徒被指控為煽動政治叛亂的回應。提摩太前書二章 1~2 節中為執

政掌權者祈禱的勸告,則很可能是順應同時期猶太人為皇帝祈禱和尊崇皇帝的做法,用以代替異教徒的帝王崇拜,儘管其中有一個明顯的區別——神與人之間的唯一中保是基督,而非皇帝(提前 2:5)。

勸說信徒堅持不懈

在本研究中,我們關注新約作者如何使用文化中常見的修辭技巧,以及榮辱文化體系來勸說受眾堅持不懈。他們部分人還繼續在他們的著作中發展和調適耶穌論及逼迫的教導(例如路加、馬太、保羅和彼得論及「愛你的仇敵」、「祝福那些詛咒你的人」和「善待」敵人)。

新約聖經中有多個共同的母題。第一,榮耀的重新定義:(1)為基督受辱被重新定義為「配得上」和蒙福;及(2)相對而言,來自神的榮辱比來自人的更重要。因此,其中也蘊含一個悖論:(1)那些藉否認基督來避免羞辱(保存生命)的人當刻似乎過得較好,但最終會在神面前永遠感到羞恥(或失去生命);及(2)那些為基督蒙羞(或失去生命)的人當刻似乎較為吃虧,但最終將從神得到永遠的榮耀和尊貴(或獲得生命)。從長遠來看,這會引導受眾作出更明智的選擇。

第二，神的公義和復仇就像一把雙刃劍。一方面，會引起恐懼，對那些受誘惑對神不忠的人產生嚇阻作用，因為神會懲罰壓迫他子民的人和不忠的人。同樣值得注意的是，希伯來書作者詳細闡釋對神的不忠如何構成忘恩負義，有時甚至是叛逆；所以，如此回應神藉他兒子所賜予的救贖恩典是絕不可接受的。另一方面，會喚起信心和盼望，安慰因信基督而受冤屈的神忠心子民。他們忠心忍受苦難和堅持不懈的日子終會結束，並且不會白費。神會為他們昭雪、伸張正義，不會讓惡人免去責罰。

第三，神信實地成就了他的應許，給受苦的基督徒帶來了盼望，以致能堅持不懈。這些應許包括：（1）在面對逼迫時，聖靈會賜予見證和勝過逆境的能力；（2）神的能力會保守他們的信心到底；（3）給耶穌忠心信徒的末世獎賞；及（4）神要報復壓迫他們的人。我們已於上一段總括了（3）和（4）。關於（1），路加依照福音傳統中耶穌的應許，描述聖靈於使徒行傳中賜予門徒能力；那不僅是在面對逼迫中得著勇氣，還會領受智慧，致使他們能夠踐行堅守信仰及為基督作見證的責任。路加的描述清楚表明門徒的生命曾經實現和體會過耶穌的應許。這會激勵他的受眾，即在他們依靠神賜予他們能力時，也確實可以擁有相同的經歷，並且能夠堅持到底。然而，啟示錄並沒有直接將這份所賜予的能力與聖靈聯繫起來。

新約作者以各種方式描繪（2），例如額上的印記（啟 7:3, 14:1、4~5）；耶穌是信心的「成全者」，可以「完全地」施行拯救（來 7:25, 12:2）；耶穌正為他們代求（約 17:11; 來 7:25），並保守他們不會失足後退（約 10:28, 17:12）。

第四，這些典範還鼓勵其受眾，若其他人能夠在苦難中堅守信仰，他們也必可以。保羅經常分享自己為基督受苦的個人見證，及他蒙神賜力和拯救的經歷，以此作為典範之一。雖然大多數新約作者（例如約翰、保羅、希伯來書的作者）都引用了正負兩面的例子，但路加只描述了正面的例子。

以下則是部分新約作者的特色，而非貫穿所有作者的母題。保羅和彼得前書強調了苦難的價值，以證實他們在基督裡的真實身分（腓 1:28~29; 帖前 1:4~6; 提前 3:12; 彼前 1:6~7），而保羅也認為苦難具有塑造品格的價值（羅 5:3~5）。保羅和彼得前書都強調正直的重要性（多 2:7~8; 彼前 3:16），因為反對者就不會擁有反對基督徒的可信證據，而彼得則在此加上間接的宣教作用（彼前 2:12, 3:1~2）。這些價值和意義成為認同它們之人堅持不懈的動力。

希伯來書最突出之處在於強調同理心。耶穌的感同身受鼓勵受苦的基督徒在掙扎中向耶穌求助。作者也試圖喚起受眾的同理心，使他們受鼓舞去幫助那些在信仰上受苦的人堅持下去。在堅守信仰上強調群體支援在其他新約作者中並不鮮明。

我們必須注意，新約作者不僅使用邏輯推論來說服其受眾堅持不懈。他們還恰當地激發起受眾的情緒（例如恐懼、確信、希望、同理心、榮譽、羞恥），作為作者勸說他們採取適當行動的額外推動力。

結論：當基督徒在今天面對逼迫

本研究旨在描述新約作者針對公元一世紀基督徒面臨逼迫時的一套神學思想：他們如何理解逼迫的原因，他們如何描述他人和自己受逼迫的各種回應，以及他們如何說服受眾堅持基督信仰。我們還看到他們如何就著自己的情境解釋、發展和重新應用耶穌論及逼迫的教導。通過這一點，我們試圖描畫出他們著作中所反映的各種神學觀點。然而，無論是在研究院還是在福音派基督徒中，這探索都不必就此結束。正如在引言所提到的，[3] 我們把從這探索所領會的聖經神學，運用於當代反思是甚有價值的。當基督徒於今天面臨逼迫時，新約作者的各種神學觀點怎樣在你我的情境中幫助我們？基於這想法，筆者鼓勵本書讀者繼續就自己的情境加以反思。

---

[3] 見上文第 24 頁。

後記：一些當代反思

本節將陳述筆者一些個人的反思。雖然筆者沒有生活在逼迫嚴重的環境中，卻有朋友和學生來自面對逼迫嚴峻的地區，儘管他們的具體情況各有不同。與他們交流互動是令人謙卑的學習經歷。對於他們面臨的困難，筆者不會假裝自己掌握了所有的答案，也無意表示下文的所有建議於任何情況下都能奏效並產生積極的結果。更確切地說，通過提出不同問題，筆者希望與讀者一起思考如何才能將新約作者的各種神學觀點應用到自己的情境之中。為了加深對這些反思的理解，讀者不妨回顧一下本書的相關章節。

什麼構成逼迫

細緻掌握什麼構成逼迫極為重要。[1] 在一極端,人若未能精準識別逼迫,就有可能輕看不公的痛苦,並因而忽視了社會公義,同時讓基督徒(以及其他弱勢群體)所遭遇的不公歧視和傷害繼續普遍存在於一些地區。在另一極端,當人簡單地將所有反對等同逼迫時,就有可能忽略更客觀地反思遭反對有哪些可能的原因,包括個人的責任。這兩種極端都不可取。

雖然約翰等新約作者可能使用二元對立的用語,將耶穌的忠心追隨者與世界其他人區分開來,但我們必須將約翰的進路理解為一種文學的手法,[2] 以致不會推斷認為所有反對基督徒的人都是逼迫者。路加更為不偏不倚的進路是個慎重的提醒,敦促我們個人的觀點必須持平。[3]

另一個有助深刻反思的起點,是不斷提醒自己,基督徒並不是唯一遭遇逼迫的群體。[4] 我們若能夠認

---

[1] 見上文第 15–21 頁:「認識逼迫:定義和範圍」。
[2] 見上文第一章註 91。
[3] 見上文第 18、66–67 頁。
[4] 見上文第 42–44 頁:「眾多受逼迫群體中的基督徒:更大的圖畫」。也許從歷史中汲取慘痛教訓是極具意義的,特別是在四世紀停止受逼迫後,某些基督徒如何會演變成異教徒和猶太人的迫害者。見 Cook, *Roman Attitudes*

同受逼迫的非基督徒群體，將有助我們分析這些逼迫背後的共同原因，以及制定應對策略。此外，關顧這些受逼迫害的群體，也可以成為基督徒的一項見證。

應用聖經的典範及教導

重要的是，我們要仔細考慮可以如何效法聖經的典範，並將聖經的教導應用到我們自己的情境之中。我們要注意古代世界與我們之間，甚至我們各自文化之間存在的文化分歧和差距。嘗試在我們自己的文化中發掘類似的做法，或者反思如何根據我們的文化作出調整，而不是將古老的形式直接套用於我們的處境，這將是更合宜的進路。我們還需要避免「偏袒」，即經常只運用一位或某些新約作者的教導而忽視其他的新約作者。以下是一些可供我們考慮的例子。

我們已經看到以神為中心的末世榮耀和羞恥如何幫助基督徒在逼迫中堅持不懈。[5] 在試圖運用「羞恥」的道德塑造功能之前，我們需要分析羞恥在你我的情

Toward the Christians, pp. 281–293。什麼因素可能導致這些基督徒有如此表現呢？雖然這超出了本研究的範圍，卻是一個值得研究探討的重要課題。

[5] 見上文第 178–180 頁、第 268 頁。

境與第一世紀希羅世界相比下所存在的異同。在重塑我們的文化對榮譽和羞恥的理解上，你我需要克服哪些挑戰，方可避免涉及錯誤的文化假設等，而過於簡化地應用呢？劉氏將「羞恥」的道德塑造應用於華人情境的嘗試，就為我們提供了上佳的參考例子。[6]

基督耶穌應許要藉著聖靈賜給門徒智慧，叫我們曉得如何回應反對者。[7] 啟示錄還提醒我們，需要有智慧去分辨誘使基督徒在信仰上作出妥協的處境。[8] 一方面，我們可以學習彼得、司提反和保羅善用當時文化中的辯護法去反駁不實指控的智慧，以及保羅在適當時候行使公民合法權利的智慧。[9] 另一方面，我們也需要有智慧來判別如何恰當地仿效他們。例如，在顧及馬太福音十章16節和彼得前書三章4、15節所提倡的溫和態度下，基督徒在什麼時候仿效保羅和司提反，以非和解方式指控反對者方為妥當呢？

此外，福音的信息和真理的宣講會冒犯許多人，因為這會催使眾人直接面對自己的罪，並呼籲他們悔改。然而，這是否就允許我們肆無忌憚地講述福音真理或不尊重他人？例如，把新約作者所使用的詆譭修

---

[6] Lau, *Defending Shame*, pp. 173–233.
[7] 見上文第 123–124 頁。
[8] 見上文第 248 頁。
[9] 見上文第 123–128 頁。

辭手法，加諸我們的反對者，從而把他們妖魔化？[10] 如何以尊重的方式表達神學真理呢？雖然我們不會通過不說實話以圖取悅對方避免衝突，並贏得他們的認可（參加 1:10；帖前 2:4），但在即使可能導致衝突卻不害怕說真話，及說真話時缺乏智慧之間，仍存在一條微妙的界線（參彼前 2:17, 3:15）。我們需要智慧和謙卑以區分因宣揚福音所產生的反對，及因我們自己缺乏智慧和尊重所產生的反對。正如博寧（Boring）所指出的，「〔我們〕鼓勵信徒作為信仰的見證人適當地發言，但不要在溝通中設置不必要或錯誤的絆腳石，也不要以錯誤的理由激起反對。」[11]

正如我們從上所見，新約作者和基督徒對於該如何應對逼迫有不同的看法。[12] 不忘記新約作者觀點的多樣性，將有助我們建立平衡的觀點。過分強調任何一種觀點，不論是啟示錄強烈的顛覆信息，還是彼得前書「安靜順服」和「禮貌抵抗」，對我們都沒有任何好處。[13]

---

[10] 就修辭手法上的詆譭，見上文第 95–98 頁。我們須注意，確認邪惡力量是逼迫的幕後黑手（見上文第 73–75 頁）與我們當代觀念中「妖魔化」對手不同——後者是詆譭他們，並將他們描繪成理應被蔑視的人。

[11] Boring, *I & II Thessalonians*, p. 241.

[12] 見上文第 165–171 頁。

[13] 見上文第 141 頁，第 272–273 頁。

约翰福音就是一个很好的例子，作者既表达了自身对人作为耶稣秘密门徒的观点，同时又接纳了其他表现不同的人。约翰称赞被治愈的盲人公开承认对耶稣的信仰，并批评其父母和犹太领袖不敢公开承认对基督的信仰，却又同时不对亚利马太人约瑟和尼哥德慕的表现加上判断。[14] 在我们个人的情境中，有些人可能会选择保密而非公开宣告自己的信仰，其他人则可能会选择和平示威，又或可能试图与反对者对话，诸如此类。[15] 正如柯英（King）所指出的，在基督教历史上，对基督徒的逼迫并不总会带来团结，甚至有时「可能会分裂教会，并引发持续数十年甚至数百年的分裂」。[16] 这实况与耶稣为门徒在面临逼迫害时祈求合一背道而驰（约 17:11、14~15、21~22）。虽然新约教导的底线是信徒要坚守信仰到底，但我们需要接受基督徒之间对逼迫的不同回应，不应审判与己不同的人，并且需要尝试设身处地为他们著想。[17]

---

[14] 见上文第 155–161 页。

[15] 同一方法可能适用于某个情况，却不适用于另一情况。例如，和平示威在西方处境中经常被使用，并可能在某种程度上促使当局根据抗议者的诉求采取行动。但是，在某些亚洲处境中，当局却不会容忍这做法。

[16] King, 'Rethinking the Diversity', pp. 65–66. 柯英清晰地展示了基督徒于最初数百年对逼迫的不同意见和回应。她也援引了具有长期影响的分裂例子（p. 65, n. 19）。

[17] 就发人深省的反思，见 Shūsaku Endō, *Silence: A*

理解不同觀點及制定個別對應

某個人認為好和真實的，其他人卻可能認為是壞和錯誤的。這並不是說不存在基於證據的真相，又或世間僅存在相對的觀點。然而，了解反對者的觀點和關注，對基督徒制定相關的回應十分重要。[18] 基督徒如何幫助反對者看到自己並不對社會構成真正威脅，又或不具煽動性？基督徒可以如何應對因為人們接受基督教信仰而造成的實際經濟損失？

舉例而言，在一些亞洲和非洲文化中，基督徒拒絕參加祖先敬拜會被認為是不敬不孝的行為。[19] 因此，

Novel, repr. (New York: Picador, 2016)。這是一部寫於 1960 年代的神學小說，講述了多名傳教士和當地基督徒如何應對於十七世紀在日本發生的逼迫。二〇一六年，斯科塞斯（Martin Scorsese）執導依據此書改編的同名電影。

[18] 見上文第 80–81 頁，第 278–279 頁。

[19] 就亞洲及非洲祖先崇拜，見例子如 Anthony Ephirim-Donkor, *African Religion Defined: A Systematic Study of Ancestor Worship Among the Akan*, 3rd edn (Lanham: Hamilton, 2017); Nobushige Hozumi, *Ancestor Worship and Japanese Law* (London: Routledge, 2016); Roger L. Janelli and Ton-hŭi Im, *Ancestor Worship and Korean Society* (Stanford: Stanford University Press, 1982); William Lakos, *Chinese Ancestor Worship: A Practice and Ritual Oriented Approach to Understanding Chinese Culture* (Newcastle upon Tyne: Cambridge Scholars, 2010); Jacob K. Olupona, *African Religions: A*

在這處境中的基督徒會面臨反對，有時甚至是逼迫。在這些文化中，敬拜是一個向祖先表達敬重的方式。此外，人們相信已故的祖先能夠為在世的後代提供護佑與指引。當中的主要關注點可能在於維護**傳統價值觀**（如榮譽、尊重和孝道）以及**表達這些價值觀的形式**，因為持守者經常將形式等同其價值取向，即假如人不進行祖先崇拜（形式），就代表那人不孝敬祖先（價值）。雖然這些文化之間可能存在共通之處，但基督徒也需要分析獨特之處，以便制定適當的回應。在這些文化中的基督徒如何應對這些關注，並表現出對家中在世長輩和已故祖先的尊重和孝順呢？除了敬拜之外，還可以採取什麼形式來展現呢？保羅和彼得等新約作者，甚至公元一世紀上半葉一些猶太人回應帝王崇拜的方式，都可以為我們提供一些思路。[20]

即使到了今天，一些政府和群體仍認為某些基督教價值觀和實踐，對社會和國家穩定構成威脅。一些家庭認為，接受基督教信仰是離棄了所珍視的家庭傳統宗教信仰，是不可接受的，甚至認為這是背叛，有時他們會採取嚴厲的措施，迫使不順從的家庭成員放

Very Short Introduction (New York: Oxford University Press, 2014)。

[20] 例子如羅 13:1~6；提前 2:1~6；彼前 2:11~13。見上文第 161–165 頁，第 279–280 頁。

棄基督教信仰。我們必須分析這看法背後的原因（例如意識形態的衝突）以及強制措施（例如禁止基督徒聚會、逐出家庭與其相關群體、使用互聯網和社交媒體的限制、聚會的頻率及規模等）背後的原因，正如我們在第一章中就希羅及猶太背景所作的分析一樣。無論是在古代還是現代世界，執政者都會施加限制措施，以遏止視為的政治分歧繼續蔓延，而群體則會加一些措施來遏止視作是離棄和背叛傳統的成員。從他們的角度而言，向基督徒施加限制是為了「不順從」的基督徒公民或家庭成員的好處，也是為了造福社會和國家。話雖如此，我們絕不能忽視，有些人確實主要甚或純粹為了自身利益而逼迫基督徒。[21] 那基督徒在這情況下可如何作出適當的回應呢？[22] 又如何以友好和尊重的方式為基督信仰護教呢？

在試圖理解反對者的觀點並牢記要愛仇敵、不反擊、將報復交給神和以善勝惡等聖經原則之時，我們也承認遭受逼迫帶來痛苦的現實。愛那些不愛自己的人已經很不容易了，更不用說愛那些傷害自己的人了（參路 6:32~36）。然而，正如第五誡命中沒有任何條款讓神的子民不尊重缺乏愛心的（例如疏忽責任甚或施加虐待的）父母（出 20:12；申 5:16；弗 6:2），

---

[21] 見上文第 80 頁。
[22] 見上文第 66–67 頁，第 169–170 頁，第 190–191 頁。

也沒有條款讓人不尊重刻薄的奴隸主人（參彼前 2:18）或不公正的執政當局。但默默忍受苦難（例如彼前 2:21~23）或盲目順從就是最好的回應嗎？可能並非總是如此。在被誤解甚至受委屈之下，我們如何仍能心存尊重？逼迫者可有一些做得較好的地方（比如父母還照顧孩子的生活所需，或者執政當局仍然打擊某些犯罪活動），能供我們認可或尊敬？即使他們反對我們的基督信仰甚至施加逼迫，我們能否仍通過某些其他方式繼續向他們行善（例如，向家庭成員提供身體和經濟上的照顧，向公共慈善事業捐輸）？[23] 在我們的現有處境中，可存在哪些恰當表示尊敬和行善的方式（例如社交媒體、慈善組織）？也許我們的行動能有助抵消他們感受到的威脅，並具有間接的宣教作用，幫助他們了解基督信仰於本質上並非邪惡。

感同身受——與受逼迫者同行

在希伯來書中，我們看到同理心如何在群體中發揮重要作用，幫助信徒即使在逼迫中仍然堅守信仰。[24]

---

[23] 見上文第 163–164 頁。
[24] 見上文第 220–221 頁，第 224–226 頁。

約翰和希伯來書作者均未否認面對逼迫時恐懼的現實，而是試圖幫助受眾克服恐懼。[25] 這是各新約作者向那些因遭遇逼迫而心生恐懼之人表達同理心的方式。

同樣值得注意的是，雖然恐懼是基督徒在受逼迫時要對抗的主要情緒，但其他類型的情緒也可能十分強烈。不少信徒正活在捨棄珍貴傳統就被視為背叛的文化之中；對他們來說，被非基督徒家庭成員誤解的痛苦可能比恐懼更強烈，尤其這家庭在此之前存在深厚的親情。這些非基督徒家庭成員所愛的家人成了基督徒，他們為此感到被背叛的痛苦也同樣強烈。

與受逼迫者感同身受，對受逼迫者和持同理心者都很重要。我們已經看到，同理心可以發揮催化劑的作用，是誘導人幫助他人的前奏。[26] 此外，許多受苦的人都會同意，他們能夠從持有同理心的人那裡得到最大的安慰；相反地，那些只「告訴他們該怎麼做」的人帶來的安慰則最少。希伯來書作者強調耶穌能夠同情受眾的痛苦，並不會向他們大發雷霆，故此他們不必害怕向耶穌求助。[27] 同理心為受苦者提供了分擔痛苦、尋求幫助和獲得支持的途徑，而不必擔心被批評或被譴責為「軟弱」。

---

[25] 見上文第 155–161 頁，第 206 頁，第 270–271 頁。
[26] 見上文第 224–226 頁。
[27] 見上文第 220 頁。

希羅修辭學家和現代心理學家都指出，情緒比邏輯推理更能影響決策和行動。[28] 因此，在服侍受逼迫的人時，我們可以通過哪些方式與他們感同身受，而不是僅僅告訴他們該怎麼做？希羅修辭學如何幫助我們在服侍他們時正確使用 *pathos*（情緒挑動），以及我們在面臨逼迫時努力激發群體支持？

結語

基督徒需要根據聖經的教導，繼續為自己的處境進行反思。聖經神學進路乃是從不同角度理解聖經的有用工具。無論在相似或不同的情境下，彼此分享我們的反思也能帶來新的見解，協助基督徒應對逼迫。作為基督徒肢體，願我們彼此支持和鼓勵，藉著神的聖靈所賜予的能力，繼續忠於我們的主和救主耶穌基督。

---

[28] Lee, 'Rhetoric of Empathy', pp. 205, 217–218, nn. 16, 73.

參考文獻

黃根春編。《基督教典外文獻：舊約篇》。共六冊。香港：基督教文藝，2002。

Achtemeier, Paul J., *1 Peter*, Hermeneia (Minneapolis: Fortress, 1996).

Adewuya, J. Ayodeji, 'The Sacrificial-Missiological Function of Paul's Sufferings in the Context of 2 Corinthians', in Trevor J. Burke and Brian S. Rosner (ed.), *Paul as Missionary: Identity, Activity, Theology, and Practice*, LNTS 420 (London: T&T Clark, 2011), pp. 88–98.

Adkins, Lesley, and Roy Adkins, *Handbook to Life in Ancient Rome*, updated edn (New York: Facts On File, 2004).

Anderson, Ralph, 'New Gods', in Esther Eidinow and Julia Kindt (ed.), *The Oxford Handbook of Ancient Greek Religion* (Oxford: Oxford University Press, 2015), pp. 309–323.

Ascough, Richard S., Philip A. Harland, and John S. Kloppenborg, *Associations in the Greco-Roman World: A Sourcebook* (Waco: Baylor University Press, 2012).

Attridge, Harold W., *The Epistle to the Hebrews: A Commentary on the Epistle to the Hebrews*, Hermeneia (Philadelphia: Fortress, 1989).

Aune, David E., *Revelation 1–5*, WBC 52A (Dallas: Word Books, 1997).

Balch, David L., *Let Wives Be Submissive: The Domestic Code in 1 Peter*, SBLMS 26 (Chico, CA: Scholars Press, 1981).

Barr, David L., 'Doing Violence: Moral Issues in Reading John's Apocalypse', in David L. Barr (ed.), *Reading the Book of Revelation: A Resource for Students*, RBS 44 (Atlanta: Society of Biblical Literature, 2003), pp. 97–108.

Barrett, C. K., *A Commentary on the Second Epistle to the Corinthians*, BNTC (London: Black, 1973).

———, *A Critical and Exegetical Commentary on the Acts of the Apostles*, ICC (London: T&T Clark, 2004).

Barrett, David B., George T. Kurian, and Todd M. Johnson (eds.), *World Christian Encyclopedia: A Comparative Survey of Churches and Religions in the Modern World*, 2nd edn (Oxford: Oxford University Press, 2001).

Bassler, Jouette M., 'Mixed Signals: Nicodemus in the Fourth Gospel', *JBL* 108.4 (1989), pp. 635–646.

Bateman, Herbert W. (ed.) *Four Views on the Warning Passages in Hebrews* (Grand Rapids: Kregel, 2007).

Bateman, Herbert W., Darrell L. Bock, and Gordon H. Johnston, *Jesus the Messiah: Tracing the Promises, Expectations, and Coming of Israel's King* (Grand Rapids: Kregel, 2012).

Bauckham, Richard, 'What If Paul Had Travelled East

Rather Than West?', *BibInt* 8.1–2 (2000), pp. 171–184.

———, *Jesus and the God of Israel: God Crucified and Other Studies on the New Testament's Christology of Divine Identity* (Grand Rapids: Eerdmans, 2008).

———, *Gospel of Glory: Major Themes in Johannine Theology* (Grand Rapids: Baker Academic, 2015).

———, *Jesus and the Eyewitnesses: The Gospels as Eyewitness Testimony*, 2nd edn (Grand Rapids: Eerdmans, 2017).

———, *The Climax of Prophecy: Studies on the Book of Revelation* (Edinburgh: T&T Clark, 1993).

Bauman, Richard A., 'The Suppression of the Bacchanals: Five Questions', *Historia* 39.3 (1990), pp. 334–348.

———, *Crime and Punishment in Ancient Rome* (London: Routledge, 1996).

Beale, G. K., *The Use of Daniel in Jewish Apocalyptic Literature and in the Revelation of St. John* (Lanham, MD: University Press of America, 1984).

———, *The Book of Revelation: A Commentary on the Greek Text*, NIGTC (Grand Rapids: Eerdmans, 1999).

Beale, G. K., and Sean M. McDonough, 'Revelation', in G. K. Beale and D. A. Carson (ed.), *Commentary on the New Testament Use of the Old Testament* (Grand Rapids: Baker Academic, 2007), pp. 1081–1158.

Beasley-Murray, George R., *John*, rev. edn, WBC 36 (Dallas: Word, 1999).

Belle, Gilbert van, 'Peter as Martyr in the Fourth Gospel',

in J. Leemans (ed.), *Martyrdom and Persecution in Late Antique Christianity* (Leuven: Uitgeverij Peeters, 2010), pp. 281–309.

Benko, Stephen, *Pagan Rome and the Early Christians* (Bloomington: Indiana University Press, 1984).

Bennema, Cornelis, *Encountering Jesus: Character Studies in the Gospel of John*, 2nd edn (Minneapolis: Fortress, 2014).

Bernier, Jonathan, *Aposynagōgos and the Historical Jesus in John: Rethinking the Historicity of the Johannine Expulsion Passages*, BibInt 122 (Boston: Brill, 2013).

―――, 'Jesus, Ἀποσυνάγωγος, and Modes of Religiosity', in R. Alan Culpepper and Paul N. Anderson (ed.), *John and Judaism: A Contested Relationship in Context*, RBS 87 (Atlanta: SBL, 2017), pp. 127–134.

Blomberg, Craig L., 'Matthew', in G. K. Beale and D. A. Carson (ed.), *Commentary on the New Testament Use of the Old Testament* (Grand Rapids: Baker Academic, 2007), pp. 1–109.

Blount, Brian K., *Revelation: A Commentary*, NTL (Louisville: Westminster John Knox, 2009).

Bock, Darrell L., *Luke*, 2 vols., BECNT (Grand Rapids: Baker, 1994).

―――, *Acts*, BECNT (Grand Rapids: Baker Academic, 2007).

Boring, M. Eugene, *I & II Thessalonians: A Commentary*, NTL (Louisville: Westminster John Knox, 2015).

Botha, Pieter J. J., 'The Verbal Art of the Pauline Letters: Rhetoric, Performance and Presence', in Stanley E. Porter and Thomas H. Olbricht (ed.), *Rhetoric and the New Testament: Essays from the 1992 Heidelberg Conference*, JSNTSup 90 (Sheffield: Sheffield Academic Press, 1993), pp. 409–428.

Bovon, François, *Luke*, translated by James E. Crouch, 3 vols., Hermeneia (Minneapolis: Fortress, 2002).

Boxall, Ian, *The Revelation of Saint John*, BNTC 18 (London: Continuum, 2006).

Bradley, Ritter, 'The Stasis in Alexandria in 38 CE and Its Aftermath', *Judeans in the Greek Cities of the Roman Empire*, JSJSup 170 (Leiden: Brill, 2015), pp. 132–183. doi: https://doi.org/10.1163/9789004292352_007.

Brown, Raymond E., *The Gospel According to John*, 2 vols., AB 29 (Garden City, NY: Doubleday, 1966).

Bultmann, Rudolf, *Theology of the New Testament*, translated by Kendrick Grobel, 2 vols. (Waco: Baylor University Press, 2007).

Campbell, W. Gordon, 'Bride-City and Whore-City', in *Reading Revelation: A Thematic Approach* (Cambridge, UK: James Clarke, 2012), pp. 225–260.

Carroll, John T., *Luke: A Commentary*, NTL (Louisville: Westminster John Knox, 2012).

Carson, D. A., *The Gospel According to John*, PNTC (Grand Rapids: Eerdmans, 1991).

———, '1 Peter', in G. K. Beale and D. A. Carson (ed.), *Commentary on the New Testament Use of the Old*

Testament (Grand Rapids: Baker Academic, 2007), pp. 1015–1048.

Carter, Warren, 'Going All the Way?: Honoring the Emperor and Sacrificing Wives and Slaves in 1 Peter 2.13–3.6', in Amy-Jill Levine and Maria Mayo Robbins (ed.), *A Feminist Companion to the Catholic Epistles and Hebrews*, FCNTECW 8 (London: T&T Clark International, 2004), pp. 14–33.

Chan, Chi-Yee, 'The Interpretation of the "Rest" Tradition in the Epistle to the Hebrews' (ThM thesis, Singapore Bible College, 2016). 陳梓宜,〈創世神學中的得勝與安息: 希伯來書對「安息」的重新詮釋〉(神學碩士論文, 新加坡神學院, 2016)。

Ciampa, Roy E., 'Suffering in Romans 1–8 in Light of Paul's Key Scriptural Intertexts', in Siu Fung Wu (ed.), *Suffering in Paul: Perspectives and Implications* (Eugene, OR: Pickwick, 2019), pp. 7–28.

Clarke, Kent D., 'The Problem of Pseudonymity in Biblical Literature and Its Implications for Canon Formation', in Lee Martin McDonald and James A. Sanders (ed.), *The Canon Debate* (Peabody, MA: Hendrickson, 2002), pp. 440–468.

Cockerill, Gareth L., *The Epistle to the Hebrews*, NICNT (Grand Rapids: Eerdmans, 2012).

Collins, Adela Y., *Crisis and Catharsis: The Power of the Apocalypse* (Philadelphia: Westminster, 1984).

———, 'Feminine Symbolism in the Book of Revelation', in Amy-Jill Levine and Maria Mayo Robbins (ed.),

A Feminist Companion to the Apocalypse of John, FCNTECW 13 (London: T&T Clark, 2010), pp. 121–130.

Collins, Adela Yarbro, 'Numerical Symbolism in Jewish and Early Christian Apocalyptic Literature', in *Cosmology and Eschatology in Jewish and Christian Apocalypticism*, JSJSup 50 (Leiden: Brill, 1996), pp. 55–138.

Collins, John J., *Daniel: A Commentary on the Book of Daniel*, Hermeneia (Minneapolis: Fortress, 1993).

Collins, Raymond F., *1 & 2 Timothy and Titus: A Commentary*, NTL (Louisville: Westminster John Knox, 2012).

Colman, Andrew M., 'Conformity', in *Dictionary of Psychology*, 3rd edn (Oxford: Oxford University Press, 2009), doi: 10.1093/acref/9780199534067.013.1776.

Cook, John G., *Roman Attitudes toward the Christians: From Claudius to Hadrian*, WUNT 261 (Tübingen: Mohr Siebeck, 2010).

Cousar, Charles B., *Philippians and Philemon: A Commentary*, NTL (Louisville: Westminster John Knox, 2013).

Croy, N. Clayton, *Endurance in Suffering: Hebrews 12:1–13 in Its Rhetorical, Religious, and Philosophical Context*, SNTSMS 98 (Cambridge: Cambridge University Press, 1998).

Cunningham, Scott, *'Through Many Tribulations': The Theology of Persecution in Luke-Acts*, JSNTSup 142

(Sheffield: Sheffield Academic, 1997).

De Villiers, Pieter G. R., 'Persecution in the Book of Revelation', *AcT* 22.2 (2002), pp. 47–70.

DeSilva, David A., Honor, *Patronage, Kinship and Purity: Unlocking New Testament Culture* (Downers Grove: InterVarsity, 2000).

——, *Perseverance in Gratitude: A Socio-Rhetorical Commentary on the Epistle 'to the Hebrews'* (Grand Rapids: Eerdmans, 2000).

——, *Seeing Things John's Way: The Rhetoric of the Book of Revelation* (Louisville: Westminster John Knox, 2009).

——, *The Letter to the Galatians*, NICNT (Grand Rapids: Eerdmans, 2018).

DiCicco, Mario M., *Paul's Use of Ethos, Pathos, and Logos in 2 Corinthians 10–13*, MBPS 31 (Lewiston: Mellen Biblical Press, 1995).

Donelson, Lewis R., *I & II Peter and Jude: A Commentary*, NTL (Louisville: Westminster John Knox Press, 2010).

Doole, J. Andrew, 'To Be "An Out-of-the-Synagoguer"', *JSNT* 43.3 (2021), pp. 389–410. doi: 10.1177/0142064X20973905.

Du Toit, Andreas B., 'Vilification as a Pragmatic Device in Early Christian Epistolography', *Bib* 75.3 (1994), pp. 403–412.

Du Toit, Sean, 'Negotiating Hostility through Beneficial Deeds', *TynBul* 70.2 (2019), pp. 221–243.

———, 'Practising Idolatry in 1 Peter', *JSNT* 43.3 (2021), pp. 411–430. doi: 10.1177/0142064X20973894.

Dubis, Mark, *1 Peter: A Handbook on the Greek Text*, BHGNT (Waco: Baylor University Press, 2010).

Dudreck, Matthew A., 'The Use of Jeremiah in the Book of Revelation' (PhD diss., Westminster Theological Seminary, 2018).

Duff, Paul, 'The 'Synagogue of Satan': Crisis Mongering and the Apocalypse of John', in David L. Barr (ed.), *The Reality of Apocalypse: Rhetoric and Politics in the Book of Revelation*, SBLSymS 39 (Atlanta: SBL, 2006), pp. 147–168.

Dunn, James D. G., *Romans 9–16*, WBC 38B (Dallas: Word Books, 1988).

———, *The Epistle to the Galatians*, BNTC (Peabody, MA: Hendrickson, 1993).

———, *The Theology of Paul the Apostle* (Grand Rapids: Eerdmans, 1998).

———, *New Testament Theology: An Introduction*, LBT 3 (Nashville, TN: Abingdon, 2009).

Dunne, John A., *Persecution and Participation in Galatians*, WUNT/II 454 (Tübingen: Mohr Siebeck, 2017).

Dyer, Bryan R., *Suffering in the Face of Death: The Epistle to the Hebrews and Its Context of Situation*, LNTS 568 (London: Bloomsbury, 2017).

Edwards, James R., *The Gospel According to Luke*, PNTC (Grand Rapids: Eerdmans, 2015).

Elliott, John H., *1 Peter: A New Translation with Introduction and Commentary*, AB 37B (New York: Doubleday, 2000).

———, review of *Persecution in 1 Peter: Differentiating and Contextualizing Early Christian*, by Travis B. Williams. *BTB* 46.4 (2016), pp. 211–212. doi: 10.1177/0146107916664056e.

Ellis, E. Earle, *The Old Testament in Early Christianity: Canon and Interpretation in the Light of Modern Research* (Eugene, OR: Wipf & Stock, 2003).

Elmer, Ian J., *Paul, Jerusalem and the Judaisers: The Galatian Crisis in Its Broadest Historical Context*, WUNT/II 258 (Tübingen: Mohr Siebeck, 2009).

Endō, Shūsaku, *Silence: A Novel*, repr. (New York: Picador, 2016).

Engberg, Jakob, *Impulsore Chresto: Opposition to Christianity in the Roman Empire c. 50–250 AD*, translated by Gregory Carter, ECCA 2 (Frankfurt am Main: Peter Lang, 2007).

Ephirim-Donkor, Anthony, *African Religion Defined: A Systematic Study of Ancestor Worship among the Akan*, 3rd edn (Lanham, MD: Hamilton Books, 2017).

Evans, Craig A., 'Evidence of Conflict with the Synagogue in the Johannine Writings', in R. Alan Culpepper and Paul N. Anderson (ed.), *John and Judaism: A Contested Relationship in Context*, RBS 87 (Atlanta: SBL, 2017), pp. 135–154.

Fanning, Buist M., *Revelation*, ZECNT (Grand Rapids: Zondervan, 2020).

Fee, Gordon D., *The First Epistle to the Corinthians*, rev. edn, NICNT (Grand Rapids: Eerdmans, 2014).

Fekkes, Jan, *Isaiah and Prophetic Traditions in the Book of Revelation: Visionary Antecedents and Their Development*, JSNTSup 93 (Sheffield: JSOT Press, 1994).

Fishwick, Duncan, *The Imperial Cult in the Latin West: Studies in the Ruler Cult of the Western Provinces of the Roman Empire*, 2nd edn (Leiden: Brill, 1993).

Fitzmyer, Joseph A., *Romans: A New Translation with Introduction and Commentary*, AB 33 (New York: Doubleday, 1993).

———, *The Acts of the Apostles: A New Translation with Introduction and Commentary*, AB 31 (New York: Doubleday, 1998).

Fotopoulos, John, 'Arguments Concerning Food Offered to Idols: Corinthian Quotations and Pauline Refutations in a Rhetorical Partitio (1 Corinthians 8:1–9)', *CBQ* 67.4 (2005), pp. 611–631.

France, R. T., *The Gospel of Mark: A Commentary on the Greek Text*, NIGTC (Grand Rapids: Eerdmans, 2002).

———, *The Gospel of Matthew*, NICNT (Grand Rapids: Eerdmans, 2007).

Frankfurter, David, 'Jews or Not?: Reconstructing the "Other" in Rev 2:9 and 3:9', *HTR* 94.4 (2001), pp. 403–425.

Frend, W. H. C., *Martyrdom and Persecution in the Early Church: A Study of a Conflict from the Maccabees to Donatus*, Cambridge: James Clarke, 2008 (Oxford: Blackwell, 1965).

Friesen, Steven J., 'Sarcasm in Revelation 2–3: Churches, Christians, True Jews, and Satanic Synagogues', in David L. Barr (ed.), *The Reality of Apocalypse: Rhetoric and Politics in the Book of Revelation*, SBLSymS 39 (Atlanta: Society of Biblical Literature, 2006), pp. 137–144.

Fritz, Graf, 'Asclepius', in Simon Hornblower, Antony Spawforth and Esther Eidinow (ed.), *The Oxford Classical Dictionary*, 4th edn (Oxford: Oxford University Press, 2012), doi: 10.1093/acref/9780199545568.013.0853.

Gager, John G., *The Origins of Anti-Semitism: Attitudes toward Judaism in Pagan and Christian Antiquity* (New York: Oxford University Press, 1983).

Gager, John G., and with E. Leigh Gibsom, 'Violent Acts and Violent Language in the Apostle Paul', in Shelly Matthews and E. Leigh Gibson (ed.), *Violence in the New Testament* (New York: T&T Clark, 2005), pp. 13–21.

Gardner, Paul, *1 Corinthians*, ZECNT (Grand Rapids: Zondervan, 2018).

Garland, David E., *1 Corinthians*, BECNT (Grand Rapids: Baker Academic, 2003).

———, *Luke*, ZECNT (Grand Rapids: Zondervan, 2012).

Garnsey, Peter, and Richard P. Saller, *The Roman Empire:*

Economy, Society and Culture, 2nd edn (London: Bloomsbury Academic, 2014).

Gizewski, Christian, 'Coercitio', in Hubert Cancik and Helmuth Schneider (ed.), *Brill's New Pauly*, vol. 3 (Leiden: Brill, 2006), pp. 508–509. doi: http://dx.doi.org/10.1163/1574-9347_bnp_e302830.

Gorman, H., 'Persuading through Pathos: Appeals to the Emotions in Hebrews', *ResQ* 54.2 (2012), pp. 77–90.

Grabbe, Lester L., *An Introduction to Second Temple Judaism: History and Religion of the Jews in the Time of Nehemiah, the Maccabees, Hillel and Jesus* (London: T&T Clark, 2010).

Gradel, Ittai, *Emperor Worship and Roman Religion*, OCM (Oxford: Clarendon Press, 2002).

Gray, Patrick, *Godly Fear: The Epistle to the Hebrews and Greco-Roman Critiques of Superstition*, SBLAcBib 16 (Atlanta: Society of Biblical Literature, 2003).

Gruen, Erich S., *Diaspora: Jews Amidst Greeks and Romans* (Cambridge, MA: Harvard University Press, 2002).

Gundry, Robert H., *Matthew: A Commentary on His Handbook for a Mixed Church under Persecution* (Grand Rapids: Eerdmans, 1994).

Guthrie, George H., 'Hebrews', in G. K. Beale and D. A. Carson (ed.), *Commentary on the New Testament Use of the Old Testament* (Grand Rapids: Baker Academic, 2007), pp. 919–95.

———, *2 Corinthians*, BECNT (Grand Rapids: Baker Academic, 2015).

Hardin, Justin K., *Galatians and the Imperial Cult: A Critical Analysis of the First-Century Social Context of Paul's Letter*, WUNT/II 237 (Tübingen: Mohr Siebeck, 2008).

Hare, Douglas R. A., *The Theme of Jewish Persecution of Christians in the Gospel According to St. Matthew*, SNTSMS 6 (Cambridge: Cambridge University Press, 2005).

Harris, Murray J., *The Second Epistle to the Corinthians: A Commentary on the Greek Text*, NIGTC (Grand Rapids: Eerdmans, 2005).

Harrison, James R., *Paul and the Imperial Authorities at Thessolanica and Rome: A Study in the Conflict of Ideology*, WUNT 273 (Tübingen: Mohr Siebeck, 2011).

———, 'The Persecution of Christians from Nero to Hadrian', in Mark Harding and Alanna Nobbs (ed.), *Into All the World: Emergent Christianity in Its Jewish and Greco-Roman Context* (Grand Rapids: Eerdmans, 2017), pp. 266–300.

Harrod, Kenneth, *Promise and Persecution: A Biblical Theology of Suffering for Christ* (Orpington, Kent: Release International, 2018).

Hatina, Thomas R., *New Testament Theology and Its Quest for Relevance: Ancient Texts and Modern Readers* (London: Bloomsbury T&T Clark, 2013).

Hays, Richard B., *The Moral Vision of the New Testament:*

A Contemporary Introduction to New Testament Ethics (New York: HarperCollins, 1996).

Heil, John Paul, *The Letters of Paul as Rituals of Worship* (Eugene, OR: Cascade Books, 2011).

Hillard, Tom W., 'Vespasian's Death-Bed Attitude to His Impending Deification', in Matthew Dillon (ed.), *Religion in the Ancient World: New Themes and Approaches* (Amsterdam: A.M. Hakkert, 1996), pp. 197–198.

Horrell, David G., *The Epistles of Peter and Jude*, EC (London: Epworth, 1998).

———, 'Between Conformity and Resistance: Beyond the Balch-Elliott Debate Towards a Postcolonial Reading of First Peter', in Robert L. Webb and Betsy J. Bauman-Martin (ed.), *Reading First Peter with New Eyes: Methodological Reassessments of the Letter of First Peter*, LNTS 364 (London: T&T Clark, 2007), pp. 111–143.

Hozumi, Nobushige, *Ancestor Worship and Japanese Law* (London: Routledge, 2016).

Hurtado, Larry W., *One God, One Lord: Early Christian Devotion and Ancient Jewish Monotheism*, 3rd edn, CS (London: Bloomsbury, 2015).

Janelli, Roger L., and Ton-hŭi Im, *Ancestor Worship and Korean Society* (Stanford: Stanford University Press, 1982).

Jauhiainen, Marko, *The Use of Zechariah in Revelation*, WUNT II/199 (Tübingen: Mohr Siebeck, 2005).

Jipp, Joshua W., *Divine Visitations and Hospitality to Strangers in Luke-Acts: An Interpretation of the Malta Episode in Acts 28:1–10*, NovTSupp 153 (Leiden: Brill, 2013).

Jobes, Karen H., *1 Peter*, BECNT (Grand Rapids: Baker Academic, 2005).

Johnson, Luke T., 'The New Testament's Anti-Jewish Slander and the Conventions of Ancient Polemic', *JBL* 108.3 (1989), pp. 419–441.

———, *Hebrews: A Commentary*, NTL (Louisville: Westminster John Knox, 2012).

Johnston, Sarah I., 'Oracles and Divination', in Esther Eidinow and Julia Kindt (ed.), *The Oxford Handbook of Ancient Greek Religion* (Oxford: Oxford University Press, 2015), pp. 477–489.

Keener, Craig S., *The Gospel of John: A Commentary*, 2 vols. (Peabody: Hendrickson, 2003).

———, *Acts: An Exegetical Commentary*, 4 vols. (Grand Rapids: Baker Academic, 2012–2015).

Kelhoffer, James A., *Persecution, Persuasion, and Power: Readiness to Withstand Hardship as a Corroboration of Legitimacy in the New Testament*, WUNT 270 (Tübingen: Mohr Siebeck, 2010).

Kierspel, Lars, *The Jews and the World in the Fourth Gospel: Parallelism, Function, and Context*, WUNT/II 220 (Tübingen: Mohr Siebeck, 2006).

King, Karen L., 'Rethinking the Diversity of Ancient Christianity: Responding to Suffering and Persecution', in Eduard Iricinschi, Lance Jenott, Nicola Denzey Lewis and Philippa Townsend (ed.), *Beyond the Gnostic Gospels: Studies Building on the Work of Elaine Pagels*, STAC 82 (Tübingen: Mohr Siebeck, 2013), pp. 60–78.

Klink, Edward W., III, 'The Overrealized Expulsion in the Gospel of John', in Paul N. Anderson, Felix Just and Tom Thatcher (ed.), *John, Jesus, and History, Vol. 2: Aspects of Historicity in the Fourth Gospel*, SBLSym 44 (Atlanta: Society of Biblical Literature, 2007), pp. 175–84.

——, *The Sheep of the Fold: The Audience and Origin of the Gospel of John*, SNTSMS 141 (Cambridge: Cambridge University Press, 2007).

——, *John*, ZECNT 4 (Grand Rapids: Zondervan, 2016).

Kloppenborg, John S., 'Disaffiliation in Associations and the Ἀποσυναγωγός of John', *HTS* 67.1 (2011), pp. 1–16. doi: 10.4102/hts.v67i1.962.

Koester, Craig R., *Hebrews: A New Translation with Introduction and Commentary*, AB 36 (New York: Doubleday, 2001).

——, 'Theological Complexity and the Characterization of Nicodemus in John's Gospel', in Christopher W. Skinner (ed.), *Characters and Characterization in the Gospel of John*, LNTS 461 (London: Bloomsbury T&T Clark, 2013), pp. 165–181.

——, *Revelation: A New Translation with Introduction*

and Commentary, AB 38A (New Haven: Yale University Press, 2014).

Köstenberger, Andreas J., *John*, BECNT (Grand Rapids: Baker Academic, 2004).

Kowalsk, Beate, 'Transformation of Ezekiel in John's Revelation', in William A. Tooman and Michael A. Lyons (ed.), *Transforming Visions: Transformations of Text, Tradition, and Theology in Ezekiel* (Cambridge, UK: James Clarke, 2010), pp. 279–307.

Kraft, Heinrich, *Die Offenbarung des Johannes*, HNT 16a (Tübingen: Mohr, 1974).

Kruse, Colin G., 'The Price Paid for a Ministry among Gentiles: Paul's Persecution at the Hands of the Jews', in Michael J. Wilkins and Terence Paige (ed.), *Worship, Theology and Ministry in the Early Church*, JSNTSup 87 (Sheffield: JSOT Press, 1992), pp. 260–272.

Laansma, Jon, '2 Timothy, Titus', in Philip W. Comfort (ed.), *1–2 Timothy, Titus, Hebrews*, CBC (Carol Stream: Tyndale House, 2009), pp. 221–302.

Lakos, William, *Chinese Ancestor Worship: A Practice and Ritual Oriented Approach to Understanding Chinese Culture* (Newcastle upon Tyne: Cambridge Scholars, 2010).

Lane, William L., *Hebrews 9–13*, WBC 47B (Nashville: Thomas Nelson, 1991).

Latham, Jacob A., '"Honors Greater Than Human": Imperial Cult in the Pompa Circensis', (ed.), *Per-*

formance, Memory, and Processions in Ancient Rome: The Pompa Circensis from the Late Republic to Late Antiquity (Cambridge: Cambridge University Press, 2016), pp. 105–145. doi: 10.1017/CBO9781316442616.

Lau, Te-Li, review of *Galatians and the Imperial Cult: A Critical Analysis of the First-Century Social Context of Paul's Letter*, by Justin H. Hardin, *BBR* 20.1 (2010), pp. 130–131.

———, *Defending Shame: Its Formative Power in Paul's Letters* (Grand Rapids: Baker Academic, 2020).

Lee, Chee-Chiew, '*Gôyim* in Genesis 35:11 and the Abrahamic Promise of Blessings for the Nations', *JETS* 52.3 (2009), pp. 467–482.

———, *The Blessing of Abraham, the Spirit, and Justification in Galatians: Their Relationship and Significance for Understanding Paul's Theology* (Eugene, OR: Pickwick, 2013).

———, ' "Fire from Their Mouths": The Power of Witnessing in the Face of Hostility and Suffering (Rev 11:3–13)', *CTTSJ* 4 (2013), pp. 204–237.

———, 'Rest and Victory in Revelation 14:13', *JSNT* 41.3 (2019), pp. 344–362.

———, 'A Theology of Facing Persecution in the Gospel of John', *TynBul* 70.2 (2019), pp. 189–204.

———, 'The Rhetoric of Empathy in Hebrews', *NovT* 62.2 (2020), pp. 201–218.

———, 'Scripture as God's Word', in Roland Chia (ed.),

Dei Verbum: The Bible in Church and Society (Singapore: Sower Publishing, 2020), pp. 5–22.

———, 'The Use of Scriptures and the Rhetoric of Fear in Hebrews', *BBR* 31.2 (2021), pp. 191–210. doi: 10.5325/bullbiblrese.31.2.0191.

Lemcio, Eugene E., *Navigating Revelation: Charts for the Voyage, a Pedagogical Aid* (Eugene, OR: Wipf & Stock, 2011).

Lesbaupin, I., *Blessed Are the Persecuted: Christian Life in the Roman Empire, AD 64–313*, translated by R. R. Barr (Maryknoll, NY: Orbis, 1987).

Levene, D. S., 'Defining the Divine in Rome', *TAPA* 142.1 (2012), pp. 41–81.

Levine, Lee I., *The Ancient Synagogue: The First Thousand Years*, 2nd edn (New Haven: Yale University Press, 2005).

Lim, Kar Yong, *'The Sufferings of Christ Are Abundant in Us' (2 Corinthians 1:5): A Narrative-Dynamics Investigation of Paul's Sufferings in 2 Corinthians*, LNTS 399 (London: T&T Clark, 2009).

Lincoln, Andrew T., *The Gospel According to Saint John*, BNTC 4 (Peabody: Hendrickson, 2005).

Lindars, Barnabas, 'The Persecution of Christians in John 15:18–16:4a', in William Horbury and Brian McNeil (ed.), *Suffering and Martyrdom in the New Testament* (London: Cambridge University Press, 1981), pp. 48–69.

Litwak, Kenneth D., 'Synagogue and Sanhedrin', in Joel B.

Green and Lee Martin McDonald (ed.), *The World of the New Testament: Cultural, Social, and Historical Contexts* (Grand Rapids: Baker Academic, 2013), pp. 264–271.

Longenecker, Richard N., *Galatians*, WBC 41 (Dallas: Word, 1990).

———, *The Epistle to the Romans: A Commentary on the Greek Text*, NIGTC (Grand Rapids: Eerdmans, 2016).

Lyons, William J., 'Joseph of Arimathea: One of "the Jews," but with a Fearful Secret!', in Steven A. Hunt, D. F. Tolmie and Ruben Zimmermann (ed.), *Character Studies in the Fourth Gospel: Narrative Approaches to Seventy Figures in John*, WUNT 314 (Tübingen: Mohr Siebeck, 2013), pp. 646–657.

MacBride, Timothy, 'Aliens and Strangers: Minority Group Rhetoric in the Later New Testament Writings', in Mark Harding and Alanna Nobbs (ed.), *Into All the World: Emergent Christianity in Its Jewish and Greco-Roman Context* (Grand Rapids: Eerdmans, 2017), pp. 301–333.

Mackie, Scott D., *Eschatology and Exhortation in the Epistle to the Hebrews*, WUNT/II 223 (Tübingen: Mohr Siebeck, 2007).

Maier, Harry O., *New Testament Christianity in the Roman World*, EBS (New York, NY: Oxford University Press, 2018).

Malherbe, Abraham J., *Moral Exhortation: A Greco-Ro-*

man Sourcebook, LEC 4 (Philadelphia: Westminster Press, 1986).

Marshak, Adam, 'Idumea', in John J. Collins and Daniel C. Harlow (ed.), *The Eerdmans Dictionary of Early Judaism* (Grand Rapids: Eerdmans, 2010), pp. 759–762.

Marshall, I. Howard, 'Acts', in G. K. Beale and D. A. Carson (ed.), *Commentary on the New Testament Use of the Old Testament* (Grand Rapids: Baker Academic, 2007), pp. 513–606.

Marshall, I. Howard, and Philip H. Towner, *A Critical and Exegetical Commentary on the Pastoral Epistles*, ICC (London: T&T Clark International, 2004).

Martin, Dale B., *Inventing Superstition: From the Hippocratics to the Christians* (Cambridge, MA: Harvard University Press, 2004).

Martin, Troy W., 'Invention and Arrangement in Recent Pauline Rhetorical Studies: A Survey of the Practices and the Problems', in J. Paul Sampley and Peter Lampe (ed.), *Paul and Rhetoric* (London: T&T Clark, 2010), pp. 48–118.

Martyn, J. Louis, *Galatians: A New Translation with Introduction and Commentary*, AB 33A (New York: Doubleday, 1997).

———, *History and Theology in the Fourth Gospel*, 3rd edn, NTL (Louisville: Westminster John Knox, 2003).

Matera, Frank J., *II Corinthians: A Commentary*, NTL

(Louisville: Westminster John Knox, 2003).

Matthews, Shelly, 'The Need for the Stoning of Stephen', in E. Leigh Gibson and Shelly Matthews (ed.), *Violence in the New Testament* (New York: T&T Clark, 2005), pp. 124–139.

Mayo, Philip L., *'Those Who Call Themselves Jews': The Church and Judaism in the Apocalypse of John*, PTMS (Eugene, OR: Pickwick, 2006).

McGrath, James F., *The Only True God: Early Christian Monotheism in Its Jewish Context* (Urbana: University of Illinois Press, 2009).

McIntyre, Gwynaeth, *Imperial Cult*, AH (Leiden: Brill, 2019).

McKnight, Scot, and Joseph B. Modica (eds.), *Jesus Is Lord, Caesar Is Not: Evaluating Empire in New Testament Studies* (Downers Grove, IL: InterVarsity Press, 2013).

McNicol, Allan J., *The Conversion of the Nations in Revelation*, LNTS 438 (London: T&T Clark, 2011).

Metzger, B. M., 'The Fourth Book of Ezra', in James H. Charlesworth (ed.), *The Old Testament Pseudepigrapha*, vol. 1 (Garden City, NY: Doubleday, 1983), pp. 517–560.

Michaels, J. Ramsey, *The Gospel of John*, NICNT (Grand Rapids: Eerdmans, 2010).

Minear, Paul S., *I Saw a New Earth: An Introduction to the Visions of the Apocalypse*, repr. (Eugene, OR: Wipf & Stock, 2003).

Moloney, Francis J., *The Apocalypse of John: A Commentary* (Grand Rapids: Baker Academic, 2020).

Moo, Douglas J., *Galatians*, BECNT (Grand Rapids: Baker Academic, 2013).

———, *The Epistle to the Romans*, 2nd edn, NICNT (Grand Rapids: Eerdmans, 2018).

Moore, Michael S., 'Civic and Voluntary Associations in the Greco-Roman World', in Joel B. Green and Lee Martin McDonald (ed.), *The World of the New Testament: Cultural, Social, and Historical Contexts* (Grand Rapids: Baker Academic, 2013), pp. 149–155.

Morwood, James (ed.). *Pocket Oxford Latin Dictionary: Latin-English*, 3rd edn (Oxford: Oxford University Press, 2005).

Moss, Candida R., *The Myth of Persecution: How Early Christians Invented a Story of Martyrdom* (New York: HarperOne, 2013).

Mounce, Robert H., *The Book of Revelation*, rev. edn, NICNT (Grand Rapids: Eerdmans, 1998).

Mounce, William D., *Pastoral Epistles*, WBC 46 (Dallas: Word, 2000).

Moyise, Steve, *The Old Testament in the Book of Revelation*, JSNTSup 115 (Sheffield: Sheffield Academic, 1995).

Murray, Michele, *Playing a Jewish Game: Gentile Christian Judaizing in the First and Second Centuries CE*, SCJ 13 (Waterloo, ON: Wilfrid Laurier University Press, 2004).

Newsom, Carol A., and Brennan W. Breed, *Daniel: A Commentary*, OTL (Louisville: Westminster John Knox, 2014).

North, Wendy S., 'John for Readers of Mark?: A Response to Richard Bauckham's Proposal', *JSNT* 25.4 (2003), pp. 449–468.

Nystrom, David P., 'We Have No King but Caesar: Roman Imperial Ideology and the Imperial Cult', in Scot McKnight and Joseph B. Modica (ed.), *Jesus Is Lord, Caesar Is Not: Evaluating Empire in New Testament Studies* (Downers Grove: InterVarsity, 2013), pp. 23–37.

Olbricht, Thomas H., and Jerry L. Sumney (eds.), *Paul and Pathos*, SBLSym 16 (Atlanta: Society of Biblical Literature, 2001).

Olupona, Jacob K., *African Religions: A Very Short Introduction* (New York: Oxford University Press, 2014).

Orlin, Eric M., *Temples, Religion, and Politics in the Roman Republic* (Boston: Brill Academic, 2002).

———, *Foreign Cults in Rome: Creating a Roman Empire* (Oxford: Oxford University Press, 2010).

Oropeza, B. J., *Churches under Siege of Persecution and Assimilation: The General Epistles and Revelation*, ANTC 3 (Eugene, OR: Cascade Books, 2012).

Osborne, Grant R., *Revelation*, BECNT (Grand Rapids: Baker, 2002).

———, *Matthew*, ZECNT (Grand Rapids: Zondervan, 2010).

Osiek, Carolyn, '*Diakonos* and *Prostatis*: Women's Patronage in Early Christianity', *HTS* 61.1/2 (2005), pp. 347–370.

Oswalt, John N., *The Book of Isaiah: Chapters 1–39*, NICOT (Grand Rapids: Eerdmans, 1986).

Parsons, Mikeal C., *Acts*, Paideia (Grand Rapids: Baker Academic, 2008).

Parsons, Mikeal C., and Michael W. Martin, *Ancient Rhetoric and the New Testament: The Influence of Elementary Greek Composition* (Waco: Baylor University Press, 2018).

Penner, Glenn M., *In the Shadow of the Cross: A Biblical Theology of Persecution and Discipleship* (Bartlesville, OK: Living Sacrifice Books, 2004).

Peppard, Michael, *The Son of God in the Roman World: Divine Sonship in Its Social and Political Context* (Oxford: Oxford University Press, 2011).

Perry, Peter S., *The Rhetoric of Digressions: Revelation 7:1–17 and 10:1–11:13 and Ancient Communication*, WUNT/II 268 (Tübingen: Mohr Siebeck, 2009).

Pervo, Richard I., *Acts: A Commentary*, Hermeneia (Minneapolis: Fortress, 2009).

Petersen, Anders K., 'Imperial Politics in Paul: Scholarly Phantom or Actual Textual Phenomenon?', in Michael Labahn and Outi Lehtipuu (ed.), *People under Power: Early Jewish and Christian Responses to the Roman Empire* (Amsterdam: Amsterdam University Press, 2015), pp. 101–27.

Peterson, David, *The Acts of the Apostles*, PNTC (Grand Rapids: Eerdmans, 2009).

Phua, Richard L.-S., *Idolatry and Authority: A Study of 1 Corinthians 8:1–11:1 in the Light of the Jewish Diaspora*, LNTS 299 (London: T&T Clark, 2005).

Pobee, J. S., *Persecution and Martyrdom in the Theology of Paul*, JSNTSup 6 (Sheffield: JSOT Press, 1985).

Porter, Stanley E., 'Pauline Chronology and the Question of Pseudonymity of the Pastoral Epistles', in Stanley E. Porter and Gregory P. Fewster (ed.), *Paul and Pseudepigraphy*, PS 8 (Leiden: Brill, 2013), pp. 65–88.

Prokhorov, A. V., 'Taking the Jews out of the Equation: Galatians 6.12–17 as a Summons to Cease Evading Persecution', *JSNT* 36.2 (2013), pp. 172–188.

Raquel, Sylvie T., 'Blessed Are the Peacemakers: The Theology of Peace in the Book of Revelation', in Gerald L. Stevens (ed.), *Essays on Revelation: Appropriating Yesterday's Apocalypse in Today's World* (Eugene, Or.: Pickwick Publications, 2010), pp. 55–71.

Reimer, Andy M., 'The Man Born Blind: True Disciple of Jesus', in Steven A. Hunt, D. F. Tolmie and Ruben Zimmermann (ed.), *Character Studies in the Fourth Gospel: Narrative Approaches to Seventy Figures in John*, WUNT 314 (Tübingen: Mohr Siebeck, 2013), pp. 428–438.

Reimer, Ivoni R., *Women in the Acts of the Apostles: A Feminist Liberation Perspective* (Minneapolis: Fortress, 1995).

Resseguie, James L., *Revelation Unsealed: A Narrative Critical Approach to John's Apocalypse*, BIS 32 (Leiden: Brill, 1998).

———, *Narrative Criticism of the New Testament: An Introduction* (Grand Rapids: Baker Academic, 2005).

———, *The Revelation of John: A Narrative Commentary* (Grand Rapids: Baker Academic, 2009).

———, 'A Narrative-Critical Approach to the Fourth Gospel', in Christopher W. Skinner (ed.), *Characters and Characterization in the Gospel of John*, LNTS 461 (London: Bloomsbury T&T Clark, 2013), pp. 3–17.

Reumann, John, *Philippians: A New Translation with Introduction and Commentary*, AYB 33B (New Haven: Yale University Press, 2008).

Rhodes, Peter J., and Beate Ego, 'Synhedrion', in Hubert Cancik and Helmuth Schneider (ed.), *Brill's New Pauly*, vol. 14 (Brill, 2019), pp. 26–28. doi: http://dx.doi.org/10.1163/1574-9347_bnp_e1127180.

Richard, Earl, *Reading 1 Peter, Jude, and 2 Peter: A Literary and Theological Commentary*, RNTS (Macon, GA: Smyth & Helwys, 2000).

Robinson, O. F., *The Criminal Law of Ancient Rome* (London: Duckworth, 1995).

Rogers, T. J., 'Shaking the Dust Off the Markan Mission Discourse', *JSNT* 27.2 (2004), pp. 169–192.

Rohrbaugh, Richard L., 'Honor: Core Value in the Biblical World', in Dietmar Neufeld and Richard E. DeMaris (ed.), *Understanding the Social World of the New Tes-*

tament (Milton Park: Routledge, 2009), pp. 109–125.

Rothaus, Richard M., *Corinth, the First City of Greece: An Urban History of Late Antique Cult and Religion*, RGRW 139 (Leiden: Brill, 2000).

Ruiz, Jean-Pierre, *Ezekiel in the Apocalypse: The Transformation of Prophetic Language in Revelation 16,17 – 19,10*, EUS 23 (Frankfurt: Peter Lang, 1989).

Runesson, Anders, 'Synagogue', in Joel B. Green, Jeannine K. Brown and Nicholas Perrin (ed.), *Dictionary of Jesus and the Gospels*, 2nd edn (Downers Grove: IVP Academic, 2013), pp. 903–911.

———, *The Origins of the Synagogue: A Socio-Historical Study*, CBNTS 37 (Stockholm: Almqvist & Wiksell, 2001).

Sauer, Christof, and Richard Howell (eds.), *Suffering, Persecution and Martyrdom: Theological Reflections*, RSF 2, (Johannesburg: AcadSA, 2010).

Schirrmacher, Thomas, *The Persecution of Christians Concerns Us All: Towards a Theology of Martyrdom*, 3rd edn, WEAGIS 5, repr. (Eugene, OR: Wipf & Stock, 2018).

Schnabel, Eckhard J., *Acts* (Grand Rapids: Zondervan, 2012).

———, 'The Persecution of Christians in the First Century', *JETS* 61.3 (2018), pp. 525–547.

Schnelle, Udo, *Theology of the New Testament*, translated by M. Eugene Boring (Grand Rapids: Baker Academic, 2009).

Schreiner, Thomas R., *Galatians*, ZECNT (Grand Rapids: Zondervan, 2010).

———, *Commentary on Hebrews*, BTCP (Nashville: B&H, 2015).

———, *Paul, Apostle of God's Glory in Christ: A Pauline Theology*, 2nd edn (Downers Grove: IVP Academic, 2020).

Seifrid, Mark, 'Romans', in G. K. Beale and D. A. Carson (ed.), *Commentary on the New Testament Use of the Old Testament* (Grand Rapids: Baker Academic, 2007), pp. 607–694.

Shelton, W., review of *The Myth of Persecution: How Early Christianity Invented a Story of Martyrdom*, by Candida Moss. *JETS* 57.1 (2014), pp. 210–214.

Shogren, Gary S., *1 and 2 Thessalonians*, ZECNT (Grand Rapids: Zondervan, 2012).

Siew, A. K. W., *The War between the Two Beasts and the Two Witnesses: A Chiastic Reading of Revelation 11.1–14.5*, LNTS 283 (London: T&T Clark, 2005).

Sim, David C., 'Gentiles, God-Fearers and Proselytes', in David C. Sim and James S. McLaren (ed.), *Attitudes to Gentiles in Ancient Judaism and Early Christianity*, LNTS 499 (London: Bloomsbury, 2015), pp. 9–27.

———, 'Jews, Christians and Gentiles: Observations and Some Concluding Remarks', in David C. Sim and James S. McLaren (ed.), *Attitudes to Gentiles in Ancient Judaism and Early Christianity*, LNTS 499 (London: Bloomsbury, 2015), pp. 259–266.

Smallwood, E. Mary, *The Jews under Roman Rule: From Pompey to Diocletian*, 2nd edn, SJLA 21 (Leiden: Brill, 1981).

Smith, Gary V., *Isaiah 1–39*, NAC 15A (Nashville: B&H, 2007).

Smith, Ian K., 'The Letter to the Hebrews', in Mark Harding and Alanna Nobbs (ed.), *Into All the World: Emergent Christianity in Its Jewish and Greco-Roman Context* (Grand Rapids: Eerdmans, 2017), pp. 184–207.

Smith, Murray J., 'The Book of Revelation: A Call to Worship, Witness, and Wait in the Midst of Violence', in Mark Harding and Alanna Nobbs (ed.), *Into All the World: Emergent Christianity in Its Jewish and Greco-Roman Context* (Grand Rapids: Eerdmans, 2017), pp. 334–371.

Smith, Ralph L., *Micah–Malachi*, WBC 32 (Waco, TX: Word Books, Publisher, 1984).

Stambaugh, John E., and David L. Balch, *The New Testament in Its Social Environment,* LEC 2 (Philadelphia: Westminster Press, 1986).

Stamps, Dennis L., 'The Use of the OT in the NT as a Rhetorical Device: A Methodological Proposal', in S. E. Porter (ed.), *Hearing the Old Testament in the New Testament*, MNTS (Grand Rapids: Eerdmans, 2006), pp. 9–37.

Stanley, Christopher D., 'The Rhetoric of Quotations: An Essay on Method', in Craig A. Evans and James A. Sanders (ed.), *Early Christian Interpretation of the Scriptures of Israel: Investigations and Proposals*,

JSNTSup 148 (Sheffield: Sheffield Academic, 1997), pp. 44–58.

Stein, Robert H., *Mark*, BECNT (Grand Rapids: Baker Academic, 2008).

Stiebing, William H., and Susan N. Helft, *Ancient Near Eastern History and Culture*, 3rd edn (London: Routledge, 2017).

Strauss, Mark L., *Mark*, ZECNT (Grand Rapids, MI: Zondervan, 2014).

———, *Four Portraits, One Jesus: An Introduction to Jesus and the Gospels*, 2nd edn (Grand Rapids: Zondervan, 2020).

Streib, Heinz, 'Deconversion', in Lewis R. Rambo and Charles E. Farhadian (ed.), *The Oxford Handbook of Religious Conversion* (Oxford: Oxford University Press, 2014), doi: 10.1093/oxfordhb/9780195338522.013.012.

Sumney, Jerry L., *'Servants of Satan', 'False Brothers' and Other Opponents of Paul*, JSNTSup 188 (Sheffield: Sheffield Academic, 1999).

———, 'Studying Paul's Opponents: Advances and Challenges', in Stanley E. Porter (ed.), *Paul and His Opponents*, PS 2 (Leiden: Brill, 2005), pp. 7–58.

Sun, J.-W., 'Conquering Idolatry: John's Literary Creativity and Purpose in His Depiction of Babylon the Whore' (ThM thesis, Singapore Bible College, 2020). 孫潔煒，〈勝過偶像崇拜：約翰對大淫婦巴比倫異象的文學創作及用意〉（神學碩士論文，新加坡神學院，2020）。

Takács, Sarolta A., *Isis and Sarapis in the Roman World*, RGRW 124 (Leiden: Brill, 1995).

Talbert, Charles H., 'Once Again: The Plan of 1 Peter', in Charles H. Talbert (ed.), *Perspectives on First Peter*, NABPRSSS 9 (Macon: Mercer University Press, 1986), pp. 141–151.

Taylor, Tristan S., 'Social Status, Legal Status and Legal Privilege', in J. du Plessis Paul, Ando Clifford and Tuori Kaius (ed.), *The Oxford Handbook of Roman Law and Society* (Oxford: Oxford University Press, 2016), pp. 349–359. doi: 10.1093/oxfordhb/9780198728689.013.27.

Thayer, Anne, review of *The Myth of Persecution: How Early Christians Invented a Story of Martyrdom*, by Candida Moss. *Int* 68.1 (2014), pp. 81–83. doi: https://doi.org/10.1177/0020964313505984b.

Thielman, Frank, *Romans*, ZECNT (Grand Rapids: Zondervan, 2018).

Thiessen, Matthew, 'Hebrews 12.5–13, the Wilderness Period, and Israel's Discipline', *NTS* 55.3 (2009), pp. 366–379.

———, *Contesting Conversion: Genealogy, Circumcision, and Identity in Ancient Judaism and Christianity* (Oxford: Oxford University Press, 2011).

Thiselton, Anthony C., *The First Epistle to the Corinthians*, NIGTC (Grand Rapids: Eerdmans, 2000).

Thomas, John C., and Frank D. Macchia, *Revelation*, THNTC (Grand Rapids: Eerdmans, 2016).

Thompson, Leonard L., *The Book of Revelation: Apocalypse and Empire* (New York: Oxford University Press, 1990).

Thompson, Marianne Meye, *John: A Commentary*, NTL (Louisville: Westminster John Knox, 2015).

Thornhill, A. Chadwick, *The Chosen People: Election, Paul, and Second Temple Judaism* (Downers Grove: InterVarsity, 2015).

Thrall, Margaret E., *A Critical and Exegetical Commentary on the Second Epistle of the Corinthians*, 2 vols., ICC (London: T&T Clark International, 2000).

Thurén, Lauri, *Derhetorizing Paul: A Dynamic Perspective on Pauline Theology and the Law*, WUNT 124 (Tübingen: Mohr Siebeck, 2000).

Tieszen, Charles L., 'Towards Redefining Persecution', *IJRF* 1.1 (2008), pp. 67–80.

―――, 'Minding the Gaps: Overcoming Misconceptions of Persecution', *IJRF* 2.1 (2009), pp. 59–72.

Tolmie, D. Francois, *Persuading the Galatians: A Text-Centred Rhetorical Analysis of a Pauline Letter*, WUNT/II 190 (Tübingen: Mohr Siebeck, 2005).

―――, 'The Ἰουδαῖοι in the Fourth Gospel: A Narratological Perspective', in Gilbert van Belle, Jan G. van der Watt and Petrus Maritz (ed.), *Theology and Christology in the Fourth Gospel*, BETL 184 (Leuven: Leuven University Press, 2005), pp. 377–399.

Towner, Philip H., 'Romans 13:1–7 and Paul's Missiological Perspective: A Call to Political Quietism or Transformation?', in Sven K. Soderlund and N. T. Wright (ed.), *Romans and the People of God* (Grand Rapids: Eerdmans, 1999), pp. 149–169.

Trebilco, Paul R., *Self-Designations and Group Identity in the New Testament* (Cambridge: Cambridge University Press, 2012).

Turner, David L., *Matthew*, BECNT (Grand Rapids: Baker Academic, 2008).

Vinciane, Pirenne-Delforge, and Motte André, 'Aphrodite', in Simon Hornblower, Antony Spawforth and Esther Eidinow (ed.), *The Oxford Classical Dictionary*, 4th edn (Oxford: Oxford University Press, 2012), doi: 10.1093/acref/9780199545568.013.0582.

Vinson, Richard B., *Luke*, SHBC (Macon: Smyth & Helwys, 2008).

von Wahlde, Urban C., 'Narrative Criticism of the Religious Authorities as a Group Character in the Gospel of John: Some Problems', *NTS* 63.2 (2017), pp. 222–245. doi: http://dx.doi.org/10.1017/S0028688516000436.

Wallace, Daniel B., *Greek Grammar Beyond the Basics: An Exegetical Syntax of the New Testament* (Grand Rapids: Zondervan, 1996).

Wang, Lian, 'Johannine View of Persecution and Tribulation', *LMM* 25.2 (2017), pp. 359–370.

Watson, Alan, *The State, Law, and Religion: Pagan Rome* (Athens, GA: University of Georgia Press, 1992).

Watson, Duane F., 'The Role of Style in the Pauline Epistles: From Ornamentation to Argumentative Strategies', in J. Paul Sampley and Peter Lampe (ed.), *Paul and Rhetoric* (London: T&T Clark, 2010), pp. 119–140.

Weima, Jeffrey A. D., *1–2 Thessalonians*, BECNT (Grand Rapids: Baker Academic, 2014).

Wendland, Ernst R., Article 'The Hermeneutical Significance of Literary Structure in Revelation', *Neot* 48.2 (2014), pp. 447–476.

Whitlark, Jason A., *Resisting Empire: Rethinking the Purpose of the Letter to 'the Hebrews'*, LNTS 484 (London: Bloomsbury, 2014).

Wilder, Terry L., 'Pseudonymity and the New Testament', in David Alan Black and David S. Dockery (ed.), *Interpreting the New Testament: Essays on Methods and Issues* (Nashville: Broadman & Holman, 2001), pp. 296–355.

Wilken, Robert L., *The Christians as the Romans Saw Them*, 2nd edn (New Haven: Yale University Press, 2003).

Williams, Travis B., *Persecution in 1 Peter: Differentiating and Contextualizing Early Christian Suffering*, NovTSup 145 (Leiden: Brill, 2012).

―――, *Good Works in 1 Peter: Negotiating Social Conflict and Christian Identity in the Greco-Roman World*, WUNT 337 (Tübingen: Mohr Siebeck, 2014).

Wilson, S. G., *Related Strangers: Jews and Christians*, 70–170 C.E. (Minneapolis: Fortress, 1995).

―――, 'Voluntary Associations: An Overview', in John S. Kloppenborg and Stephen G. Wilson (ed.), *Voluntary Associations in the Graeco-Roman World* (London: Routledge, 1996), pp. 1–15.

Winter, Bruce W., *Seek the Welfare of the City: Christians as Benefactors and Citizens*, FCCGRW (Grand Rapids: Eerdmans, 1994).

―――, *Divine Honours for the Caesars: The First Christians' Responses* (Grand Rapids: Eerdmans, 2015).

―――, 'Divine Imperial Cultic Activities and the Early Church', in Mark Harding and Alanna Nobbs (ed.), *Into All the World: Emergent Christianity in Its Jewish and Greco-Roman Context* (Grand Rapids: Eerdmans, 2017), pp. 237–265.

Witherington, Ben, III, *The Acts of the Apostles: A Socio-Rhetorical Commentary* (Grand Rapids: Eerdmans, 1998).

―――, *New Testament Rhetoric: An Introductory Guide to the Art of Persuasion in and of the New Testament* (Eugene, OR: Cascade Books, 2009).

Workman, Herbert B., *Persecution in the Early Church: A Chapter in the History of Renunciation*, Oxford: Oxford University Press, 1980 (London: Epworth, 1906).

Zeev, Miriam Pucci Ben, 'Jews among Greeks and Romans', in John J. Collins and Daniel C. Harlow (ed.), *The Eerdmans Dictionary of Early Judaism* (Grand Rapids: Eerdmans, 2010), pp. 237–256.

Zerbe, Gordon M., *Non-Retaliation in Early Jewish and New Testament Texts: Ethical Themes in Social Contexts*, BAC (London: Bloomsbury Academic, 2015).

經文索引

舊約

創世記
3:1~7 219
3:15 030
18 章 226
35:11 081

出埃及記
2~14 章 225
2:14~15 217
7:17~19 257,260
12:3 062
20:3 048
20:12 293
22:28 136
32:6 149

利未記
4:13 062

24:14 113
24:16 113

民數記
1:2 062
13~14 章 219
14:2~3 219
14:9 219

申命記
5:7 048
5:16 293
6:25 186
12:10 219
25:19 219
31:6 224
32:17 075,149,150
32:35 209,269
32:36 217
32:39 048

約書亞記

23:1 219

士師記

6:11~22 226
13:1~22 226

列王紀上

17:1 257

列王紀下

17:7~23 051

以斯拉記

6:21 033
9~10 章 051

尼希米記

5:13 125,129
8~9 章 051

詩篇

2:1~2 122
32:12~16 232
33:3 253
34:12~16 92
40:3 253
72 045
73:13~14 074
74:13~14 074
95:7b~11 219
95:11 219
96:1 253
98:1 253
106:37 150
110 篇 045
118 篇 188
118:6~7 224
118:22 130
118:22~23 188
141:1~2 265
144:9 253
149:1 253

箴言

3:11~12 228
20:22 209
25:21~22 209

以賽亞書

6:9~10	130
9:7	045
16:5	045
25:8	255
26:10	222
26:20	222
27:1	074
42:10	253
43:10	048
48:20~22	250
49:10	255
52:11~12	250
65:3	150
65:11	150

耶利米書

5:1~13	259
5:14	259
23:25	045
28:34	074
29:7	164
50:8~10	250
51:6~10	250
51:34	074
51:45	250
51:45~48	250

以西結書

9:1~6	252
9:5~6	253
9:7~11	253
20:1~44	051
29:3	074
36:25	051
37:23	051
37:24~25	045

但以理書

2:44~45	045
7:2~8	070
7:13~14	045
7:19~27	047
8:19~25	047
9:1~19	051
9:25~26	045
9:25~27	045
10:1~21	082

10:13	082
10:21	082

何西阿書

3:5	045

哈巴谷書

2:3~4	222

撒迦利亞書

2:11	081
4:1~14	257

新約

馬太福音

2:23	044
4:1~11	073
5:1~7:29	185
5:3~10	186
5:10	186,188,195
5:10~11	232
5:10~12	195
5:11~12	186
5:12	188
5:13~16	188
5:17~19	185
5:20	186,187
5:21~48	186
5:21~7:29	185
5:38~42	188
5:43~44	207
5:43~48	189
5:44	125,208
5:44~45	189,232
5:45	190
5:45~48	190,208
5:47	190
6:1	186
6:32	257
7:21~23	196
7:28	185
9:1~3	076
9:11	057
10:5~15	190
10:5~11:1	185
10:6~33	191

10:12 053,076	10:34~39 193,195
10:14 129	10:36 193
10:15 129	10:37~38 193
10:16 191,278,288	10:37~39 193
10:17~18 054,195	10:38 121
10:17~20 184	10:39 193
10:17~23 191	10:40~41 193
10:18 123,191,206	10:42 193,194
10:19 124	11:1................................185
10:20 124	11:7~24 244
10:21 54,193,195	11:15..............................244
10:22 195	11:28~12:21 188
10:23 128,191,195	12:1~14 076
10:24~25 191	12:2 057
10:26 155	12:15~21 188
10:26b 191	13:1~9 196
10:26~28 191	13:1~52 185
10:26~31 155,192,207	13:9 244
10:26~33 192	13:13~14 130
10:27 192	13:16~19 195
10:28 192	13:18~23 196
10:29~31 192,199	13:18~30 196
10:32 192	13:19 035,073
10:32~33 155,192	13:20~21 144

13:21 144,195	24:3~25:46 185
13:21~22 244	24:9 195
13:24~30 074,245	24:9~10 195
13:36~43 074,196,245	24:10 144,145
13:43 244	24:10a 195
13:53 185	24:10b 195
16:23 073	24:11 195
16:24 121,197	24:36~51 245
16:24~28 193	24:43 244
16:25 202	24:45~51 196
16:27 193	25:1~46 196
18:1~35 185	25:31~46 194,226
18:7 019	25:40 194
19:1 185	25:41 074
21:33~46 077	25:45 194
21:42 130,188	26:1 185
22:11~14 196	26:14~15 073
22:21 162	26:31 154,195
23:13~36 194	26:33 154,195
23:29~35 076	26:35 154
23:29~36 076,194	26:56b 154
23:33 195	26:61 076
23:34 195	26:62~66 188
23:35 195	26:63~66 076,077

26:69~75 154	8:32 182
27:57 158	8:33 073
28:19 019	8:34 121,197
	8:34~38 182,183
馬可福音	8:34~9:1 193
1:13 073	8:35 202
2:7 076	8:38 ... 155,171,192,193,207
2:16 057	9:30~32 182
2:23~3:6 076	9:33~34 182,183
2:24 057	9:35~37 182
4:1~20 181	10:32~34 182
4:5~6 181	10:35~37 182,193
4:9 244	10:38~45 182
4:12 130	10:39 183
4:15 073	10:40 183
4:16~17 144,181	10:45 183
4:17 144	11:15~18 077
4:17~19 244	12:1~12 077
4:22 191	12:9~11 130
4:23 244	12:17 162
6:7~13 190	13:9 54,123,206
6:11 129	13:9~10 191
8:31 182	13:9~13 184,190
8:31~10:45 182	13:11 124

13:12 054	6:27~28 189,207,232
13:13 53,76	6:27~36 197
13:19 124	6:28 125,135,208
14:10 073	6:32~36 293
14:27 154	6:35~36 208
14:29 154	6:40 191
14:31 154	8:8 244
14:36 183	8:10 130
14:50 154	8:12 073
14:58 76,257	8:13 144,145,181,196
14:61~64 077	8:13~14 244
14:66~70 154	9:1~6 190-191
15:43 158	9:5 129
	9:23 121,197
路加福音	9:23~27 193,196
4:1~13 073	9:24 202
4:28 077	9:26 171,192,193,155
5:21 076	9:54~62 260
5:30 057	10:1~20 073
6:1~11 076	10:3 191
6:2 057	10:18 073,074
6:22~23 186,187,197,232	11:47~51 076,194
6:23 207	12:2 191
6:27 135,208	12:2~9 192

12:3 192	21:12~15 196
12:4 207	21:14~15 123
12:4~5 192,197	21:16054 198
12:4~7 155	21:16~17 197
12:6~7 197,199,207	21:17 053,068,076,101
12:8~9 155,192,197	21:18 198
12:11................................054	21:19 199
12:11~12 184,196	22:3 073
12:30 257	22:31 073
12:35~48 245	22:32 155
12:39 244	22:33 154
12:50 183	22:56~62 154
12:51~53 193	22:67~71 076
13:10~17 076	23:4 068
14:1~6 076	23:34 125
14:26~27 193	23:50~51 158
14:27 121	23:67~71 077
14:35 244	24:19 212
17:33 193	
19:41~44 084	**約翰福音**
20:17 130	2:13~25 160
20:25 162	2:19~21 076
21:12 054,101	2:19~22 084
21:12~13 123,206	3:1 160

經文索引 343

4:39~42 206	11:21~27 047
4:42 086	11:54~57 159
5:1~16 076	12:23 201,202
5:17~18 076	12:23~28 200,201
6:31~32 242	12:24 202
6:70~71 073	12:24~26 200,206
7:1~10 159	12:25~26 201,202
7:13 155	12:26a 201
7:21~24 076	12:26b 201
7:45~52 160	12:27~28 201,202
8:12 158	12:31 205
8:37 076	12:33 202
8:44 074,077,157	12:33~34 200,201
8:44~51 097	12:36 159
8:59 076,159	12:40 130
9:10~33 206	12:42 .... 057,077,110, 156,158
9:14~16 076	
9:20~21 157	12:42~43 .... 111,171, 201,271
9:22 ... 057,077,110,155,156	
9:22~23 157	12:43 158,201
9:24~33 157	13~17章 200
9:34 157	13:2 073
9:35~38 158	13:27 073
10:28 282	14:26 206

14:27 155,207	17:11~13 204
14:30 205	17:11~18 200
15:5b 205	17:11~19 203
15:18 054	17:12 282
15:18~20 207	17:14~15 290
15:18~21 030,053,076	17:14~16 204
15:18~23 200	17:17 204
15:19 202	17:17~19 204
15:20 076	17:19 204
15:26~27 206	17:20 204
15:27 204	17:21~22 290
16:1 205	18 章 154
16:1~4 207	18:11 183
16:1~4a 200	18:15~18 154
16:2 110,156	18:25~27 154
16:2~3 077,205	18:31 113
16:4 205	18:38 068
16:11 205	19:7 077
16:32 206	19:31 159
16:32~33 200	19:35 206
16:33 203,205,206,207	19:38 155,158
17:5 205	19:39~42 160
17:11 282,290	20:19 155,159
17:11~12 178,204,206	21:15~17 154,201

21:18 201	4:13a 125
21:18~19 .. 155,200,201,202	4:13b 125
21:19 201	4:13~14 124
21:24 206	4:16 125
	4:17~18 107
使徒行傳	4:19 122
1:7 122	4:20 122
2:16~36 131	4:21 111
3:12~26 131	4:31 122
3:13~15a 078	4:33 122
3:15b 078	5:3 073
3:18~26 078	5:12~18 059
4 章 170	5:14 019
4:1~2 078	5:17 079
4:1~3 059	5:18 111
4:3 111	5:19 199
4:5 058	5:24~31 122
4:7 107	5:25~28 122
4:8 122	5:28 078,107
4:8~12 078,123	5:29 122
4:9 124	5:29~32 123
4:10 125	5:30~32 122
4:11 130	5:33~40 111
4:13 122	5:36~37 046

5:40~41 179	7:60 126
5:41 ...... 100, 121, 132	8:1 ...... 059, 112
5:42 122	8:1~3 059
6:1 019	8:2 128
6:9 059	8:3 ...... 018, 019, 112
6:9~10 125	8:4 128
6:10 124	8:25 131
6:11 107	9:1~2 ...... 059, 083, 112
6:11~14 108	9:1~6 122
6:12 ...... 059, 106	9:13 019
6:13~14 107	9:15~17 122
7章 018, 170	9:16 100
7:1~53 123	9:17~22 122
7:2~50 078	9:20~22 ...... 059, 078
7:5 122	9:23 059
7:8 122	9:23~24 110
7:22 212	9:23~25 ...... 69, 129, 199
7:39~51 130	9:26~30 129
7:51~60 112	9:28 122
7:52 078	9:29 ...... 059, 108
7:55~56 122	9:29~30 129
7:58 059	10:2 052
7:58~8:3 055	10:24 096
7:59~60 112	10:39 078

10:40	078
10:41~43	078
11:26	019
12 章	100
12:1~2	112
12:1~4	064
12:3	080
12:5	122
12:5~32	065
12:6~17	199
12:11	039
12:17	128
13~14 章	064
13~19 章	059
13:6	052
13:8	018
13:10	031,074
13:10~11	136
13:16~26	078
13:27~28	078
13:29~31	078
13:32~41	078
13:43	079
13:44	131
13:44~45	115
13:45	060,079,113
13:45~46	122
13:49	131
13:50	031,060,065,066,069,106,108
13:50~51	129
13:51	129
14:1	060
14:2	065,106
14:3	122
14:5	069,098,106,110
14:5~6	199
14:6	108,129
14:11	039
14:19	031,060,065,106,110,112
14:19~20	069
14:20	108,129
14:22	122
15:1	078,151
15:5	078
15:20	150,171,279
15:29	150

15:36 131	17:3 078,109
15:37~40 137	17:4 052,079,094
15:38 199	17:5 060,065,079,106
16:14 052	17:5~6 108
16:16 094	17:5~9 066,069
16:16~17:15 132	17:6 107
16:19 065,093	17:7 087,107,109
16:19~21 108,115	17:10 108,114,129
16:19~40 133	17:12 094
16:20 107	17:13 060,065
16:20~22 068	17:14 108,114,129
16:21 107	17:14~15 129
16:22 098,106,119	17:17 052
16:22~23 114	17:18 078
16:22~24 066	17:32 065,078
16:24 114	18:6 060,113,129
16:25~26 199	18:6b 129
16:25~34 138	18:7 052
16:37 127	18:9~10 130
16:37~39 128	18:11 129
16:38 127	18:12 106,107
16:39 108,127	18:12~13 069
17:2~3 078	18:13 107,109
17:2~6 131	18:14~15 109

18:14~16 067	21:10~14 130
18:15 109	21:13 123
18:17 067,112	21:20~21 151
18:28 078,131	21:21 061,078
19 章 067	21:27 060,106
19:9 060	21:27~28 061
19:10 129	21:27~34 060
19:21 130	21:28b 107
19:23~34 067	21:30 112
19:24~25 055	21:31~35 067
19:24~27 065,093	21:32 112
19:25 106	21:38 046
19:26 107	21:39 126
19:26~27 085,107	21:40 079,126
19:27~35 034	21:40~22:2 126
19:28~29 106	22:3 079,126
19:29 108	22:3~4 112
19:33~34 056	22:3~5 126
19:35~41 067,068	22:6~21 126
19:38~39 107	22:17~18 129
20:3 110,130,199	22:19 113
20:19 110,123	22:21~22 061
20:23~24 123	22:22~23 079
21~23 章 068	22:24 098

22:24~25 119,114	24:26~27 120
22:25 127	24:27 080
23 章 067	25:1~26:32 060
23:1~3 120	25:3 110
23:1~9 123	25:6~7 123
23:3~4 136	25:7 126
23:6 078,107	25:8a 107
23:6~9 126	25:8c 107
23:8 078	25:8~12 126
23:9~10 060	25:18~19 109
23:11 130	25:19 107
23:12~23 110,199	26 章 065
23:16~22 130	26:1~23 123
23:17~23 067	26:2~29 126-217
23:23~35 060	26:6 078
23:24 054	26:7~8 107
23:25 138	26:9~11 080
24:1~9 107	26:10~11 112
24:1~27 060	26:11 112
24:5 107	26:15~19 122
24:6 107	26:19~21 123
24:10~21 123,126	26:22 078
24:15 078	26:22~23 131
24:26 080	26:23 078

26:28	127
26:30~31	109
28 章	138,166
28:6	039
28:23	078
28:25~27	130

羅馬書

2:1~5:2	078
3:7~8	084
3:29	033
5:1~5	213
5:2	213
5:3	213
5:3~4	139
5:3~5	213,282
5:5	140,213
8 章	140
8:18	213,140
8:23~27	140
8:26	213
8:28	213
8:31~39	214
8:34	213
8:35~36	140
8:35~39	140
11:35	044
12:12	207
12:13	225
12:14	208
12:14a	108
12:14~21	135,161,162,208
12:17~21	208,209
12:19	269
12:21	161
13:1~6	292
13:1~7	161,162,169,279
13:1~8	162
13:3	162
13:3~4	163
13:5	162
13:6	162
13:6~7	162
13:7	162
15:18	212
15:31	135

哥林多前書

1:1 112
1:2 019
1:7 133
1:8 212
2:1 176
2:1~4 176
2:4 176
3:16 257
3:16~17 084
4:11 113
4:12b~13a 135
4:16 213
4:17 212
5:1~2 084
6:12~20 084
7:15 019
8 章 171
8~10 章 147,149,279
8:1 149
8:4~6 149
8:5 088
8:7~13 150
10 章 171

10:1~18 149
10:11 211
10:12~13 212
10:19~21 075
10:19~23 149
10:20 150
10:23 149
10:23~33 150,171
10:25~28 279
10:25~32 150
11:25~26 018
16:9 055
16:10 212

哥林多後書

1:6 138,213
1:6~7 213
1:8a 133
1:8b~9 133
1:8~10 055
1:8~11 212
1:9 133
1:10 135
1:11 135

2:14 139	
4:7~9 134	
4:7~10 134	
4:8~9 134	
4:12~13 138	
6:4 135	
6:4~10 139	
6:5 113	
6:8~9 113	
6:10 134	
7:5 134	
7:6~7 134	
8:1~2 132	
11:4 074	
11:5~6 177	
11:6 176	
11:12~14 097	
11:23~26 060	
11:23~29 135	
11:23~30 139	
11:24 061,113	
11:25 068,113	
11:25~26 018	
12:9~10 134	

加拉太書

1:1 176
1:2 019
1:6~7 153
1:10 289
1:11~12 061,176
1:13~14 060,080
1:17 069
1:23 060
2:1~9 061
2:11~14 137
2:15~3:29 078
2:16 152
2:16~6:10 152
2:17 084
2:21 153
3~4 章 153
3:1~5 056
3:5 055
3:22 152
4:10 061
4:29 055,061
5:2 153
5:4 153

5:6	079
5:11	061,079,084
5:12	136,151
6:12	056,151,279
6:13	151
6:15	079

以弗所書

6:2	293

腓立比書

1:3~4	005
1:12~14	138
1:13	138
1:19a	135
1:19b	135
1:20	132
1:27~28	213
1:28	055,056,208,211
1:28~29	282
1:29	100,132,207,208
1:29~30	208
1:30	133
2:17	139
2:18~19	207
3:2	061,097,136
3:6	060,080
3:7~8	083
3:18	061,097,136
4:4	207
4:4~6	207
4:7	208

歌羅西書

3:17	212
3:24	188

帖撒羅尼迦前書

1:3	131
1:4~6	208,282
1:6	131,133,213
1:7	019,132
1:8	131
1:9	084,131
1:10	087
2:2~6	133
2:4	289
2:14	068,208

2:14~15	060	2:3~4	087
2:15	078	2:4	088
2:16	079	2:8	088
2:17	114	2:15	212
3:2~5	132,212	2:16~17	178,212
3:3	207	3:1~2	135
3:3~4	132	3:3	212
3:4	207		
3:5	74		
3:6~7	132		

提摩太前書

1:13~16	060,80
1:20	056
2:1~2	164,169,279
2:1~6	292
2:5	165,280
4:10	086

(續上)

4:15	088
4:17	088
5:3a	088
5:14	212,272
5:15	208
5:16	207
5:16~17	207
5:23	117,212

帖撒羅尼迦後書

1:3~5	132,213
1:4~6	208
1:5~9	211
1:10~12	211

提摩太後書

1:8	213
1:12	133,213,133
2:3	213
2:8~10	210
2:11~13	210
2:24~25	137
2:25~26	074,170

3:9~10 138	2:3 227
3:10~11 212	2:8~9 219
3:11 133,135	2:10~18 220
3:12 081,132,207,132	2:14~15 219
3:16 177	2:15 215
4:6 139	2:17 221
4:14 056	3:6 227
4:15 207	3:7~4:11 219
4:17~18 135	3:7~4:13 145
	3:12 220
提多書	3:14 227
1:1 019	4:1 086
1:9~16 210	4:2~3 227
1:14 063	4:9~11 219
2:7~8 210,282	4:11 220,227
2:8 210	4:12~13 217
3:1~2 162	4:13 227
	4:15 086,220,221
希伯來書	4:16 220
1:1~3a 215	5:1~2 220
1:13 219	5:2 221
2:1 227	5:7 220
2:1~3 216	5:9 220
2:1~4 145	5:11~14 227

5:11~6:12	145	10:37	222
6:4~6	218	10:38	044, 222
6:4~8	217, 218, 227	10:38~39	227
6:9~10	146, 227	10:39	146
6:20	086	11:1~40	223
7:25	178, 282	11:1~12:3	215
10:5	044	11:13~16	223
10:13	219	11:23	217
10:19	222	11:24~25	225
10:19~39	145	11:25~26	217
10:24~25	226	11:26	223
10:26	217, 218	11:27	217
10:26~27	217	11:38	223
10:26~29	218	12:1	227, 228
10:26~31	217	12:1~3	221
10:27~31	216	12:2	221, 282
10:29	218	12:4	114, 215
10:30~31	217	12:5~11	228
10:32~33	216	12:8	228
10:32~34	114	12:10~11	228
10:33~34	215, 225	12:11~12	228
10:33~36	226	12:14~29	145
10:34	222	12:16~17	217, 218
10:35	218, 222, 223	12:18~21	217

12:18~29 216	1:6~7 282
12:22~25 217	1:7 231
12:23 019	1:9 231
12:25 063,227	1:13~22 232
12:29 217	1:17 232
13:1~2 225	2:1 092,232
13:2 226	2:4~5 257
13:3 115,225	2:4~8 084
13:5a 224	2:9~10 231
13:5b 224	2:11 092
13:6 224	2:11~12 232
13:13 221	2:11~13 292
13:14 223	2:12 ...... 065,080,081,098, 116,141,142,233,257,282
雅各書	2:13~14 141
2:15 019	2:13~17 143,279
	2:13~3:7 169
彼得前書	2:14~15 092,163
1:1 019,231	2:15 081,116
1:2 231	2:16 141
1:3~4 231	2:17 092,141,143,289
1:4 231	2:18 294
1:5 231	2:18~19 141
1:6 231	2:18~3:6 066

2:19~20 232	4:5 142
2:20 080,116	4:7 233
2:21~23 232,294	4:9 225
3 章 141	4:12~13 231
3:1 142	4:14 080,091,100,116
3:1~2 282,233	4:14~19 232
3:1~6 116	4:15 080
3:2 092	4:16 .. 019,080,091,116,231
3:4 092,142,278,288	4:16~19 142
3:8~12 092	4:17 232
3:9 116,232	4:19 081
3:10~12 092,232	5:8~9 233
3:13~17 233	5:9b 233
3:14 080,116	5:10 178,231
3:15 066,116,142,288	5:12 233
3:15~16 170	
3:16 81,116,278,282	**彼得後書**
3:17 080	1:21 177
3:18~22 232	
4:1 232	**約翰貳書**
4:3 065,096,257	1 节 019
4:3~4 065,096	
4:4 065,095,097,098,	**啟示錄**
116,233	1~16 章 239

1:1 235,245,267	2:17 236,242
1:1b 073	2:19 143,235
1:1~3 235,256	2:20 148,171,279
1:1~8 236	2:21~23 151,243
1:3 236,267,118	2:22~23 240
1:4 019	2:26 236
1:9 117,235	2:26~28 243
1:9~3:22 237,238	2:29 244
2章 247	3:2~3 243
2~3章 242,243	3:4 254
2:2~3 143	3:5 236,243,254
2:4~5 243	3:6 236,244
2:7 236,242	3:8 117,143
2:9 062,097,098,117,143	3:9 062,097
2:10 117,235	3:10 143
2:11................... 117,236,242	3:12 236,243,256
2:12~29 089	3:13 236,244
2:13 117,118,143,235	3:14 251
2:14 171,279	3:17~18 255
2:14~15 147	3:21 236
2:14~16a 151	3:22 236,244
2:15~16 243	4~5章 238,254
2:16 242,243	4~16章 237
2:16b 151	4:1~5:14 238

4:3 239	7:9~17 252
4:10 243	7:11 254
4:11 239,246	7:13 243
5:5 236	7:14 253,254,255
5:6 239	7:15~17 255
5:9 246,253,254	7:16 249,253
5:11 239	7:16~17 255
5:13 246,253,254	7:17 255
6章 252	8~9章 241,260
6:1~11 253	8:2~11:19 238,239
6:1~8:1 238,239	8:3~5 265
6:2 236	8:5 265
6:3~8 246	8:7~10 252
6:9 265	9:13~18 240
6:9~11 117	9:20 263
6:10 265	10~11章 237
6:11 243,254,265	10:1~11 255
6:16~17 254	10:1~11:14 237,252
7~8章 237	10:7 256
7:1~7 237	10:11 254,256,262
7:1~8 252	11:1~2 117,256
7:1~17 252	11:1~5 260
7:3 178,282	11:1~13 258
7:9 243,253,254	11:1~14 255

11:2	257
11:3	257
11:4~6	257
11:5~6	259
11:6	260
11:7	117,236,247,258
11:7a	261
11:9	254,262
11:10	260
11:11	261
11:13	263
11:18	245,256
12 章	031,074,240
12~13 章	069,239
12~14 章	238,239,252
12:1	262
12:1~15:4	238
12:3	075,262
12:4~6	074,262
12:6	257
12:7	263
12:7~10	074,262
12:9	074,219,262,263
12:11	143,236,247,254,263,264
12:13~17	074,081,262
12:14~16	082
12:17	063,082,262
13 章	097,118,262
13~14 章	252
13:1	075
13:1~18	047,258
13:1~14:13	089
13:2	082
13:3	117
13:4	075,246,263
13:5	257,266
13:7	019,070,082,236,247,254,258,263,266
13:7~8	246
13:8	118,243
13:9	244,267
13:9~10	248
13:10	117,235,266
13:11~16	250
13:11~17	086
13:12	075
13:12~14	263

13:12~15 118	14:12~13 247,263
13:14 248	14:13 247,265
13:15 117,246	14:14~20 247
13:15~16 263	14:19~20 239
13:16~17 246	14:20 240,247
13:17 148,246	15:1 262
13:17~18 248	15:1~4 246,263
13:18 117	15:2 236
14章 239	15:3~4 265
14:1 063,246,252,282	15:4 263
14:1~5 246,263	15:5~16:21 238,239
14:1~15:4 239	16:3~4 252
14:3 253	16:4~6 266
14:3~5 253	16:5~6 263
14:4~5 282	16:6 256
14:4~16 245	16:8 253
14:6 254	16:9 263
14:6~7 263	16:11 263
14:6~13 246	16:12~16 240
14:7 263	16:15 243,245,255
14:9~11 240,246	17~22章 237,239
14:10 149,239	17:1~3 071,241
14:11 246	17:1~19:3 069
14:12 235,249	17:1~19:10 240

17:2 240,249	19:11 251
17:3 075	19:11~21 047,240
17:4a 249	19:11~20:15 240
17:4b 249	19:12 242
17:5 240	19:14 243
17:6 71,117,266	19:15 239,243
17:9 249	19:16 272
17:10~11 117	19:20 149,250
17:14 235,236,272	20:1~3 266
17:15 254	20:1~6 266
17:16 249	20:4 117,143,243,266
18:1~4 243	20:7~15 240
18:2 249	20:10 250
18:4 250	20:10~15 250
18:5~7a 249	20:12 243
18:7b~8 249	20:12~13 243
18:20 256,266	20:15 243
18:21~24 240	21~22 章 031,240
18:24 071,117,256,266	21:1~3 063
19:2~3 266	21:2 243,256
19:3 240	21:4 251,255
19:8 243,251,254	21:5 251
19:9 251	21:6 255
19:9~10 241	21:7 063,236,251

21:7~8 242
21:8 239,250
21:9~10 071,241
21:11............................. 251
21:18~21 251
21:22 063,256
21:22~23 243
21:24~26 251
21:27 243
22:1~2 242
22:4 242,243
22:5c............................ 243
22:6 .. 241,245,251,256,267
22:6b 073
22:6~9 235
22:7 267
22:8~9 241
22:9 119,256
22:12 245
22:14 242,243
22:16 243
22:17 255,267
22:19 242
22:20 267

中英名字對照表

英文名字	中文音譯
Achtemeier	亞德邁耶
Adewuya	阿德烏亞
Artemis	亞底米
Augustus	奧古斯都
Balch	巴爾奇
Bauckham	包衡
Beale	畢爾
Bennema	本內瑪
Blomberg	布魯姆伯格
Bockmuehl	博慕賀
Boring	博寧
Bultmann	布特曼
Caligula	卡利古拉
Carter	卡特
Cicero	西塞羅
Claudius	革老丟
Clement of Alexandria	亞歷山大的革利免
Cockerill	寇軻芮
Collins	高蓮詩

Cunningham	甘寧翰
de Villiers	德維利耶
Delphi	達爾菲
deSilva	德席爾瓦
Diocletian	戴克里先
Dionysius of Halicarnassus	哈利卡納蘇斯的狄奧尼修斯
Domitian	圖密善
Dunn	鄧恩
Dunne	但恩
Elliott	艾略特
Engberg	恩伯格
Eusebius	優西比烏
Felix	腓力斯
Festus	非斯都
Fitzmyer	費茲梅
Frankfurter	法蘭克福特
Gibbon	吉朋
Grabbe	格比
Gradel	格拉德爾
Gray	格雷
Gundry	甘德里
Hardin	哈丁
Hare	黑爾
Harrod	哈羅德
Hatina	哈帝拿

Hillard	希拉德
Horrell	霍雷爾
Ignatius	伊格納修
Irenaeus	愛任紐
Johnston	莊詩敦
Jongkind	永金
Joseph of Arimathea	亞利馬太人約瑟
Josephus	約瑟夫
Julius Caesar	尤利烏斯．凱撒
Justin	游斯丁
Keener	基納
Kelhoffer	凱鶴華
King	柯英
Koester	科斯特
Kraft	卡夫
Kruse	柯魯斯
Lau	劉氏
Lemcio	藍思歐
Levene	列溫
Lim	林氏
Livy	李維
Macchia	馬齊亞
Mackie	麥基
Marshak	馬沙克
Martin, Dale B.	馬丁

Martin, Michael W.	馬田
Matthews	馬修斯
Mayo	梅奧
McNicol	麥克尼科爾
Michaels	邁克爾斯
Minear	邁尼亞
Moloney	默隆尼
Moss	莫斯
Mounce	孟恩思
Murray	默里
Origen	俄利根
Orlin	奧連
Oropeza	奧羅佩薩
Parsons	帕森斯
Penner	賓尼
Pervo	佩爾沃
Philo	斐洛
Philostratus	菲洛斯特拉圖斯
Pliny the Younger	小普林尼
Polycarp	波利卡普
Pythian	皮提亞
Resseguie	雷塞吉
Rogers	羅傑斯
Rothaus	羅豪斯
Schnabel	席納博

Schnelle	施內爾
Sean Du Toit	杜圖特
Seneca	塞涅卡
Sim	沈氏
Smith	史密夫
Stambaugh	斯坦博
Suetonius	蘇維托尼烏斯
Tacitus	塔西佗
Talbert	塔伯特
Tertullian	特土良
Thomas	湯瑪斯
Thompson	湯普森
Thornhill	桑希爾
Tieszen	田士臣
Towner	唐納
Turner	特納
Volsinian goddess—Nortia	沃爾西尼亞女神—諾蒂婭
Weima	魏瑪
Whitlark	威特拉克
Williams	威廉斯
Wilson	威爾遜
Winter	溫特

www.ingramcontent.com/pod-product-compliance
Lightning Source LLC
Chambersburg PA
CBHW020137130526
44591CB00030B/73